北京市法学会2020年市级法学研究课题青
"人工智能在互联网司法中的应用问题研究"【BLS（2020）

中国互联网法院法治发展报告

2017—2019

Report on the Internet Court and
Rule of Law in China
2017—2019

郑 飞◎主 编　　杨默涵◎副主编

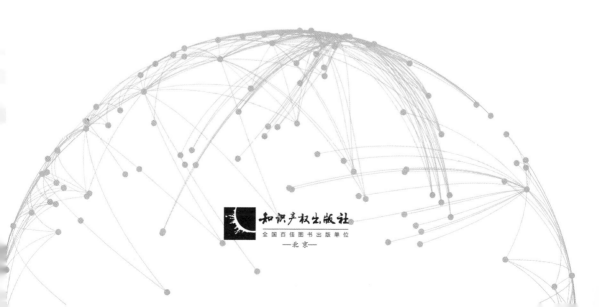

知识产权出版社
全国百佳图书出版单位
——北京——

图书在版编目（CIP）数据

中国互联网法院法治发展报告. 2017—2019/郑飞主编. —北京：知识产权出版社，2021.1

ISBN 978 - 7 - 5130 - 7264 - 9

Ⅰ. ①中… Ⅱ. ①郑… Ⅲ. ①互联网络—应用—法院—工作—研究报告—中国—2017 - 2019 Ⅳ. ①D926.22 - 39

中国版本图书馆 CIP 数据核字（2020）第 206924 号

责任编辑：武　晋　　　　　　　责任校对：王　岩

封面设计：博华创意·张冀　　　责任印制：刘译文

中国互联网法院法治发展报告 2017—2019

郑　飞　主　编

出版发行：知识产权出版社 有限责任公司	网　　址：http：//www. ipph. cn
社　　址：北京市海淀区气象路 50 号院	邮　　编：100081
责编电话：010-82000860 转 8772	责编邮箱：windy436@126. com
发行电话：010-82000860 转 8101/8102	发行传真：010-82000893/82005070/82000270
印　　刷：三河市国英印务有限公司	经　　销：各大网上书店、新华书店及相关专业书店
开　　本：720mm×1000mm　1/16	印　　张：20
版　　次：2021 年 1 月第 1 版	印　　次：2021 年 1 月第 1 次印刷
字　　数：317 千字	定　　价：98.00 元

ISBN 978 - 7 - 5130 - 7264 - 9

出版权专有　侵权必究

如有印装质量问题，本社负责调换。

本书编写组成员

郑　飞　杨默涵　刘廿一

前言：新技术法学的使命

  2019 年 12 月 4 日，一群对新技术法律问题有着相同兴趣的小伙伴，共同发起成立了"新技术法学"研究小组。可能有朋友要问，到底什么是"新技术法学"？我们暂且简要解释一番。所谓新技术，是指包括互联网、大数据、人工智能、物联网、区块链和生物技术等对人类社会有重大影响的新兴技术。那么，"新技术法学"是不是囊括了所有新技术的"大箩筐"法学呢？是，也不是。

  说它是，是因为"新技术法学"确实关注各种新技术的法律规制，包括新技术在法律事务中的应用，这是工具意义上的新技术法学，如大数据预测侦查、人工智能辅助审判、司法区块链存证等；也包括新技术领域自身的法学问题，这实际上是内容意义上的新技术法学，如区块链和人工智能应用的法律监管、生物技术和大数据应用的法律伦理等。

  说它不是，是因为"新技术法学"更关注新技术应用背后的一般法理，更关注各种新技术对人的权利尤其是基本权利的影响，更关注新技术给国家法治带来的深刻变革。尤其是在当前国家越来越重视新技术的大背景之下，互联网、人工智能、大数据等新技术词汇在《中共中央关于坚持和完善中国特色社会主义制度推进国家治理体系和治理能力现代化若干重大问题的决定》中被多次提及；在党的十九大之后的中共中央政治局 19 次集休学习中，有 3 次学习的主题涉及大数据、人工智能和区块链等新技术。

  我们始终认为，各种新技术应用背后应该有某些共通性的法理亟须深入探讨，如新技术的发展如何让人们从隐私权跨越到个人信息权、数据权利，如何让人们从信任个人权威、制度权威跨越到信任可能的数据权威……因此，"新技术法学"将始终秉持"究新技术法理，铸未来法基石"的基本理念，从未来法角度试图"驯化"各类新技术，使其造福于人类，而不是为祸人间。

初期，"新技术法学"将秉持学术传承的立场，以立法、司法、行政监管与法学研究综述及知识梳理为基本任务，出版"中国新技术法治发展报告系列"，包括《中国人工智能法治发展报告 1978—2019》《中国区块链法治发展报告 2009—2019》《中国互联网法院法治发展报告 2017—2019》等。该皮书系列与市面上以"决策咨询"为首要目的的众多蓝皮书不同，其编写遵循的是张保生教授开创的以"理论综述"为主、"决策咨询"为辅的蓝皮书范式，是新技术法学领域研究者必备的一套工具书。

未来，"新技术法学"研究小组将一直秉持以问题为中心的交叉学科或者领域的法学研究范式，为不同学科的法学研究以及法学研究的理论与实践提供一个有效的交流平台，让具有不同背景的人进行充分、理性的对话，共同推动新技术法学的进步。

总之，"新技术法学"研究小组将主要以各类自媒体、正式出版物、学术工作坊、研究项目、案件代理等形式开展新技术法学理论与实践活动。欢迎各位感兴趣的朋友关注我们的微信公众号：NTLaw2019，同时更欢迎有志于新技术法学研究的各位朋友加入"新技术法学"研究小组。

序言：中国互联网法院的开创与法治引领（2017—2019）

从 2017 年开始，我国先后成立了杭州、北京、广州三家互联网法院，标志着互联网植入司法的伟大革新。三年来，我国在互联网法院立法、司法实践和法学研究等方面都取得了诸多进展。

互联网法院的开创，首先是适应新技术发展带来的许多新型案件的解决需求。例如，《反不正当竞争法》中"互联网专条"的修改与适用越来越具有网络特色；商事领域广泛的电子化促进了杭州互联网法院的建设；知识产权领域与信息网络传播权相关的许多新型侵权行为不断出现；国际法方面国际私法领域的连接点、法律选择方法、准据法、管辖权、国外送达和取证等都面临各种问题。这些问题都体现出了设立互联网法院的必要性。其次，我国先后制定了一系列相关规则，为互联网法院的出现奠定了基础。例如，2013 年最高人民法院出台了《关于人民法院在互联网公布裁判文书的规定》，确定示范法院的网络信息平台建设，并配套统一的网络平台，如案件流程查询平台、执行案件流程查询平台、被执行人信息查询平台、失信被执行人查询平台、裁判文书公开平台、庭审直播平台等，为互联网法院的各种平台建设提供了经验，并有力地推动了我国智慧法院建设。再次，由于网络空间管辖规则的确定难题，司法实务中急需有一种更加成体系、快捷的管辖权确立方式，互联网法院的管辖规则可以用来解决许多疑难案件。最后，在线纠纷解决机制的建设方面，最高人民法院于 2016 年制定了《关于人民法院进一步深化多元化纠纷解决机制改革的意见》，为互联网法院的设立提供了部分实践经验。除此之外，一些域外的"互联网＋司法"实践经验也为我国的法院建设提供了借鉴。

互联网法院成立之后，审理的"网上案件"超越物理空间地域是其重要特征，但这并不代表互联网法院应当建成集中管辖"网上案件"的特殊法院，而是应该更多地体现其专门性。互联网法院是法院信息化建设的集大成者，是人工智能辅助审判的先行者，也是互联网和智能诉讼规则创新的发起者，其应当发挥更大的作用。首先，互联网法院作为新技术的集大成者，其直接优势便是降低诉讼成本，方便诉讼各方，提高诉讼效率；其次，技术影响司法实践实则也是影响传统的民事诉讼程序和规则，互联网法院是互联网技术与传统民事诉讼程序的融合，对民事诉讼程序改革有着重要意义；最后，互联网法院积极推动司法流程再造，尝试用新技术为人民法院建设新型的强前台以及强后台。

在立法层面，杭州互联网法院是依据 2017 年中央全面深化改革领导小组通过的《关于设立杭州互联网法院的方案》而成立的，2018 年最高人民法院又印发了《关于增设北京互联网法院、广州互联网法院的方案》，规定了另外两家互联网法院的设置地点和管辖区域、管辖范围和上诉机制、案件审理方式、机构设置、人员配备、法律职务任免、办公场所和经费保障、诉讼平台建设等。此外，《最高人民法院关于互联网法院审理案件若干问题的规定》《全国人民代表大会常务委员会关于授权最高人民法院在部分地区开展民事诉讼程序繁简分流改革试点工作的决定》《最高人民法院司法改革领导小组 2019 年工作要点》等又为三家互联网法院的各项改革工作提供了指引。除此之外，三家互联网法院还出台了各自的内部规范。例如杭州互联网法院出台了《杭州互联网法院网上庭审规范》《杭州互联网法院诉讼平台审理规程》等；广州互联网法院出台了《广州互联网法院关于在线庭审若干问题的规定（试行）》《广州互联网法院电子数据存储和使用的规定（试行）》《广州互联网法院在线审理规程（试行）》等；北京互联网法院出台了《北京互联网法院网上立案须知（试行）》《北京互联网法院诉讼指引》《北京互联网法院电子证据平台接入与管理规范》等。整体来看，各类规范建设几乎涵盖了从基本制度到内部机制、从技术应用到审判实践的所有方面。

在互联网法院的实践中，最具特色的就是其技术应用与机制创新。在技术应用方面，三家互联网法院都纷纷利用各类新技术建立各自的纠纷解决平台，包括网上诉讼平台、移动诉讼平台、在线纠纷多元化解平台、在线调解平台等。这些在线纠纷解决平台有许多创新附属系统，如"智能立案"系统、电子送达系统、电子签章系统、类案智能推送系统与类案批量智审系统、文书自动生成系统等。同时，各种在线纠纷解决平台的建设运行离不开电子证据的广泛应用，这是实现纠纷全流程在线解决的重要基础。因此，建设独立的电子证据平台也至关重要。2018 年 6 月 28 日杭州互联网法院上线全国首个电子证据平台，其他互联网法院虽然没有专门的证据平台，但是也通过司法区块链的方式实现了电子证据的存证工作。除了证据存证外，杭州互联网法院还建设了相应的智能证据分析系统，实现了人工智能技术在司法领域的创新应用。在审判模式上，各互联网法院都进行了多种审判模式的创新，最典型的就是在线视频庭审方式，通过纠纷解决平台进行网络法庭的开庭审理，并可同步进行各种庭审工作。在案件的执行方面，互联网法院也构建了更加快捷高效的执行系统，如北京互联网法院的线上执行系统，可以实现一站通办，一键申请执行。杭州互联网法院首创了"5G + 区块链"的涉网执行新模式。互联网法院的新技术应用几乎囊括了互联网、云计算、大数据、人工智能、5G 等所有的网络新技术。

在基本制度创新与技术应用支撑的基础上，互联网法院内部还发展了许多相关机制与制度，如电子送达制度、电子诉讼制度、异步审理机制、协商性纠纷处理机制及其他战略合作机制等，这些制度和机制都在一定程度上受到司法实践和学界的关注。对这些制度和机制进行合理设定，有利于互联网法院加强网络空间治理，提升中国在互联网领域的规则制定权和话语权。但是，互联网法院在各项机制建设方面也有许多不足之处。例如，缺乏明确法律依据的集中管辖可能会与既有管辖规则产生冲突；异步审理机制可能影响传统的集中审理原则等。

互联网法院成立之后，其审理的案件数量呈现逐年上升趋势，从裁判文书网的文书数量可以看到，三家互联网法院从设立起都经历了案件的迅速增长爆发期，其可以高效率地审理大量涉网案件，显然得益于许多新技术的应用与新审理方式的探索。但同时也应该看到，互联网法院从设立至今审理的绝大多数案件还都是民事案由，行政与刑事案件审理方向还有待探索。

尽管发展趋势良好，但不得不承认互联网法院建设中还存在诸多问题和挑战。例如，其对于我国的民事诉讼制度乃至整体的司法制度都会产生影响；在纠纷解决机制上其运行机制与审判组织形式也存在诸多问题。总体来讲，互联网技术应用对司法或多或少都会产生影响，会冲击甚至改变旧有的诉讼规则和证据规则，甚至可能产生妨碍司法功能的怀疑。这些问题如果处理得当，显然有助于促进互联网法院制度的完善，但是也要警惕其成为制约互联网法院发展的因素。在未来，互联网法院可以成为大数据智能化驱动的专门性法院，应当肩负起探索网络法治的"中国样本"的使命。对内，其可以为中国其他法院树立智慧法院建设的样本，对外则可以代表中国的司法系统推介中国规则。因此，应当始终保持互联网法院在司法创新中的"头雁"地位。

我国互联网法院的建设和研究方兴未艾，在制度建设、审判模式、技术应用等规范方面都亟待深入拓展。随着立法和司法的不断推进，以及理论研究的不断深入，我国互联网法院的司法创新必将引领世界互联网法治的发展。

缩略语词表

全　　称	简　　称
《中华人民共和国民法总则》	《民法总则》
《中华人民共和国民法通则》	《民法通则》
《中华人民共和国刑法》	《刑法》
《中华人民共和国侵权责任法》	《侵权责任法》
《中华人民共和国合同法》	《合同法》
《中华人民共和国民事诉讼法》	《民事诉讼法》
《中华人民共和国行政诉讼法》	《行政诉讼法》
《中华人民共和国刑事诉讼法》	《刑事诉讼法》
《中华人民共和国电子商务法》	《电子商务法》
《中华人民共和国网络安全法》	《网络安全法》
《中华人民共和国著作权法》	《著作权法》
《中华人民共和国著作权法实施条例》	《著作权法实施条例》
《中华人民共和国反不正当竞争法》	《反不正当竞争法》
《中华人民共和国反不正当竞争法（修订草案）》	《反不正当竞争法（修订草案）》
《中华人民共和国行政复议法》	《行政复议法》
《中华人民共和国就业促进法》	《就业促进法》
《中华人民共和国食品安全法》	《食品安全法》
《中华人民共和国消费者权益保护法》	《消费者权益保护法》
《最高人民法院关于适用〈中华人民共和国民事诉讼法〉的解释》	《民事诉讼法解释》
《最高人民法院关于适用〈中华人民共和国刑事诉讼法〉的解释》	《刑事诉讼法解释》
《中华人民共和国涉外民事关系法律适用法》	《涉外民事关系法律适用法》

全　称	简　称
《最高人民法院关于审理不正当竞争民事案件应用法律若干问题的解释》	《不正当竞争案件解释》
《最高人民法院关于审理著作权民事纠纷案件适用法律若干问题的解释》	《著作权民事纠纷解释》
《最高人民法院关于审理名誉权案件若干问题的解释》	《名誉权案件解释》
《最高人民法院关于确定民事侵权精神损害赔偿责任若干问题的解释》	《民事侵权精神损害赔偿责任解释》

目　录

第一篇

互联网法院立法进展与司法实践

一、互联网法院立法进展综述

（一）设立三大互联网法院的方案

1. 《关于设立杭州互联网法院的方案》

2017 年 6 月 26 日，中央全面深化改革领导小组第三十六次会议审议通过了《关于设立杭州互联网法院的方案》[①]，强调设立杭州互联网法院，是司法主动适应互联网发展大趋势的一项重大制度创新，要按照依法有序、积极稳妥、遵循司法规律、满足群众需求的要求，探索涉网案件诉讼规则，完善审理机制，提升审判效能，为维护网络安全、化解涉网纠纷、促进互联网和经济社会深度融合等提供司法保障。2017 年 8 月 18 日，杭州互联网法院正式揭牌成立。杭州互联网法院的最大特点是诉讼全程通过网络进行，即起诉、立案、举证、开庭、送达、判决、执行全部在网上完成。[②] 这种"网上全流程"的设计在一般涉网案件的审理中没有问题，但在一些特殊案件中遇到了挑战，于是在具体实践中逐渐增设了线下审理的例外规定。

2. 《关于增设北京互联网法院、广州互联网法院的方案》

为总结推广"网上案件网上审理"的新型审理机制，确保公正、高效、便捷地处理各类涉互联网纠纷，探索构建适应互联网时代需求的新型诉讼规则，通过依法审理各类新型涉互联网案件，总结提炼法律规则，推动网络空间治理法治化，强化我国在网络空间治理的国际话语权和规则制

[①] 《习近平主持召开中央全面深化改革领导小组第三十六次会议》，载新华网 2017 年 6 月 26 日，http：//www. xinhuanet. com/politics/2017 – 06/26/c_1121211704. htm。但值得注意的是，《关于设立杭州互联网法院的方案》并未在网上公开全文。

[②] 陈东升、周斌：《杭州互联网法院揭牌：打官司像网购一样便捷》，载中国法院网 2017 年 8 月 18 日，https：//www. chinacourt. org/article/detail/2017/08/id/2966715. shtml。

定权，2018 年 8 月 9 日，最高人民法院印发了《关于增设北京互联网法院、广州互联网法院的方案》，主要内容包括设置地点和管辖区域、管辖范围和上诉机制、案件审理方式、机构设置、人员配备、法律职务任免、办公场所和经费保障、诉讼平台建设等方面。①

三大互联网法院的成立具有重大历史意义，是中国司法改革的重要创新举措和重要"试验田"，具体而言，实现了互联网审判体系的创新发展，强化了互联网空间秩序的规范治理，推广了互联网空间全球治理的中国经验。② 尽管如此，互联网法院的合法性和法院性质仍然遭到部分学者的质疑。另外，值得一提的是，四川省也在积极争取设立互联网法院。③

（二）《最高人民法院关于互联网法院审理案件若干问题的规定》

为规范互联网法院诉讼活动，保护当事人及其他诉讼参与人的合法权益，确保公正高效审理案件，最高人民法院于 2018 年 9 月 3 日发布了《最高人民法院关于互联网法院审理案件若干问题的规定》（法释〔2018〕16 号），其主要内容如下：④

1. 在线审理机制

案件的受理、送达、调解、证据交换、庭前准备、庭审和宣判等诉讼环节一般应当在线上完成。为了更好地保护当事人及其他诉讼参与人的合法权益，根据当事人申请或者案件审理需要，互联网法院也可以决定在线下完成部分诉讼环节。

---

① 《最高人民法院印发〈关于增设北京互联网法院、广州互联网法院的方案〉的通知》（法〔2018〕216 号）。

② 《最高人民法院司改办负责人就互联网法院审理案件司法解释答记者问》，载最高人民法院官网 2018 年 9 月 7 日，http://www.court.gov.cn/zixun-xiangqing-116971.html。

③ 《四川省高级人民法院关于全面推进全省法院服务大局实质化的实施意见（试行）》（川高法〔2019〕145 号）。

④ 本部分的解读主要参考了胡仕浩、何帆、李承运的《〈最高人民法院关于互联网法院审理案件若干问题的规定〉的理解与适用》，载《人民司法（应用）》2018 第 28 期。

2. 案件管辖范围

按照设立互联网法院的方案，为推动繁荣数字经济、促进网络空间治理，互联网法院应当集中受理互联网特性突出、适宜在线审理的纠纷。这类纠纷主要依托互联网发生，证据也主要产生和存储于互联网，适合在线审理，也有利于确立依法治网规则。《最高人民法院关于互联网法院审理案件若干问题的规定》第二条详细规定了互联网法院的管辖范围，第三条规定了协议管辖机制，当事人可以在第二条确定的合同及其他财产权益纠纷范围内，依法协议约定与争议有实际联系地点的互联网法院管辖。

3. 上诉机制

《最高人民法院关于互联网法院审理案件若干问题的规定》第四条规定了三大互联网法院的上诉机制。除了应当由其他专门法院审理的案件外，普通案件的上诉法院为互联网法院所在地的中级人民法院。当事人对北京互联网法院作出的判决、裁定提起上诉的案件，由北京市第四中级人民法院审理。

4. 涉案数据接入机制

《最高人民法院关于互联网法院审理案件若干问题的规定》第五条明确了互联网法院应当建设互联网诉讼平台，以及诉讼平台建设的基本要求。

5. 在线诉讼规则

在总结杭州互联网法院在线审理经验的基础上，《最高人民法院关于互联网法院审理案件若干问题的规定》立足于现行民事诉讼法框架，明确了在线诉讼相关程序规则，并调整适用了民事诉讼法司法解释部分规定。这些程序规则主要包括身份认证规则（第六条）、证据交换与举证规则（第九条）、视为符合原件形式要求规则（第十条）、电子数据真实性认定规则（第十一条）、在线庭审规则（第十二条至第十四条）、电子送达规则（第十五条至第十七条）、关于公告送达案件适用简易程序的规则（第十八条)、视为符合"签名"要求的规则(第十九条)、电子笔录与书面笔录具有同等效力规则(第二十条)。

由此可见,互联网法院并非简单的"互联网 + 审判",而是综合运用互联网新兴技术,推动审判流程再造和诉讼规则重塑,是对传统审判方式的一次革命性重构。[①]

6. 审级衔接机制

为确保"全程在线"原则贯穿诉讼全过程,《最高人民法院关于互联网法院审理案件若干问题的规定》第二十二条明确了第二审法院原则上采取在线方式审理,应当整合改造现有诉讼服务和办案系统,并与互联网法院诉讼平台有序对接。

7. 效力范围

为探索推动审判方式、诉讼制度与互联网技术深度融合,《最高人民法院关于互联网法院审理案件若干问题的规定》调整适用了民事诉讼法司法解释部分规定。民事诉讼法司法解释相关条文与该规定不一致的内容,在互联网法院不再适用,并以该规定为准。具体包括《民事诉讼法解释》第一百一十一条第一款、第一百三十六条、第一百四十条、第二百五十七条第一款第(一)项、第二百五十九条。需要特别强调的是,司法实践中,可以调整适用上述条文的法院仅限于北京、广州、杭州互联网法院,其他法院不得适用该规定条文审理案件。

(三)《全国人民代表大会常务委员会关于授权最高人民法院在部分地区开展民事诉讼程序繁简分流改革试点工作的决定》

2019 年 12 月 28 日,第十三届全国人民代表大会常务委员会第十五次

[①] 《最高人民法院司改办负责人就互联网法院审理案件司法解释答记者问》,载最高人民法院官网 2018 年 9 月 7 日,http://www.court.gov.cn/zixun-xiangqing-116971.html。

会议通过了《全国人民代表大会常务委员会关于授权最高人民法院在部分地区开展民事诉讼程序繁简分流改革试点工作的决定》。该决定授权最高人民法院在北京、杭州、广州互联网法院，就优化司法确认程序、完善小额诉讼程序、完善简易程序规则、扩大独任制适用范围、健全电子诉讼规则等，开展民事诉讼程序繁简分流改革试点工作。试点期间，试点法院暂时调整适用《民事诉讼法》第三十九条第一款、第二款，第四十条第一款，第八十七条第一款，第一百六十二条，第一百六十九条第一款，第一百九十四条。试点工作应当遵循民事诉讼法的基本原则，充分保障当事人的诉讼权利，促进提升司法效率，确保司法公正。试点期限为两年，自试点办法印发之日起算。

二、互联网法院制度建设综述

（一）"两高"关于互联网法院建设的改革规划

1. 《2019 年人民法院工作要点》

2019 年 1 月 24 日，最高人民法院印发了《2019 年人民法院工作要点》（法发〔2019〕7 号），要求深化互联网法院建设，促进人民法院组织体系更加优化、协同、高效。其中第 31 条更是要求全面建设智慧法院，推动大数据、人工智能等科技创新成果和司法工作深度融合，以电子卷宗为基础全面推进智能化辅助办案工作，努力攻克以智慧法院人工智能技术为标志的一批关键技术，大力推动"智审、智执、智服、智管"建设。

2. 《最高人民法院司法改革领导小组 2019 年工作要点》

2019 年 2 月 21 日，最高人民法院印发了《最高人民法院司法改革领导小组 2019 年工作要点》（法发〔2019〕第 42 号），要求继续深化互联网法院试点，针对互联网法院管辖范围、审判方式、诉讼规则和平台建设等，制定印发配套指导性文件，举办相关论坛、学术活动，出版相关研究成果，同时继续深化改革试点，扩大试点的影响范围。

3. 《最高人民法院关于深化人民法院司法体制综合配套改革的意见——人民法院第五个五年改革纲要（2019—2023）》

2019 年 2 月 27 日，最高人民法院印发了《最高人民法院关于深化人民法院司法体制综合配套改革的意见——人民法院第五个五年改革纲要（2019—2023）》（法发〔2019〕8 号），强调全面推进智慧法院建设，推动建立跨部门大数据办案平台，促进科技创新手段深度应用，扩大电子诉讼覆盖范围，构建中国特色社会主义现代化智慧法院应用体系。建设现代化智慧法院应用体系包括深入推进智慧法院基础设施建设，推动科技创新手段深度应用，有序扩大电子诉讼覆盖范围，完善电子卷宗生成和归档机制，完善司法大数据管理和应用机制。

4. 最高人民检察院开始健全对互联网法院的法律监督机制

2018 年 12 月 27 日，最高人民检察院印发了《2018—2022 年检察改革工作规划》（高检发〔2018〕14 号），强调健全法律监督机构，健全对互联网法院的法律监督机制。但截至目前，并未有具体的新措施或新的法律监督机制公开。

（二）有关杭州互联网法院的制度建设

1. 《浙江法院网上诉讼指南（试行）》

在杭州互联网法院设立之前的 2018 年 7 月 2 日，浙江省高级人民法院印发了《浙江法院网上诉讼指南（试行）》（浙高法〔2018〕110 号），明确规定，"事实清楚、权利义务关系明确、争议不大的简单民商事案件以及杭州互联网法院集中管辖的涉网案件，一般适用网上庭审"。

2. 《杭州互联网法院网上庭审规范》

为规范网上庭审，保障当事人的诉讼权利，提高诉讼效率，方便当事人诉讼，2017 年 8 月 18 日，杭州互联网法院发布了《杭州互联网法院网上庭审规范》①，详细规定了开庭审理的七个阶段。

（1）开庭前准备阶段。与普通庭审相比较为特殊的规定包括书记员的开庭前准备工作，当事人身份认证，特别告知中关于确保庭审正常运行的要求和处理规则，以及技术人员的技术支持。

（2）开庭阶段。规定了详细的在线开庭流程。

（3）法庭调查阶段。以在线的方式按照当事人陈述、归纳争议焦点、举证质证、发问和答问的顺序进行。

（4）法庭辩论阶段。规定了基本流程，以及对于简易程序和简单民事案件的特殊规定等。

（5）当事人最后陈述。

（6）法庭调解。征求当事人的调解意愿，并可以引入使用在线调解平台。

（7）休庭或宣判并闭庭。

3.《杭州互联网法院诉讼平台审理规程》

为规范网上审理程序，利用互联网技术解决涉网纠纷，方便当事人诉讼，提高办案效率，2017年8月18日，杭州互联网法院发布了《杭州互联网法院诉讼平台审理规程》②。该规程的主要内容包括诉讼平台的性质、管辖范围、网上诉讼的流程（包括起诉、受理、应诉与答辩、权利义务告知与文书送达、举证质证、庭前准备、网上庭审等），裁判文书制作中的文书自动生成，以及最后的宣判和执行归档。需要强调的是，该规程中的许多规定都被后来公布的《最高人民法院关于互联网法院审理案件若干问题的规定》修正，因此以后者为准。

---

① 《杭州互联网法院网上庭审规范》，载杭州互联网法院官网2018年5月31日，https：//www. netcourt. gov. cn/portal/main/domain/lassen. htm#lassen/litigationDocuments。

② 《杭州互联网法院诉讼平台审理规程》，载杭州互联网法院官网2018年5月31日，https：//www. netcourt. gov. cn/portal/main/domain/lassen. htm#lassen/litigationDocuments。

4.《杭州互联网法院涉互联网案件起诉及管辖指引》与《杭州互联网法院管辖指引》

2017 年 8 月 18 日发布的《杭州互联网法院涉互联网案件起诉及管辖指引》规定，根据《最高人民法院关于印发〈关于设立杭州互联网法院的方案〉的通知》，自 2017 年 8 月 18 日起，杭州互联网法院集中管辖杭州市辖区内基层人民法院有管辖权的互联网购物合同纠纷，互联网服务合同纠纷，互联网小额金融借款合同纠纷，互联网购物产品侵权责任纠纷，互联网著作权权属、侵权纠纷，互联网域名纠纷，利用互联网侵害他人人格权纠纷，因互联网行政管理引发的一审行政案件，以及上级人民法院指定杭州互联网法院管辖的其他涉互联网民事、行政案件。

2018 年 9 月 3 日，《最高人民法院关于互联网法院审理案件若干问题的规定》在杭州互联网法院案件管辖范围的基础上，将在互联网上侵害他人人格权纠纷扩展为在互联网上侵害他人人身权、财产权等民事权益而产生的纠纷；新增了检察机关提起的互联网公益诉讼案件；将互联网行政纠纷进一步细化为互联网信息服务管理、互联网商品交易及有关服务管理等行政纠纷。随后，杭州互联网法院又发布了新的《杭州互联网法院管辖指引》[①]，修改了以前的规定，以与上位法相适应。

5.《涉网案件异步审理规程（试行）》

为满足网络时代群众的多元诉讼需求，提升庭审质效，充分利用网络科技方便庭审，进一步优化诉讼资源配置，推动实现杭州互联网法院改革试点的目标，2018 年 4 月 2 日，杭州互联网法院发布《涉网案件异步审理规程（试行）》[②]，并同时上线启动全球首个异步审理模式。其主要内容包括异步审理的释义、异步审理的适用范围、异步审理的程序启动、审理方式转换、异步审理规则流程等。

---

① 《杭州互联网法院管辖指引》，载杭州互联网法院官网 2018 年 4 月 16 日，https：//www. netcourt. gov. cn/portal/main/domain/lassen. htm#lassen/litigationDocuments。

② 《涉网案件异步审理规程（试行）》，载杭州互联网法院官网 2018 年 5 月 31 日，https：//www. netcourt. gov. cn/portal/main/domain/lassen. htm#lassen/litigationDocuments。

异步审理是将"在线同步审理"向"异步时空进行"的创新飞跃，扩展了开庭审理的时空范围。① 但是，是否能提升当事人的诉讼服务体验，是否能提升法官办案效率，仍有待验证；同时，异步审理模式对传统的直接审理原则产生了极大的挑战。

6.《杭州互联网法院司法文书电子送达规程（试行）》

为满足互联网时代的送达需求，全面提升电子送达的质量和效率，2018 年 4 月 10 日，杭州互联网法院发布《杭州互联网法院司法文书电子送达规程（试行）》。② 该规程确立了电子送达的基本规则，并对电子地址事前约定、资产反查地址效力、公告送达电子平台等进行了规定。配合该规程的实施，杭州互联网法院同时宣布全国首个大数据深度运用电子送达平台全功能上线。电子送达平台包含"秒速"送达、深度挖掘和弹屏短信等全新功能，这些功能将实现"让数据多跑路"，有效解决"送达难"问题。

7.《杭州互联网法院民事诉讼电子证据司法审查细则》

2018 年 6 月 28 日，杭州互联网法院发布了《杭州互联网法院民事诉讼电子证据司法审查细则》。③ 该细则规定采用技术中立、技术说明、个案审查三大原则对电子数据的真实性、合法性、关联性进行有效审查，规范电子数据的审查标准和效力认定规则。主要内容如下：

（1）电子数据的概念。

（2）审查原则，包括技术中立原则、技术说明原则和个案审查原则。

（3）审查标准，包括真实性审查、合法性审查和关联性审查。

---

① 《我院举行全球首个"异步审理模式"上线启动暨〈涉网案件异步审理规程（试行）〉发布仪式新闻发布会》，载杭州互联网官网 2018 年 4 月 2 日，http：//hztl. zjcourt. cn/art/2018/4/2/art_1225222_20016692. html。

② 《我院举行"全国首个大数据深度运用电子送达平台全功能上线"新闻发布会》，载杭州互联网官网 2018 年 4 月 2 日，http：//hztl. zjcourt. cn/art/2018/4/10/art_1225222_20052324. html。

③ 《我院举行全国首个电子证据平台上线及〈法院电子证据平台规范〉〈民事诉讼电子证据司法审查细则〉新闻发布会》，载杭州互联网法院官网 2018 年 6 月 28 日，http：//hztl. zjcourt. cn/art/2018/6/28/art_1225222_20112753. html。

（4）效力认定，包括公文电子数据的效力、第三方数据持有者的电子数据的效力、第三方数据服务提供商的电子数据的效力、举证责任和证明力审查。

（5）其他证据规则，包括电子数据保全、申请调取电子数据、调查令、电子数据鉴定和专家出庭。

8. 杭州互联网法院的其他制度建设

2017 年 9 月 21 日，杭州互联网法院与中国互联网协会、百度人民调解委员会、新浪人民调解委员会签约，委托其进行涉网案件的调解工作，着力借助互联网思维构建共同参与、多元一体的互联网纠纷多元化机制。① 2017 年 10 月 30 日，杭州互联网法院成立专家咨询委员会。② 2018 年 7 月，杭州互联网法院与"今日头条"建立"老赖"精准曝光合作机制，实时、定向发送"老赖"信息，通过网络曝光有效打击失信行为，破解执行难。③

（三）有关广州互联网法院的制度建设

1.《广东省高级人民法院关于广州互联网法院案件管辖的规定》

2018 年 9 月 27 日发布的《广东省高级人民法院关于广州互联网法院案件管辖的规定》（粤高法发〔2018〕4 号），其主要内容如下：

（1）管辖范围。从 2018 年 9 月 28 日起，广州互联网法院集中管辖广州市辖区内应当由基层人民法院受理的 11 类一审案件，即网络购物合同纠纷，网络服务合同纠纷，网络金融借款合同纠纷，小额借款合同纠纷，涉互联网著作权、邻接权权属纠纷，互联网域名权属、侵权及合同纠纷，在互联网上侵害他人人身权、财产权等民事权益纠纷，涉互联网产品责任纠

---

① 《杭州互联网法院与中国互联网协会等签约仪式暨多元纠纷解决机制研讨会顺利举行》，载杭州互联网法院官网 2017 年 9 月 21 日，http：//hztl. zjcourt. cn/art/2017/9/21/art _1225222 _ 19924709. html。

② 《杭州互联网法院专家咨询委员会成立》，载杭州互联网法院官网 2017 年 10 月 30 日，http：//hztl. zjcourt. cn/art/2017/10/30/art_1225222_19934060. html。

③ 《杭州互联网法院推出"老赖"精准曝光机制》，载杭州互联网法院官网 2018 年 7 月 30 日，http：//hztl. zjcourt. cn/art/2018/7/30/art_1225222_20126850. html。

纷，检察机关提起的互联网公益诉讼案件，因涉互联网相关行政行为引起的行政纠纷，以及上级法院指定管辖的其他互联网民事、行政案件。

（2）上诉机制。根据《最高人民法院关于互联网法院审理案件若干问题的规定》关于北京、广州、杭州三家互联网法院集中管辖各类案件的普遍性规定，结合三地在行政设置、法院体系、互联网法院组建模式等方面的不同，对广州互联网法院作出的民事、行政、知识产权案件判决、裁定上诉案件（包括执行异议裁定、执行决定申请复议）的上诉法院作出明确的规定。

2. 《广州互联网法院关于在线庭审若干问题的规定（试行）》

尽管互联网法院大大降低了诉讼参与人的诉讼成本和法院的司法成本，但在实践中也出现了如下问题：有些诉讼参与人在参与在线庭审时着装不规范；有些诉讼参与人在网吧、商场、广场等公共场所参与庭审；有些开庭场所环境嘈杂、光线不足，影响庭审语音视频清晰度与画质传输；有些庭审过程中有无关人员出入干扰庭审；等等。[①] 为确保不因"足不出户的诉讼体验"而削弱庭审的安全性、秩序性和权威性，2019 年 1 月 10 日，发布了《广州互联网法院关于在线庭审若干问题的规定（试行）》[②]，这是全国首个关于在线庭审若干问题的规定，共 23 条，对在线庭审场所的选择、庭前测试规则、庭审着装与言行规范、证人和旁听人员的注意事项、技术故障的处理和违反法庭规则的法律后果等方面进行了规定。

3. 《广州互联网法院电子数据存储和使用的规定（试行）》

为规范广州互联网法院可信电子证据平台中电子数据的存储、传输和使用，创新网上诉讼证据规则，提升司法质效，制定了《广州互联网法院

---

① 董柳、段莉琼：《广州互联网法院负责人解读全国首个在线庭审规定出炉过程》，载金羊网 2019 年 1 月 12 日，http://news.ycwb.com/2019–01/12/content_30174091.htm。

② 《广州互联网法院关于在线庭审若干问题的规定（试行）》，载广州互联网法院官网 2019 年 1 月 16 日，https：//www.gzinternetcourt.gov.cn/article–detail–75.html。

电子数据存储和使用的规定（试行）》①，共 23 条。主要内容如下：

（1）电子数据的概念。

（2）电子数据存储和使用的基本原则，包括电子数据生成、收集、存储、传输过程，硬件、软件环境，主体和时间，工具和方式，以及验证原则。

（3）电子数据存储，包括平台接入方的概念及其责任。

（4）电子数据调取，包括法院依职权调取电子数据和电子数据的验证问题。

（5）电子数据的质证与认证规则。

4. 《广州互联网法院互联网金融借款、小额借款合同在线批量化解程序指引（试行)》

为依法开展互联网金融审判工作，规范互联网金融纠纷化解程序，满足互联网金融纠纷批量化解需求，制定了《广州互联网法院互联网金融借款、小额借款合同在线批量化解程序指引（试行)》②，共计 20 条。主要内容如下：

（1）在线批量化解程序释义。广州互联网法院运用大数据、云计算、人工智能、区块链等技术，依托可信电子证据平台、多元化解平台、诉讼平台、类案批量智审系统等技术平台，在许多诉讼环节实行全程在线批量办理。

（2）在线批量准入。规定了准入条件、电子数据的批量导入，以及批量导入证据的内容要求。

（3）在线多元化解。规定了其基本原则和适用阶段、多元化解方式、无法送达的处理，以及在线多元化解的一般程序。

（4）在线速裁。简化庭审程序的方式、典型案件的示范性庭审、举证

---

① 《广州互联网法院电子数据存储和使用的规定（试行)》，载广州互联网法院官网 2019 年 4 月 2 日，https：//www. gzinternetcourt. gov. cn/article－detail－75. html。

② 《广州互联网法院互联网金融借款、小额借款合同在线批量化解程序指引（试行)》，载广州互联网法院官网 2019 年 8 月 13 日，https：//www. gzinternetcourt. gov. cn/article－detail－76. html。

质证、裁判文书的样式，以及裁判文书的送达方式等。

5.《广州互联网法院在线纠纷多元化解平台调解规程（试行)》

为公正、高效地运用调解方式解决纠纷，2019 年 3 月 2 日，发布了《广州互联网法院在线纠纷多元化解平台调解规程（试行)》① 以及配套的《广州互联网法院在线纠纷多元化解平台管理办法（试行)》。后者属于技术规范，本书后文将作介绍。《广州互联网法院在线纠纷多元化解平台调解规程（试行)》的主要特色内容如下：

（1）多元化解平台释义。多元化解平台是利用标准化流程，依托人民调解、商事调解和行业调解等调解力量，主要通过在线调解方式为纠纷双方提供意见交流的途径与解决争议的方案，引导当事人通过和解、调解和仲裁等非诉方式解决纠纷，并为纠纷解决提供司法支持的网络平台。

（2）调解形式。调解有两种形式，包括当事人以外的第三方调解员主持下的调解和当事人一方的调解员主持下的和解。

（3）调解的基本原则。调解应当遵循自愿合法、诚实信用、简便灵活和快捷经济的原则。

（4）调解组织与调解员的选任。

（5）引调原则。引调是指本院立案前委派调解及立案后委托调解。

（6）调解规则。规定了应当回避的情形、无需回避的情形、回避的决定、调解员不得徇私舞弊、调解方式的选择、调解期限、当事人签署调解协议、调解协议的确认、达成调解协议原告可以撤回起诉、发生争议后的起诉程序，以及当事人申请出具调解书或者司法确认等。

6.《广州互联网法院关于在线纠纷示范化解若干问题的规定 (试行)》

为进一步完善适应互联网纠纷公正高效解决需求的司法运行模式，提升互联网空间司法治理水平，制定了《广州互联网法院关于在线纠纷示范

---

① 《广州互联网法院在线纠纷多元化解平台调解规程（试行)》，载广州互联网法院官网 2019 年 9 月 11 日，https：//www.gzinternetcourt.gov.cn/article－detail－77.html。

化解若干问题的规定（试行）》①。其主要特色内容如下：

（1）在线示范化解释义。在线纠纷示范化解是指本院通过对示范案件在线调解、在线庭审及发布示范案例的方式，引导同类型案件当事人通过多元化解手段快速解决纠纷的机制。

（2）同类型案件当事人的在线旁听、程序选择和费用减免。

（3）在线示范化解原则。在线纠纷示范化解应当充分保障当事人的诉讼权利。除当事人明示或者法律另有规定外，不得推定当事人放弃相关诉讼权利。

（4）在线示范调解。包括选定调解示范案件的条件、调解人员对示范案件调解时应当遵守的程序流程。

（5）在线示范庭审。

（6）示范案例。规定了示范案例的分类、示范案例的确定、在线示范案例库的建立、当事人可以援引已发布的示范案例作为支持自己主张的理由、诉讼费用的负担，以及广州互联网法院对同类型案件的裁判应当与示范裁判案例确定的裁判规则和尺度保持一致。

7. 《广州互联网法院关于建立互联网司法信用报告制度的若干规定（试行）》

在司法活动中，一些企业和个人逃避诉讼、滥用诉权、拒不执行等，造成送达难、查证难、执行难等司法窘境。网上司法实践更强调诚信，需要诉讼参与人主动在线注册认证、反馈送达信息等。为完善互联网司法信用评价机制，推动网络空间信用治理体系建设，2019 年 8 月 29 日，广州互联网法院推出全国首个司法信用概念和互联网司法信用报告制度，并同时发布《广州互联网法院关于建立互联网司法信用报告制度的若干规定（试行）》②。该规定的主要特色内容如下：

（1）司法信用报告释义。司法信用报告是广州互联网法院对应当履行

---

① 《广州互联网法院关于在线纠纷示范化解若干问题的规定（试行）》，载广州互联网法院官网 2019 年 9 月 25 日，https：//www.gzinternetcourt.gov.cn/article–detail–421.html。

② 《广州互联网法院关于建立互联网司法信用报告制度的若干规定（试行）》，载广州互联网法院官网 2019 年 10 月 14 日，https：//www.gzinternetcourt.gov.cn/article–detail–423.html。

生效法律文书确定义务的当事人，在诉讼过程中是否自觉遵守诉讼规则、主动履行法律义务等行为进行的个案客观记录和评价。

（2）司法信用报告制度的告知。在立案时，应当书面告知当事人本院试行司法信用报告制度及有关内容。

（3）司法信用报告制度的分级体系。司法信用报告的总体评级分为绿、蓝、黄、红、黑五个等级，从绿到黑，信用等级逐级降低。

（4）当事人为未成年人的，不得对其制作司法信用报告。

（5）司法信用报告的制作与构成。司法信用报告由广州互联网法院在执行程序中制作；司法信用报告应当载明相关的基本信息。

（6）信用等级的评定要素。

（7）信用等级的评定规则。

（8）信用等级的变更与撤销。

（9）司法信用报告的发布与运用。

（10）对当事人之外的诉讼参与人及其他人或者在非执行程序中需作出司法信用报告的，参照该规定执行。

总之，司法信用报告制度是完善互联网司法信用评价机制，推动网络空间信用治理体系建设的重要创新举措。该制度首次确立将"当事人在诉讼过程中是否自觉遵守诉讼规则、主动履行法律义务等行为的表现情况"作为司法信用概念，同时选取了当事人在诉讼过程中的 36 种行为作为司法信用等级评定要素，通过在个案中进行对应选取并综合评定等级后，制作成司法信用报告。①

8. 《广州互联网法院在线审理规程（试行）》

为规范在线审理程序，保护当事人及其他诉讼参与人的合法权益，保障在线审理活动公正、高效地进行，2019 年 10 月 22 日，在总结三大互联网法院实践和相关法律法规的基础上，制定了迄今为止最为详细的在线审

---

① 《广州互联网法院建立互联网司法信用报告制度》，载《南方法制报》，2019 年 8 月 30 日第 2 版。

理规程——《广州互联网法院在线审理规程（试行）》①。该规程共计 111 条，主要特色内容如下：

（1）在线审理方式。广州互联网法院采取在线方式审理案件。

（2）注册、认证及关联。

（3）在线受理。

（4）在线多元化解。该规定吸收了《广州互联网法院关于在线纠纷示范化解若干问题的规定（试行）》的核心内容。

（5）电子证据的审查判断。将《广州互联网法院电子数据存储和使用的规定（试行）》和《广州互联网法院可信电子证据平台接入与管理的规定（试行）》的核心内容吸收，并进一步细化了电子证据真实性的综合判断。

（6）电子送达规则的细化。

（7）在线庭审。主要吸收了《最高人民法院关于互联网法院审理案件若干问题的规定》和《杭州互联网法院网上庭审规范》的相关规定，并强调在线庭审原则上公开直播，但依法不公开审理及证人在线作证的案件除外。

（8）在线联审。在线联审是指广州互联网法院从符合条件的案件中，选取一定数量的案件进行在线集约化联合审理的庭审方式。

（9）在线示范庭审。该规定吸收了《广州互联网法院关于在线纠纷示范化解若干问题的规定（试行）》"第三章　在线示范庭审"的核心内容。

（10）在线交互式审理。在线交互式审理是指当事人及其他诉讼参与人在广州互联网法院规定的期限内，自主选择时间登录诉讼平台，完成陈述、答辩、举证、质证、接受询问并充分发表意见后，法院不再开庭审理，径行裁判的审理方式。在线交互式审理方式与北京互联网法院的异步审理类似。

（11）在线执行。在线执行是指通过在线方式完成执行参与、执行裁决、执行实施等执行程序。

---

① 《广州互联网法院在线审理规程（试行）》，载广州互联网法院官网 2019 年 10 月 22 日，https：//www.gzinternetcourt.gov.cn/article – detail – 620.html。

（12）在线审理秩序。该规定吸收了《广州互联网法院关于在线庭审若干问题的规定（试行）》的核心内容，并明确被告无正当理由拒不关联案件并通过广州互联网法院诉讼平台参加诉讼的，法院可以缺席审判。未及时关联案件的，不影响已经经过的诉讼环节的效力。

（四）有关北京互联网法院的制度建设

1. 《北京市高级人民法院关于北京互联网法院案件管辖的规定》

2018 年 9 月 8 日，《北京市高级人民法院关于北京互联网法院案件管辖的规定》① 发布。该规定根据《最高人民法院印发〈关于增设北京互联网法院、广州互联网法院的方案〉的通知》《最高人民法院关于同意撤销北京铁路运输法院设立北京互联网法院的批复》，撤销了北京铁路运输法院，设立北京互联网法院，并对北京互联网法院的管辖作出了具体规定，主要内容包括案件管辖范围，如和其他互联网法院类似的 11 种案件类型，约定管辖，再审审查、再审和执行案件的管辖，以及上诉机制。

2. 《北京互联网法院网上立案须知（试行）》

《北京互联网法院网上立案须知（试行）》② 主要内容如下：

（1）管辖的案件范围，基本遵循《北京市高级人民法院关于北京互联网法院案件管辖的规定》。

（2）注册及身份认证。

（3）起诉，包括起诉的条件、起诉的方式、起诉书及相关材料的上传、起诉书的要求、电子签名确认和在线调解等。

（4）立案受理，包括：立案审查的时间；符合起诉条件的，立案法官应及时登记立案；当事人或诉讼代理人提交材料不符合要求的情况；当事

---

① 《关于公布〈北京市高级人民法院关于北京互联网法院案件管辖的规定〉〈北京市高级人民法院关于北京铁路运输法院撤销后调整相关案件管辖的规定〉的通知》，载北京法院网 2018 年 9 月 8 日，http：//bjgy. chinacourt. gov. cn/article/detail/2018/09/id/3489954. shtml。

② 《北京互联网法院网上立案须知（试行）》，载北京互联网法院官网 2018 年 9 月 10 日，https：//www. bjinternetcourt. gov. cn/cac/zw/1535124190579. html。

人的起诉不符合起诉条件的情况；诉讼费缴纳；法院受理案件后，诉讼平台向原告及诉讼参与人送达案件受理通知书、举证通知书、权利义务告知书等诉讼材料。

3.《北京互联网法院诉讼指引》

为方便当事人参与网上诉讼，制定了《北京互联网法院诉讼指引》[①]，具体内容包括：原告起诉的流程，如材料准备、登录/注册、网上立案、等待立案审核、全流程网上诉讼；被告应诉的流程，如接收文书、登录/注册、关联案件、在线应诉答辩、全流程网上诉讼。同时，北京互联网法院还将该诉讼指引的具体操作制作成小视频，方便当事人学习参与。

4. 北京互联网法院的其他制度建设

（1）建立多元化线上送达体系。北京互联网法院通过与 20 家大型互联网企业达成一揽子送达协议，深度合作、在线对接，建立线上协查机制，助推平台内主体查询送达力度。[②]

（2）深化"多元调解 + 速裁"工作机制，打造一站式多元解纷机制。2019 年 3 月 6 日，北京互联网法院成立诉前人民调解委员会和诉调对接中心[③]，深化"多元调解 + 速裁"工作机制，倾力打造一站式多元解纷机制。该机制主要特点如下：打造"e 调解平台"，通过该平台可以在任何方便的地点，通过手机或者计算机，和足不出户的当事人"屏对屏"完成调解全过程；组建"四位一体"调解组织体系，形成包括行业调解组织、人民调解组织、电商平台调解组织及律师调解组织在内，具有互联网特色的多元性、专业化的新型调解组织体系；打造"1 + N + TOP"诉调对接团队及"1 名法官 + N 名法官助理、书记员、调解员 + 技术（Technology）、多元调

---

① 《北京互联网法院审判白皮书》，载北京互联网法院官方微博 2019 年 9 月 3 日，https：//weibo. com/ttarticle/p/show？ id = 2309404412515906879822。

② 《北京互联网法院审判白皮书》，载北京互联网法院官方微博 2019 年 9 月 3 日，https：//weibo. com/ttarticle/p/show？ id = 2309404412515906879822。

③ 《北京互联网法院诉前人民调解委员会、诉调对接中心正式成立》，载北京互联网法院官网 2019 年 3 月 7 日，https：//www. bjinternetcourt. gov. cn/cac/zw/1552534718807. html。

解（ODR）、外包服务（Purchase of Services）"的诉调对接团队，实现各类人员协调配合、线上线下无缝衔接、案件流转高效规范的工作模式；形成"多元调解＋速裁"工作模式，出台《案件繁简分流和诉讼对接工作流程管理规定》。①

（3）出台系列技术规范。北京互联网法院出台了一系列技术规范，包括《天平链应用接入技术规范》《北京互联网法院电子证据平台接入与管理规范》，以及与之配套的《北京互联网法院电子证据平台接入与管理规范细则》《北京互联网法院电子证据存证接入申请表》《北京互联网法院电子证据存证接入接口说明》等。

三、互联网法院技术应用与规范综述

（一）纠纷解决平台建设

1. 互联网法院网上诉讼平台建设

杭州互联网法院首先探索用互联网方式审理互联网案件，建立起专门的网上诉讼平台②，并制定了《杭州互联网法院诉讼平台审理规程》《杭州互联网法院网上庭审规范》等一系列配套的规范性文件。

北京和广州互联网法院也相继建立起网上诉讼平台。广州互联网法院的诉讼平台（又叫广州互联网法院智慧审理平台）以其法院官网③为核心，链接到广州互联网法院诉讼服务平台④与广州互联网法院在线纠纷多元化解平台⑤。诉讼服务平台可以通过在线诉讼的方式实现纠纷解决的途径。多元化解平台是另一种官方 ODR 机制，它可以实现以互联网法院为中立第三方的多元化纠纷解决，是粤港澳大湾区首个在线纠纷多元化解平台。智

①　《北京互联网法院审判白皮书》，载北京互联网法院官方微博 2019 年 9 月 3 日，https：//weibo. com/ttarticle/p/show？id＝2309404412515906879822。

②　杭州互联网法院诉讼平台，https：//www. netcourt. gov. cn。

③　广州互联网法院官网，https：//www. gzinternetcourt. gov. cn。

④　广州互联网法院诉讼服务平台，https：//ols. gzinternetcourt. gov. cn。

⑤　广州互联网法院在线纠纷多元化解平台，https：//odr. gzinternetcourt. gov. cn。

慧审理平台聚焦"网上案件网上审理"新机制，构建了"一键立案、一键调解、一键调证、一键审理、一键送达"的全流程在线诉讼服务体系。广州互联网法院的相关工作经验入选中国社会科学院法学研究所发布的《2018 年中国法院信息化发展与 2019 年展望》。此外，广州互联网法院还将其在线平台内的各功能上线"粤省事"微信小程序，更加方便当事人参与案件。北京互联网法院的在线诉讼平台则直接设置在其官网模块中①，包括电子诉讼平台、法官工作平台、调解平台、诉讼服务平台等一系列模块，供各诉讼参与人直接登录，成为一个完整的官方 ODR 平台。

2019 年 5 月，北京互联网法院还上线英文版网站②。该英文版网站提供相关典型案例、涉外审判信息，报道北京互联网法院审判的典型案例，以及审判或参与的涉外案例，为国际相关人士、专业人士提供参考，向国际社会发布相关法律新闻，并且根据北京互联网法院的工作重点和国内外关注热点制作专题性报道，不仅大大便利跨地域当事人诉讼，而且有利于加强国际交流。③

2. 互联网法院移动诉讼平台建设

除了网页端的在线诉讼平台，互联网法院还推出了各自的移动诉讼平台，即可以在手机端实现对诉讼流程的全面掌控。杭州互联网法院在其网上诉讼平台中链接了移动诉讼平台建设的二维码，包括微信小程序移动诉讼平台、智慧庭审 App"公道互联"和支付宝小程序移动诉讼平台。

微信小程序不仅提供开庭公告查询、文书公开查询、网上诉讼指南查询、庭审实况播报等功能和其他杭州互联网法院的相关资讯信息，而且诉讼参与人登录后可以直接在手机端实现网页端的在线诉讼功能，并可以查询电子悬赏令。

在杭州互联网法院微诉讼平台上，当事人注册后通过人脸识别技术核验身份，填写结构化诉状，上传电子证据，完成立案申请；可以一键提交

---

① 北京互联网法院官网，https：//www.bjinternetcourt.gov.cn。
② 北京互联网法院英文版网站：https：//english.bjinternetcourt.gov.cn。
③ 《上线了·北互　English Website!》，载微信公众号"北京互联网法院"，2019 年 5 月 24 日。

与诉讼相关的订单、被告信息、交易过程凭证等电子数据；智能立案系统对案件进行审核，符合条件的案件经立案法官确认后即可完成立案，并同步生成案号，微诉讼平台即时显示案件状态、案号等案件信息；平台系统自动将案件信息同步到杭州互联网法院的网上诉讼平台；法官可以在移动终端随时随地办案；当事人通过手机参与视频庭审时，也可以与法官、对方当事人进行庭审互动；智能语音识别系统实时进行语音识别并形成笔录，庭审结束后当事人只需点击确认庭审笔录即可，所有视频、音频和笔录等资料即同步到平台系统后台。①

在支付宝小程序中，可以查询相关司法公开信息和新闻，还可以链接网上诉讼平台实现缴费、查询和诉讼等相关功能。"公道互联" App 则需要获取官方的校验码方能登录。

广州和北京互联网法院也有自己的"广互在线"微信小程序和"北京互联网法院移动微法院"微信小程序，其功能与杭州互联网法院的微信小程序移动诉讼平台相似。

3. 广州互联网法院在线纠纷多元化解平台

2019 年 3 月 2 日上午，广州互联网法院在广州市海珠区环球贸易中心举行在线纠纷多元化解平台签约暨上线仪式。广州互联网法院在线纠纷多元化解平台以大数据、人工智能和区块链等前沿技术为基础，高度融合律师、仲裁、行业协会等法律服务要素以及大湾区专业化、国际化司法调解资源，可以真正实现多元纠纷化解全流程、全业务、全时空。②

广州互联网法院在线纠纷多元化解平台高度融合在线认证、在线咨询、在线评估、在线调解、在线确认、在线送达和异步调解等功能；同时，依托专业法官团队，为纠纷双方提供"量身定制"的解纷方案和线上一体化解纷新体验，在更高层次上实现公正与效率的平衡。此外，该平台还提供诉讼转调解、调解转仲裁、调解转诉讼等人性化转换流程，并创新

---

① 《审判无远弗届　纠纷触手可解》，载微信公众号"杭州互联网法院"，2018 年 2 月 2 日。

② 《认不出户，事不出网！粤港澳大湾区首个一体化在线多元解纷融平台正式上线》，载微信公众号"广州互联网法院"，2019 年 3 月 2 日。

引入第三方参与调解机制，在纠纷双方当事人同意的基础上，第三方可以扫描特定二维码进入线上调解室，参加或见证纠纷的调解过程。

广州互联网法院在线纠纷多元化解平台坚持和解是纠纷解决的最佳境界，恪守和解优先的引调原则。该平台的专业法官团队根据引调的纠纷类型和特点，为当事人提供合适的调解组织或调解员，促成当事人达成和解。针对互联网平台企业作为一方当事人的纠纷，如果该企业在平台内驻有调解员，法院优先将纠纷引调至该调解员，由调解员按照平台流程和调解规则促成其所属企业与对方当事人和解，开创了由当事人一方的调解员借助平台提供的调解流程和司法支持，组织推动和解的"以调促和"新模式。广州互联网法院针对该平台，开发了计算机端网页版本和手机端微信小程序版本。[①]

4. 在线调解新平台

在线调解是各互联网法院在线诉讼平台中实现案件分流、提高纠纷处理效率的重要方式。传统法院的调解或通过线下见面，或通过法官周旋达成意向，调解工作效率低下，而在线调解可以提高调解工作的效率。在杭州互联网法院的诉讼平台中，收到立案申请后，承办法官登录平台，查看案件详情和证据材料。通过大数据分析，法官可能发现案件呈批量化、类型化特征，除已立案的案件外，当事人还在陆续起诉，案件量不断增加。在这种情况下，如果无差别对待纠纷，办案压力势必加重，当事人的合法权益也无法及时得到保障。因此，法官可深度梳理相同案由案件的固定要素，巧用类案分析法，结合当事人的调解意愿，将诉前、诉中调解统筹兼顾，引导当事人磋商，在线提出调解方案，最终由当事人达成调解协议。[②]

2019年5月，在线调解平台进行了功能升级。升级后，在线调解平台可以提供在线多方视频、多方电话会议和多方在线会话等；调解员可根据实际情况随意切换沟通对象；在调解过程中出现突发情况时，在线调解平

---

① 《〈人民法院报〉头版点赞！广州互联网法院"线上解纷神器"大公开》，载微信公众号"广州互联网法院"，2019年3月7日。

② 《在线调解——以科技提质效》，载微信公众号"杭州互联网法院"，2017年12月20日。

台的禁言、训诫和强制下线等功能可确保调解顺利进行。在线调解平台可基于历史数据的分析和纠纷的具体情况，为调解人员提供历史相似案件和调解结果，以便其在调解时进行有效判断。调解过程中，在线调解平台可协助调解员生成调解协议文本，再供双方当事人在线确认。①

北京互联网法院打造了具有自身特色的网络"e 调解平台"，法官可以在任何方便的地点，通过手机或者计算机，和当事人"屏对屏"完成调解全过程。北京互联网法院还组建了包括行业调解组织、人民调解组织、电商平台调解组织及律师调解组织在内的"四位一体"的新型调解组织体系。②

5. 北京互联网法院微淘账号

北京互联网法院在淘宝平台注册了实名店铺，开设了微淘达人。开设淘宝店铺是为了借助"淘宝旺旺"工具，与淘宝平台的相关当事人进行送达、询问和调解等一系列诉讼活动。微淘账号的设立与北京互联网法院的诉讼服务理念密不可分。设立微淘账号，能够实现诉讼服务的精准投放，使服务、宣传等效能出现强大的增益效应。

微淘账号包括智慧诉服、互动问答、E 案推送、旺旺送达和北互风采五大模块。智慧诉服模块可以实现与移动微法官的一键链接，以专题推送的形式介绍在线智慧诉讼平台的建设成果；法官通过互动问答模块可以充分发挥自身的专业性，回答消费者、商家的专业问题，适当引导消费者合法维权，合法经营店铺；E 案推送模块用精彩有趣的案例科普法律知识，用朴实的百姓语言讲出专业的法律事；旺旺送达模块则为淘宝商家中的当事人创造了新的送达渠道；北互风采模块集中展现了北京互联网法院的新鲜事，宣传优秀法官。③

---

① 《今日签约，在线调解团队再添新力量！》，载微信公众号"杭州互联网法院"，2019 年 5 月 24 日。

② 《〈网络空间法治化治理白皮书〉正式发布》，载微信公众号"北京互联网法院"，2019 年 4 月 29 日。

③ 《AI 虚拟法官、微信小程序、微淘账号——北京互联网法院"在线智慧诉讼服务中心"发布》，载微信公众号"北京互联网法院"，2019 年 6 月 27 日。

（二）证据平台建设

1. 杭州互联网法院电子证据平台

2018 年 6 月 28 日，杭州互联网法院上线全国首个电子证据平台，并发布了《杭州互联网法院电子证据平台规范（试行）》和《杭州互联网法院民事诉讼电子数据证据司法审查细则》。

电子证据平台在证据和审判之间建立了一个专门的数据通道，它实现了与各个电子证据来源接口的无缝对接，电子证据可以数据摘要形式通过接口被提交到平台，实现安全传输和存储。在诉讼中，当事人提交电子证据原文时，电子证据平台对电子证据原文和已保存的数据摘要进行自动比对，判断是否有过后期篡改，从而辅助验证电子证据的真实性。

电子证据平台有其完整的功能和操作流程。首先，电子证据平台接入方应具备可持续提供存证服务的能力，并被市场有效验证，开展司法电子证据服务时必须通过严格的实名认证，如果认证方案不确定或存在瑕疵，禁止接入；其次，用户在申请接入时需向杭州互联网法院提供主体身份资料和联系方式等信息，经过杭州互联网法院管理员审核同意；再次，电子证据平台接入方必须由国家授权的第三方电子认证机构颁发认证，确保网上传递信息的机密性和完整性；最后，在完成上述认证后，接入方才能通过接入标准实现与电子证据平台的对接。

通过与当事人无利害关系或为当事人提供服务的第三方数据持有者（如淘宝、京东等电商平台，互金平台，理财平台等）、第三方数据服务提供商（如运营商平台、电子签约平台、存证机构平台）等提供电子数据传输到电子证据平台，可有效解决当事人自行收集电子证据的困境，节约庭审举证质证的经济和精力成本。电子证据平台以数据摘要作为电子证据记录的唯一标识，结合时间戳、数据加密算法等先进技术手段对推送数据进行保全，可以有效避免电子证据灭失和后期被篡改的风险。对原始电子证据进行逻辑运算，制作数据摘要，形成唯一的不可篡改的"数据身份证"（即哈希值），并实时同步备份到电子证据平台；进入诉讼程序后，将已保存在电子证据平台的"数据身份证"与电子证据原文进行自动比对，判断电子证据是否有过后期篡改。这样一来，使"后期篡改电子证据变得毫无意义"。电子证据平台完全为杭州互联网法院掌控，立足于方便人民群众诉讼和法官办案，不为任何营利性机构和个人的利益服务，仅为当事人通过互联网从事诉讼活动服务。除此之外，采取多种机制确保数据安全，可以从根源上杜绝数据被不当使用，确保电子存证的可信度。[①]

2. 《杭州互联网法院电子证据平台规范（试行）》

为规范电子证据平台中电子数据的接入、传输和交换，完善该平台的建设和管理，杭州互联网法院制定了《杭州互联网法院电子证据平台规范（试行）》。具体内容如下：

（1）相关原则与术语规范。

（2）电子数据规范与格式，包括公文电子数据、公证电子数据、第三方数据持有者的电子数据与证据平台通过接口实现对接的相关规定。

（3）电子数据的保障与相关技术规范，包括电子证据平台接入方的保障义务、对接口的要求、传输数据格式的要求、接入者与证据平台通信的要求等。

另外，该规范还对电子数据平台的司法应用进行了规定。

3. 智能证据分析系统

2019年12月12日，杭州互联网法院上线智能证据分析系统，实现了将大量机械、重复的工作交给系统完成，法官一键点击就能获得证据分析结果，为办案提供参考。

（1）智能证据分析系统制作证据目录。当事人提交证据后，系统对所有证据材料进行分析比对，并根据审判习惯生成证据列表及对应的证明对象，自动排序、自动归类，直观呈现各类证据，方便法官审理。

（2）文字作品比对。智能证据分析系统可以对原告文章和被告涉嫌侵权文章进行智能比对，两篇文章的重复字符数、重复段落数、重复百分比

[①] 《杭州互联网法院上线全国首个电子证据平台》，载微信公众号"杭州互联网法院"，2018年6月28日。

等信息一目了然，系统根据对比结果给出"疑似侵权"与否的判断。

（3）图片比对。上传原图和疑似侵权图片后，系统自动识别图片作者、拍摄时间、修改时间、地点、相机型号、像素、分辨率等参数，并进行全面比对，综合色彩相似度、构图相似度、元素相似度和主体相似度等多个维度评估作品是否疑似侵权。

（4）视频分析。智能证据分析系统直接识别案件视频帧宽度、帧高度、数据速率、比特率、帧速率、画面色彩构图等参数并进行比对，将相同/相似的视频片段以截图的形式单独展现，并标注时间轴，由此综合评估作品是否疑似侵权。

（5）金融借款核算。智能证据分析系统根据案件交易明细，以及金融产品合同规定，可一键智能计算金融案件中的本金、利息、违约金及其他费用金额，核算精准，计算过程有迹可循。

4. 电子公证书的证据应用

杭州互联网法院在浙江某网络有限公司诉黄某案中确立了电子公证书的证据标准。该案的定案证据是一份电子公证书。公证机关依照当事人的申请，在公证机构办公场所使用公证机关的设备，对设备及网上运行环境进行清洁性检查后，依职权通过公证机关"存证版"取证系统的拍摄、抓取等功能实时获取电子数据进行取证，取证形成的电子数据存储于该公证处数据库，并由公证处以加盖电子签名的电子公证书形式，从法院提供给公证处的数据端口直接传输至互联网法院的电子证据平台，从而保障电子数据的原始性和完整性。这一过程可以实现电子公证书的远程一键调取、法官在线审核和当事人远程在线下载查阅。①

5. 广州互联网法院"线上证据交换平台"及其规范

广州互联网法院的线上证据交换平台可以实现方便、快捷地自助举证。当事人可在规定的举证期限内自由提交证据并随时发表意见，便于诉

---

① 《探索电子证据司法认定，杭州互联网法院又出新招了!》，载微信公众号"杭州互联网法院"，2019 年 1 月 25 日。

讼参与人提前了解证据，打破信息不对称壁垒，提速矛盾化解进程。案件进入举证期后，该平台自动发送通知短信，提醒各方及时举证；当事人凭身份信息进入线上证据交换平台后点击举证模块，即可自助上传证据材料，进行在线举证。该平台还提供可靠、安全的证据上传和存储服务，在证据上传的过程中，平台同步对包括图片在内的常见证据附件进行无损转换和压缩，提高上传、存储、加载效率，减少等待时间，优化当事人线上举证体验。除此之外，线上证据交换平台还可以自助向当事人在淘宝等电商平台上预留的有效手机号码、电子邮箱发送电子诉讼材料，实现即立、即送、即达。

线上证据交换平台可实现一键调证。广州互联网法院深化运用"一键调证"技术，通过对接各大电商平台原始数据，构建电子证据集中管理平台，可自动调取货物清单、交易记录和支付记录等，并通过区块链技术确保证据来源可溯、过程可查、结果可信，有效解决当事人网上纠纷举证难题。此外，当事人、代理人、法官均可灵活选择微信小程序、WEB 页面、手机 App 等方式在线视频，进行交流辩论、举证质证。当事人可跨终端实时查看与回复，在庭前进行充分的证据在线交换，不必拘泥于传统质证环节的同时同地同步，方便针对每份证据发表翔实意见，提升当事人诉讼参与感和司法获得感。线上证据交换平台可对证据进行自动分类梳理，树状目录结构和文件名让人一目了然，便于诉讼参与人快速、准确地定位浏览证据附件。对于各方无争议的证据，可以进行庭前简化处理、固定案件事实，最大限度地促进庭审实质化。①

为规范电子证据平台建设，广州互联网法院制定了《广州互联网法院可信电子证据平台接入与管理的规定（试行）》。主要内容如下：

（1）基本原则与基本术语。

（2）证据平台的总体框架。广州互联网法院的证据平台由统一电子数据管理平台和多个司法区块链基础平台组成。

（3）对平台各建设方的要求包括基础平台建设方的主体要求，技术要

---

① 《在线送达、自助举证！广互"线上证据交换平台"带来技术破壁新体验》，载微信公众号"广州互联网法院"，2018 年 11 月 26 日。

求，硬件、软件要求，服务能力要求，安全管理责任要求，国家部门的认可要求，年度复评要求，专项评估制度要求等。统一电子数据管理平台也应遵循一系列技术要求，该规定对安全可控、通用便捷、健壮性与稳定性、容灾与灾备方面都作了要求。

（4）数据接口规范。互联网法院证据平台的设计原则是开放的，即满足相关组织单位电子数据对接要求，对各个行业多种类型的接入提供完善的接口文档。数据接口规范还规定了标准上和兼容性上的具体要求，对市场主流规定、数据传输格式、接入前要求、接入的通信模式作了规定。

（三）平台内建设

1. "智能立案"系统

"智能立案"系统是杭州互联网法院诉讼平台具有的功能之一，其实现了立案全程自动化、诉状填写结构化、审查标准智慧化。在当事人提交的诉讼请求符合立案标准的条件下，"智能立案"系统自动识别并完成立案审查程序，作出立案与否的决定。对于完全符合立案审查标准的起诉，进行自动审查后立案，显示立案原因；对于无法作出准确判断的起诉，自动标注无法判断的问题，并自动推送给立案法官，帮助立案法官快速定位。立案法官审核后，对符合立案条件的，进行一键立案；对不符合立案条件的，选择补正材料内容，退回立案申请。"智能立案"系统可以通过对诉讼平台诉状填写页面的结构化学习，对当事人的不同选择和授权提供的案件信息进行智能比对，自动审查诉讼主体身份是否适格，判断是否存在法律关系等结构化要点。基于对立案法官经验总结的学习，"智能立案"系统智能识别诉状内容与审核要点的要求是否一致，进而明确案件是否属于杭州互联网法院的管辖范围，诉讼请求是否明确，事实和理由是否具体等。[1]

---

[1] 《用智能成就智慧——杭州互联网法院"智能立案"系统上线啦!》，载微信公众号"杭州互联网法院"，2017 年 12 月 25 日。

2. 诉讼信息一键式引入

一键式引入相关诉讼信息也是在线诉讼平台的重要功能。在广州互联网法院的智慧审理平台中，新用户进行注册并实名认证后便可以开始选择诉讼业务。原告方点击"原告起诉"入口，系统自动跳转至"选择起诉的纠纷类型"，在"产品责任纠纷"类型中，系统提供有"纠纷所在的购物平台"选项，包括淘宝、天猫、微信、唯品会、网易严选、京东、1号店、苏宁易购这些常见的购物平台。选择其中一家电商购物平台后，系统跳转至填写身份类型、联系方式、代理人、法律文书送达地址确认等相关信息，若所选电商平台已经完成信息对接，则可通过纠纷相关的订单号自动引入被告、证据等相关信息，当事人只需填写诉请即可。①

杭州互联网法院的诉讼平台也已经实现了与部分电商平台的对接，并建立了相关的纠纷调解室，互联网企业平台投诉机制作为诉讼的前置程序也可以大大缓解诉讼压力。

3. 电子送达系统

杭州互联网法院的电子送达系统通过打通多家电子地址运营商，针对实名手机号、支付宝、预留邮箱地址、阿里旺旺等，可以实现一键多通道同时送达。② 电子送达系统全功能上线之后，可以根据立案时当事人的姓名和身份证号等信息自动检索当事人名下的所有手机号码、绑定的宽带地址、支付端账号、电商平台账号、电子邮箱等常用电子地址。作为电子送达的逻辑起点，涉互联网案件的当事人大多通过电子方式联系，甚至一个电话号码、电子邮箱、旺旺号等账号信息就代表了诉讼相对方，故与线下纠纷中实实在在的"居民"相比，账号信息代表了更为精准的"网民"。

电子送达系统还可以根据检索到的电子地址进行比对筛选。首先与立案时当事人提供的信息进行比对，若一致则默认为送达地址；若不一致，

---

① 《开始收案！5分钟完成起诉应诉，这份诉讼指引请您收藏好》，载微信公众号"广州互联网法院"，2018年9月28日。

② 《按下重播键，在共同的记忆中起航2018——杭州互联网法院2017年工作盘点》，载微信公众号"杭州互联网法院"，2018年1月27日。

则自动进行资产反查。其次，根据活跃度对当事人名下所有手机号码进行排序，自动过滤已被强制停机、三个月内没有通话记录及上网流量的无效号码。最后，根据宽带地址、电商收货地址等对当事人的户籍地址或者经常居住地进行校对，找出当事人的实际地址，为后续的执行保全等工作提供依据。此外，电子送达平台还支持百度支付端账号、邮箱、电商平台账号等信息的核验。针对部分当事人"忘记看短信"或者"以为是诈骗短信"的情况，杭州互联网法院电子送达系统还设置了弹屏短信，即在确定有效手机号码后，自动将诉讼平台网址、线上关联案件验证码等推送给当事人，并同时发送弹屏短信进行提醒。弹屏短信无法被拦截，以对话框的形式弹出在当事人的手机页面，要想消除，当事人必须点击"关闭"按钮。[①] 北京互联网法院在成立之后也运用了这项技术。

互联网法院与联通、电信、移动三大通信运营商合作，基本可以实现手机用户全国覆盖。基于北京法院集约送达一体化平台，北京互联网法院在电子诉讼平台送达环节中可以向当事人发送弹屏短信。当事人同时还会收到一条普通短信，点击短信中的电子诉讼平台链接，即可跳转至北京互联网法院电子诉讼平台，进行相关操作。[②]

为了使电子送达平台发挥更大的功能，规范送达行为，杭州互联网法院还根据《民事诉讼法》和相关司法解释规定，同步出台了《杭州互联网法院司法文书电子送达规程（试行）》，确立了电子送达的基本规则，并对电子地址事前约定、资产反查地址效力、公告送达等进行了规定。

4. 电子签章系统

杭州互联网法院的电子签章系统运用了关键字定位等方式，可以智能定位签章位置，并精准盖章。电子签章系统可以覆盖诉讼流程多个阶段，应用于多种法律文书，其利用预设模板，支持关键字盖章、骑缝章等多种签章模式。法官确认文书内容后，只需点击"盖章发送"按钮，无论单次

---

① 《检索分秒之间，送达千里之外——杭州互联网法院电子送达平台一键破解送达难题》，载微信公众号"杭州互联网法院"，2018 年 3 月 20 日。

② 《有图有真相！弹屏短信了解一下~》，载微信公众号"北京互联网法院"，2018 年 10 月 22 日。

需要盖章的文书量有多少，整个签章过程都会在 5 秒内完成，大幅节省等待时间。

签发文书时，法官只需点击"盖章发送"按钮，当事人就会即时收到短信提醒，登录自己的账号后便可随时随地查看相应的法律文书。这些盖章完成的文件可以一键下载并打印，也可以将其推送给远程系统进行保存或送达，以满足特定场景下法院的文件管理需要或当事人的司法需求。电子版的法律文书加盖过电子公章后，便与传统纸质版的法律文书具有同等效力。相较于传统的签章方式，电子签章在安全保障上具有显著的优势。传统签章方式可能面临遗失、伪造、冒用和篡改等风险；而电子签章系统采用了电子秘钥、限定场景盖章、盖章动作全记录等全方位的措施，保障了签发文书的真实性和安全性。当事人收到电子版文书后点击签章处便会弹出 CA 数字证书，用以验证签章的真实性。

5. 在线纠纷"类案批量智审系统"

广州互联网法院研发了粤港澳大湾区首个在线纠纷"类案批量智审系统"。该系统可智能抓取基本信息，自动为案件"分门别类"；针对同一个类别中代表性强、可以起到示范效应的案件，系统还可生成邀请二维码，由法官邀请暂未开庭的类案当事人在线旁听。[1]

在办理案件中，在线纠纷"类案批量智审系统"根据办案实际需要，借助区块链技术在"网通法链"智慧信用生态系统的成熟运用，调取存证平台证据，充分发挥区块链技术在纠纷全程在线解决中的重要作用。在线纠纷"类案批量智审系统"通过链接在线纠纷多元化解平台、"网通法链"智慧信用生态系统等司法平台，自动完成案件批量智能多元化解、证据自动存储和提取、案件自动流转等环节，有效减少了纠纷进入诉讼环节，确保进入诉讼程序的同类案件实现批量智能审理。[2]

在线纠纷"类案批量智审系统"还是全国首个针对互联网金融纠纷的

---

[1] 《在线诉源治理新模式！一案调解，2500 多名类案当事人在线"围观"》，载微信公众号"广州互联网法院"，2019 年 11 月 25 日。

[2] 《批量案件批量审！广互研发粤港澳大湾区首个在线纠纷"类案批量智审系统"》，载微信公众号"广州互联网法院"，2019 年 7 月 18 日。

全流程在线批量审理系统。当事人可通过该系统在线批量提交证据、发起立案申请；法官可批量立案审查、批量排期、批量在线庭审、批量生成裁判文书、批量送达；送达全程区块链留痕，可实时追踪送达时间、地点、签收人等关键节点信息。同时，对于代表性强、具有示范意义的典型案件，法官可以通过发送邀请码等形式，实现同类型案件当事人在线旁听，推动类型化案件达成和解、调解协议或自动履行。[1]

6. 文书自动生成系统

北京互联网的文书自动生成系统基于专有法律语义分析技术，可以对案件的起诉书、答辩状、证据等前置数据和庭审笔录等内容进行智能研判，并按照最高人民法院文书格式要求，一键式自动生成案件裁判文书的部分内容。

7. AI 法官

AI 法官是以北京互联网法院综合审判二庭负责人刘书涵法官为原型，利用 AI 技术合成的一个虚拟形象。其中，借助了搜狗公司的语音智能合成和形象智能合成两项国内顶尖技术，语音合成技术负责将输入的文本转化为对应的语音，形象合成技术负责让 AI 法官带有动作、情感地讲述输入的文本。AI 法官对当事人在立案、应诉、调解、法律咨询、技术操作中的常见类型问题进行整理，归纳出 120 个近 2 万字的常见问题，并采用智能识别技术对当事人提问进行关键词读取定位，进行有针对性的解答，为当事人提供一种浸入式诉讼指引。从北京互联网法院电子诉讼平台进入智能导诉板块，就可以获得 AI 法官的智能导诉服务。微信小程序也有这一板块。

（四）执行系统建设

1. 线上执行系统

北京互联网法院的线上执行系统可以实现执行、立案一站通办。当事

---

① 《数字金融纠纷解决不再"挠晒头"？广互这场揭牌上线仪式超有料!》，载微信公众号"广州互联网法院"，2019 年 8 月 10 日。

人通过电子诉讼平台查看审判案件，一键申请执行，可以实现审判、执行无缝连接；当事人根据提示录入执行必要信息，即可自动生成标准化执行申请书；执行送达时，可以智能生成文书，线上辅助送达；受理案件后，可以一键生成执行通知书和报告财产令；财产查控后，可以智能生成执行裁定书并进行自动校验。在财产查控方面，执行法官可以通过网络执行查控系统对多种形式的财产进行查询、冻结、扣划，实现查询、冻结、扣押一体化全类型在线操作。约谈当事人时，通过北京互联网法院电子诉讼平台或北京互联网法院移动微法院，根据当事人身份不同和案件需求，可以进行多种执行谈话，为当事人及法官带来极大的便利。[1]

2. "E链智执"执行系统

"E链智执"执行系统是广州互联网法院为贴合各类涉网纠纷执行工作场景、创新线上执行工作措施，研发上线的网络执行一体化工作平台。平台可实现一键申请执行，法院在线发出执行通知书、报告财产令，在线完成查询、扣押、冻结，申请执行人可在线提交付款申请、结案笔录等。[2]

"E链智执"执行系统可以帮助法官实现三方连线在线调解、随时@当事人、E链送达等；帮助申请人实现身份认证、智能关联生效文书、立案申请、提交材料、在线电子签名、执行异议申请、联系法官等；帮助被执行人进行身份认证、在线申报财产、在线履行义务、联系法官等；还可以实现"多链修复"与"多链智执"。其链接了三大电信运营商、各大互联网企业、电子商务平台，因此可以找到当事人的常用电话，绑定地址活跃邮箱，实现当事人的关联修复；还可以搭建向互联网企业、平台发送请求、接收反馈数据的模块。[3]

---

[1] 《小熊执行记之全流程线上执行》，载微信公众号"北京互联网法院"，2019年8月28日。

[2] 《他来了他来了，广互带着他的司法科技体系来了（下）》，载微信公众号"广州互联网法院"，2019年9月17日。

[3] 《上线22分钟，兑现全部债权，广互"E链智执"初显身手!!》，载微信公众号"广州互联网法院"，2019年7月5日。

3. "点即达"智能短信送达系统

"点即达"智能短信送达系统是广州互联网法院联合三大电信运营商，率先将融合通信应用到司法送达领域的一种执行系统。该系统的诉讼短信通过广州互联网法院专用短信通道号发送，短信界面顶部显示互联网法院名称和标志，解决了传统短信头部只显示长串数字，易被误认为虚假信息、诈骗信息等问题。"点即达"智能短信系统具有互动性，当事人通过短信界面下挂菜单按钮，即可直接点击跳转至广州互联网法院"智慧平台""庭审直播"以及官方网站，实现一键进入案件诉讼过程，有效增强了短信送达的交互性、便捷性。系统后台还可以自动实时记录送达数据，实现短信送达像快递一样可实时查询、可追溯，解决短信送达无回音、无实效的现状。[①]

4. 智慧失信惩戒模式

为了持续加大对失信被执行人的曝光力度，杭州互联网法院与"今日头条"建立了"老赖"精准曝光合作机制，向"老赖"生活区域的全部头条用户系统推送曝光信息。杭州互联网法院入驻"今日头条"，一方面有利于借助平台精准地图弹窗优势，发动群众查找"老赖"人员下落、财产线索，让失信被执行人无处遁形；另一方面通过曝光对"老赖"形成强大的社会舆论压力，压缩"老赖"的生存空间，使其倍感法律的威慑力而自觉履行法律义务。[②]

通过打造智慧失信惩戒模式，可以实现在线布控。执行平台根据案件详情信息、被执行人个人信息等数据建立数据模型，自动生成电子悬赏令并计算悬赏金额，申请人只需网上申请布控措施即可。平台联合电商平台建立联合"信用惩戒"机制，通过加强与"今日头条"合作，创建杭州互联网法院执行头条号，为"老赖"在信息推送领域做专门的"私人定制"

---

① 《叮咚！广互智能短信已送达！点击下挂菜单还能多平台跳转喔》，载微信公众号"广州互联网法院"，2020年1月2日。

② 《不还钱，上头条！——杭州互联网法院推出"老赖"精准曝光机制》，载微信公众号"杭州互联网法院"，2018年7月30日。

曝光，利用人工智能分发和精准地图弹窗的技术优势，启动一个协助法院查找和曝光老赖的项目，使失信被执行人慑于法律的强制力和熟人朋友圈的舆论压力而自觉履行生效法律文书确定的义务。

5. "5G＋区块链"互联网执行模式

2019年6月20日，杭州互联网法院首创了"5G＋区块链"的涉网执行新模式，这一执行模式离不开该互联网法院的5G区块链执法记录仪。5G区块链执法记录仪可以自动生成包含时间、地点、数据格式和校验码等取证要素的取证报告，通过SDK的设备身份授予以及用户身份核实等基础安全功能，结合环境感知计算功能，对线下数据进行采集锚定，将锚定的数据指纹和环境指纹实时上链存证固定，并通过可信验真服务联通执行平台对执行现场收集的录像、照片等数据信息的执法记录仪编号、哈希值、存证时间、存证阶段进行验真。5G区块链执法记录仪还可以通过可信时间、可信位置、可信算法、可信硬件、可信身份、可信节点保证真实数据上链。

（1）可信时间。5G区块链执法记录仪的时间来自国家唯一法定时间溯源角色——国家授时中心。系统按照国家授时中心的标准时间源对数据电文加盖时间戳，保证执行数据产生的时间可信。

（2）可信位置。5G区块链执法记录仪支持北斗卫星和GPS双模定位，自动在音视频文件中叠加实时经纬度信息，可采集位置信息、运行轨迹并实时上传到杭州互联网法院在线执行平台，定位精度小于10米。

（3）可信算法。5G区块链执法记录仪采用国家密码局制定的SM2算法进行身份鉴别和数据加密通信，密码复杂度高、处理速度快、机器性能消耗更小。

（4）可信硬件。5G区块链执法记录仪符合公安部关于执法记录仪的行业标准，编码视频流有防篡改、防非法复制等认证措施。此外，数据文件实行分级管理，执法者和管理者分离，防止非授权人员对存储的数据进行删改或复制，确保图像信息和声音信息保持原始场景特征的特性，即对第一现场的原始再现。

（5）可信身份。每一台5G区块链执法记录仪都有唯一的存证编号，执行干警通过人脸识别、指纹识别解锁执法记录仪，实人认证过程将和执法过程一同上链保存，确保每一个执行活动都可以查到人。

（6）可信节点。5G 区块链执法记录仪采集的数据文件直接锚定杭州互联网法院司法链，司法链具有法院、公证处和司法鉴定中心等多个独立权威节点，任何通过节点的数据都由节点签名，以验证其格式，各个节点自动判断每一条数据的真实性，最终将判断为真的数据记入司法区块链的各个节点中。

在首个应用了互联网执行模式的案例中，通过实时在线交流，执行人员仅用 15 分钟，就将所有应退还货物仪器清点完毕并通过 5G 在线音视频展示给被执行人，整个执行过程流畅、高效、透明。5G 技术让处于不同时空的申请人、被执行人都能通过音视频第一时间全方位、立体式了解执行过程，进一步增强了执行透明度和保障了当事人的知情权。①

（五）区块链技术应用

1. 司法区块链建立

2018 年 9 月，杭州互联网法院正式上线运行全国首家司法区块链。该区块链由三层结构组成。一是区块链程序，用户可以直接通过程序将操作行为全流程记录于区块链，如在线提交电子合同、维权过程和服务流程明细等电子证据；二是区块链的全链路能力层，主要是提供实名认证、电子签名、时间戳、数据存证及区块链全流程的可信服务；三是司法联盟层，使用区块链技术将公证处、CA/RA 机构、司法鉴定中心以及法院连接在一起，每个单位成为链上节点。通过完整的结构，司法区块链可以解决互联网上电子数据全生命周期的生成、存储、传播、使用，特别是生成端的全流程可信问题。

起诉时，当事人在杭州互联网法院诉讼平台上提交起诉申请，进行实名认证，实名认证成功后即可关联查看已经存证的侵权记录，并可直接提

---

① 《首创！"5G + 区块链"互联网执行新模式今日正式运行！》，载微信公众号"杭州互联网法院"，2019 年 6 月 20 日。

交证据。随后，系统自动提交侵权过程的明文记录，杭州互联网法院系统核验本地机器上区块链中的哈希数据，进行明文和哈希的比对，比对通过则生成证据链，比对不通过则该条证据失效，这样就串起了整个的侵权证据链。①

2. 西湖龙井溯源上链司法区块链

杭州互联网法院司法区块链平台是为了解决电子证据的生成、存储、传输、提取和验证问题，利用区块链技术而开发建设的公信证据链。杭州西湖龙井茶核心产区设置了数据终端，收集地理信息、温度和空气质量等大数据，运用区块链技术进行了从采摘、仓储、炒制、物流到销售的全流程溯源，该溯源的电子信息哈希值可被同步到杭州互联网法院司法区块链。

上链后，一旦有涉及"西湖龙井"的网络消费或者侵权纠纷，当事方就可以将溯源相关电子证据提交至诉讼平台，并通过司法区块链校验，确保提交的溯源证据处于上链时的原始状态，在证据未被篡改的情况下，再由法官对证据"三性"进行认定，以查明事实。这在一定程度上缓解了以往涉茶纠纷中取证难、认证难的问题。②

3. 长三角司法区块链

2019 年 5 月，杭州互联网法院、上海市第一中级人民法院、苏州市中级人民法院、合肥市中级人民法院、蚂蚁区块链科技（上海）有限公司签署了《长三角司法区块链合作意向书》，宣布以杭州互联网法院司法区块链平台为依托构建长三角司法区块链，打造"全流程记录、全链路可信、全节点见证"的司法级别信任机制。

长三角司法区块链在全国首次实现了审判执行全程上链，起诉、调解、立案、送达、举证质证、庭审、判决、执行、档案管理等影响审判质

---

① 《又一个全国首创！杭州互联网法院司法区块链正式上线啦！》，载微信公众号"杭州互联网法院"，2018 年 9 月 18 日。

② 《西湖龙井上链司法区块链，互联网司法助推乡村振兴战略》，载微信公众号"杭州互联网法院"，2019 年 4 月 1 日。

量和效率、影响司法公信力的关键环节全都被盖上区块链的"戳印"（包含可信时间、可信身份、可信流程和可行环境等关键信息），并向区块链的全体节点实时进行广播，全程留痕、安全可控、不可篡改，在方便群众诉讼、服务法官办案、提升审判质效、促进司法公开等方面具有重要的作用。①

4. 区块链智能合约

2019 年 10 月 24 日，杭州互联网法院召开了首个区块链智能合约司法应用新闻发布会，区块链智能合约技术在司法领域的应用是司法区块链的"2.0 版"。智能合约，是指以数字形式定义、能够自动执行合同条款的合约。在区块链领域，智能合约是指基于预定事件或时间触发、不可篡改、自动执行的计算机程序。区块链和智能合约属于互补和共生的关系，前者是一种底层技术，后者是该技术的运用。

以合同的履行为例，智能合约是把合同的条款编制成一套计算机代码，在交易各方签署后自动运行，一旦约定条件达成，则立即触发相应的结果。整个事物和状态的处理都由司法链底层内置的智能合约系统自动完成，全程透明、不可篡改。司法区块链智能合约实现了从生成智能合约、完成实人认证并签约、合同原文及智能合约上传至司法区块链，到智能合约自动运行、合约无法执行后转入多元调解流程、纳入信用惩奖联合机制、立案、审判、执行的全流程智能化。从司法区块链上较为重要的节点来看，我国唯一的法定时间来源于国家授时中心，常用的人脸识别技术来源于公安部第一研究所，长三角司法区块链的相关法院均可对证据进行核验。同时，国内一些大型公证处、司法鉴定中心、CA 机构、第三方存证机构也均已接入。当智能合约上链开始执行后，如果当事人违约，就进入纠纷多元化解程序，调解机构介入，相关调解数据进入司法区块链存证，并可在诉讼阶段推送到诉讼平台。若调解不成，则进入诉讼流程。②

---

① 《"链"接法院，"E"路领航！长三角司法链推动司法区域一体化发展》，载微信公众号"杭州互联网法院"，2019 年 5 月 22 日。

② 《推动诉源治理，再造数字诚信！杭州互联网法院区块链智能合约司法应用今日上线！》，载微信公众号"杭州互联网法院"，2019 年 10 月 24 日。

北京互联网法院也在审理过程中采用了区块链智能合约技术。在案件审理中，原告和被告经法院主持调解，达成调解协议后，法院在谈话中会告知原、被告双方，如果被告在履行期内未履行义务，将通过区块链智能合约技术实行自动执行。调解书生效后，该案的当事人端、法官端均出现"智能合约"字样，以区别于普通案件。若到期被告仍有未履行金额，原告只需点击"未履行完毕"按钮，就直接进入北京互联网法院立案庭执行立案。通过立案庭审核后，若立案成功后则进入执行系统。

"一键点击"方式可以帮助当事人跳过繁复程序直接完成执行立案，所需信息可以通过区块链智能合约技术自动抓取。抓取过程如下：（1）多方用户共同参与制定一份智能合约。合约中包含了双方的权利和义务，触发的条件以及触发后执行的动作，使用编程语言编程实现，开源公示给各方。（2）部署智能合约。根据合约内容，指定 N 个或全部节点部署智能合约，上传合约代码到指定节点。（3）达到条件触发合约执行，条件可以是规定的时间，也可以是外部输入的交易和数据。部署合约的节点，共同执行合约内容完成之前指定的动作，利用共识算法把运行状态保存到区块链。[1]

5. 天平链及其规范

2018 年 12 月 22 日下午，北京互联网法院召开了天平链发布暨建设、管理与应用研讨会，对天平链的建设原则、建设模式、建设成效的情况以及《北京互联网法院电子证据平台接入与管理规范》和相关操作细则等内容进行发布。北京互联网法院天平链是由北京互联网法院主导的，与工业和信息化部国家信息安全发展研究中心、信任度科技公司等国内领先的区块链产业企业共建的电子证据平台。与《北京互联网法院电子证据平台接入与管理规范》相配套的还有《北京互联网法院电子证据平台接入与管理规范细则》《北京互联网法院电子证据存证接入申请表》《北京互联网法院电子证据存证接入接口说明》。

---

① 《全国首例！北京互联网法院采用区块链智能合约技术实现执行"一键立案"》，载微信公众号"北京互联网法院"，2019 年 10 月 28 日。

在司法实践中，天平链一方面可以对当事人上传到电子诉讼平台的诉讼文件和证据进行存证，防止篡改，保障诉讼安全；另一方面可以对进行过天平链存证的诉讼证据进行验证，解决当事人取证难、认证难的问题。天平链目前的存证平台生态包括版权、著作权、供应链金融、电子合同、第三方数据服务平台、互联网平台、银行、保险、互联网金融等。[1]

2019 年 12 月 2 日，北京互联网法院又公布了天平链应用接入技术及管理规范，即《天平链应用接入管理规范》和《天平链应用接入技术规范》。[2]

6. "公证机构+区块链"委托现场调查机制

为了解决执行中遇到的问题，北京互联网法院对接北京市方圆公证处，引入公证机构助力执行现场调查，构建了委托调查机制。委托调查机制具体步骤如下：（1）执行局出具委托调查函，通过线上与北京市方圆公证处对接。（2）北京市方圆公证处公证员携带委托函、工作证等文件前往现场实地调查，走访物业公司、居委会等，并全程录音录像。（3）调查结束后撰写调查报告，连同视频材料回传法院；同时将全部材料上传至北京互联网法院区块链电子证据开放生态平台——天平链。

公证参与司法辅助实务探索中，存在"公证机构+财产查控""公证机构+调解""公证机构+文书效力"等多角度的探索经验。北京互联网法院突破传统思维限制，由执行局充分利用北京互联网法院电子诉讼平台与天平链优势，通过构建"公证机构+区块链"现场调查机制，使得委托调查全过程及调查结果反馈及时上链，可以真正做到调查过程真实可靠、不可篡改、可追溯。[3]

---

[1] 《北京互联网法院"天平链"正式发布》，载微信公众号"北京互联网法院"，2018 年 12 月 23 日。

[2] 《北京互联网法院召开"天平链"应用接入技术及管理规范新闻发布会》，载微信公众号"北京互联网法院"，2019 年 12 月 2 日。

[3] 《首例"公正机构+区块链"委托现场调查，快来看是什么黑科技在帮助执行法官》，载微信公众号"北京互联网法院"，2019 年 9 月 20 日。

7. "网通法链"智慧信用生态系统

2019年3月30日，广州互联网法院正式上线"网通法链"智慧信用生态系统。该链依托智慧司法政务云，联合"法院＋检察院＋仲裁＋公证"多主体数据调用方，集聚"运营商＋国企央企＋金融机构＋互联网企业"跨领域数据提供方，运用标准数据组织、传输规范及加密机制，为智慧信用生态系统提供多方可查、安全可控、中立可信和负载均衡的区块链技术支撑。

"网通法链"智慧信用生态系统打造了电子数据事先存证、及时调证、自动验证新模式。当事人提交电子合同、维权过程、服务流程明细等证据线索后，即可"一键调证"。该系统还聚合合作机构司法信用数据，建立起了多源分析、多维评估、多重预警的智能信用信息评价机制，可以有效减少因信息不对称、机制不透明引发的侵权、违法行为，从源头上减少审判执行增量。[①]

为确保数据的存储开放中立、安全可信，广州互联网法院与广州市中级人民法院、广州市人民检察院、广州市司法局、广州知识产权法院、广州铁路运输中级法院、中国广州仲裁委员会、广东省广州市南方公证处和广州公证处八家单位共同组建了司法区块链。同时，鼓励、引导电信运营商、金融机构、企业等接入方跨领域开发自有链，实现多方监管、共同治理。该司法区块链依托智慧司法政务云，突破传统的区块链节点管理模式，创新提出多链聚合思路；通过统一存证接口，固化电子数据摘要值及生成时间，并通过"二次加密"的形式，严格管理和监控底层多条区块链的运行情况。

广州互联网法院还与中国电信广州分公司、中国移动广州分公司、中国联通广州分公司、阿里巴巴、腾讯、华为等29家单位共建了可信电子证据平台，以实现电子数据的规范存储、安全调取、便捷认证，降低当事人的举证难度和成本，提高案件审理质效。当事人只需要提交存证编号，即

[①] 《不止"区块链"！广州互联网法院"网通法链"智慧信用生态系统明日上线》，载微信公众号"广州互联网法院"，2019年3月29日。

可完成数据调取及电子数据摘要值的智能比对验证，实现"一键调证"。[1]

"网通法链"智慧信用生态系统包括"一链两平台"。司法区块链为整个生态系统提供底层的数据加密、存储、交换基础；可信电子证据平台依靠司法区块链信息不可篡改的特性，实现电子数据的存储和调取等功能，从而降低司法过程中的举证、质证成本，提高司法效率；司法信用共治平台依靠司法区块链的数据传输、访问安全的特性，实现平台共建方之间共享信用数据，并通过大数据分析、挖掘技术，输出信用评估服务。

（六）审判模式创新

1. 在线视频庭审

2017 年 9 月，杭州互联网法院"隔空"审理了浙江广播电视集团诉被告咪咕视讯科技有限公司著作权纠纷案，这是杭州互联网法院首次以合议庭的形式在线审理案件。[2] 在线视频庭审依托于在线诉讼平台并借助视频传输技术实现。

在广州互联网法院，法官也可以在办公室实现网络法庭的开庭。拉下印有广州互联网法院标志的窗帘，打开摄像头，法官的办公室就会变成简易法庭，可以进行调解、开庭等工作。以合议庭的形式审理时，原来传统的法庭中也不需要再设置原告席、被告席和旁听席，只需要三块电子屏与审判席相对，便可以实现多方远程实时在线视频庭审，法官和身处异地的当事人可以通过多画面合成、音视频实时交互在线开庭，庭审笔录可通过语音识别系统同步转成文字获得，全程录音录像。法官还可以通过语音声控指令进行开庭、休庭和结束庭审，在庭审过程中还可以一键分享证据。语音识别系统还可以智能标注案件内容，实时生成笔录并由当事人在线确认。通过在线视频庭审模式还可以实现多案联审功能，法官可以将多个案

---

[1] 《区块链赋能，双平台加持！"网通法链"智慧信用生态系统今日正式上线！》，载微信公众号"广州互联网法院"，2019 年 3 月 30 日。

[2] 《我院首次以合议庭形式在线审理涉网著作权侵权纠纷案》，载微信公众号"杭州互联网法院"，2017 年 9 月 10 日。

件进行联审排期，在同一时间进行在线视频庭审，提高庭审效率。①

2. 异步审理模式

在线下审理模式中，法官、各方当事人需处于同一物理空间，同时、同地、同步完成审理环节；而采用异步审理模式可以让当事人与法官通过计算机、手机"隔空"对话。《杭州互联网法院涉网案件异步审理规程（试行）》中规定："异步审理是指将涉网案件各审判环节分布在杭州互联网法院网上诉讼平台上，法官与原告、被告等诉讼参与人在规定期限内按照各自选择的时间登录平台以非同步方式完成诉讼的审理模式。"

当事人通过手机端或计算机端完成起诉、答辩、举证质证环节后，依当事人申请，或者法官根据案情、技术条件向当事人推送，当事人双方均同意的，进入异步审理模式。在异步审理模式中，由法官主导庭审进程，宣布案件进入询问环节。询问以交互式发问框的方式进行，点击"提交"按钮发起询问，系统自动向对方当事人发送提醒，并提示当前阶段剩余时间。当事人可通过语音或文字询问和回复，若是语音发言则自动转换为文字。在辩论阶段，各方当事人可多次回复。在最后陈述阶段，当事人可以就案件事实和法律适用发表综合陈述意见，最新陈述置顶，倒序排列。系统会询问当事人是否同意调解，若同意调解则显示绿色，不同意调解则显示红色，所有当事人均同意调解则可进入调解程序。

异步审理模式所有的功能都支持手机端操作，还可以使用手机拍摄照片、小视频等直接上传到平台，便于进一步查明相关案件事实。整个异步审理的各个节点均可通过多种电子送达方式送达当事人，确保当事人阅读相关送达内容，保障其知情权和参与权。各个节点均有时间限制，到期则系统自动跳转到下一环节。通过异步审理，当事人可以在 20 天内完成整个诉讼流程，比传统诉讼审判模式节约一半以上的时间。在规定的时间内，当事人可以通过诉讼平台的智能推送系统查看相似案例，可以通过咨询专家、律师获得专业答复，可以精心准备每一个提问，周密思考每一个回

---

① 《揭秘广州互联网法院的"最强大脑"！办公室会变身，机器人会撩妹》，载微信公众号"广州互联网法院"，2018 年 9 月 30 日。

答。这样可以避免当事人由于诉讼能力的差距与不对等，不能全面、充分地行使诉讼权利，从而在诉讼上处于不利地位。[①] 杭州互联网法院为此制定了《涉网案件异步审理规程（试行)》，专门规范异步审理模式。

3. 庭审屏幕共享

屏幕共享是在庭审过程中由法官发起共享或当事人发起共享申请，参加庭审的所有诉讼参与人均可通过可视化的方式在线现场观看申请方屏幕的操作。通过屏幕共享功能可以有效对电子证据进行勘验，极大地减轻了当事人的诉累，保护了当事人诉讼材料的安全，也可以大大降低举证难度和证据勘验成本。屏幕共享的操作方式有两种。第一种是法官点击"桌面共享"按钮，一键即共享成功；第二种是当事人申请"屏幕共享"，法官同意后，各方均可观看申请方的屏幕，进行举证质证。屏幕共享功能结合庭审直播，可以实现向社会公众呈现庭审全过程的直播效果。[②]

4. 在线示范庭审

在线示范庭审是指在同一批量案件中，法院选定一个案件作为示范案件排期开庭，并通知同类型案件当事人在线旁听示范案件庭审，在庭审过程中通过一定的程序引导当事人通过多元解纷手段快速解决纠纷的机制。在线示范庭审中，旁听不再是一般意义上的旁听，而是在线多元解纷机制的有机组成部分，被赋予一定的解纷功能。

第一，旁听人员是法院事先确定的同类型案件当事人，其所涉纠纷同示范案件一样需要法院解决。第二，法院通过开庭前通知、开庭时告知、开庭结束时提示等方式，不断强化参与旁听的同类型案件当事人的纠纷化解意识，引导其参照示范案件的判决结果化解纠纷。这些同类型案件当事人虽然以旁听名义在线"围观"庭审，但由于其所涉案件与示范案件具有相同的法律关系、相似的法律事实和争议焦点，实际上其是以一种特殊方

---

① 《让审判在"异步时空"进行——我院推出全球首个"异步审理模式"》，载微信公众号"杭州互联网法院"，2018 年 4 月 2 日。

② 《互联网技术司法应用中心揭牌 聚焦四大互联网技术司法应用》，载微信公众号"北京互联网法院"，2019 年 8 月 17 日。

式参与庭审的。第三，参与旁听的同类型案件当事人虽然在示范案件庭审中没有发言机会，但在法庭看来，仍然是案件当事人，法庭有针对性地为其专门设定了告知、提示和引导等程序。[①]

5.5G 远程庭审

2019 年 6 月 13 日，广州互联网法院审结挂牌成立后的首例行政诉讼案件，该案也是全国首例利用 5G 技术全程线上审结的行政诉讼案件。本次审理在全国首试 5G 远程庭审，运用 5G 网络破解了在线庭审移动端画面清晰度低、网络不稳定等问题，运用多路视频回传技术优化证据在线展示模式，完成涉网纠纷中商品细节、知识产权游戏场景、人物设计等内容的高效举证质证，以"端对端"加密技术实现数据全程加密存储、按需访问使用、调用全程监控，确保当事人的隐私获得有效保障。通过"5G 通道 + 云计算"技术手段，进行"瞳孔识别 + 庭审声纹 + 脸部动作抓取"，可以精准提升情绪识别能力，为法官庭审、调解提供即时的策略参考与建议。[②]

（七）法院内部实体建设

1. 智能法律服务

各互联网法院在不断更新其审判运用新技术的同时，还加强了法院内的实体建设，使互联网法院本身成为更加智能化、现代化的法院。广州互联网法院在法院里设置了智能法律服务机器人，以及多个智慧诉讼服务终端，包括综合辅助填单终端、诉讼风险评估终端、诉讼服务自助查询终端、综合文书打印终端及其他终端。杭州互联网法院也实现了法院中的智慧服务，可以进行智能导诉，智能诉状生成，并具备司法体验功能等。

[①] 《宣判一宗，化解一批！广互全国首创的这个庭审机制太太太高效了！》，载微信公众号"广州互联网法院"，2019 年 9 月 10 日。

[②] 《开创智慧法院建设新形态！广州互联网法院着力构筑"三位一体"互联网解纷体系》，载微信公众号"广州互联网法院"，2019 年 6 月 19 日。

2. 司法智能语音助手"杭小互"

2019 年 7 月 24 日，杭州互联网法院正式上线司法人工智能语音助手"杭小互"。"杭小互"的实现意图识别准确率保持在 85% 左右，对于其余 15% 的意外语言和交互，通过配置兜底程序，给予诉讼参与人拨打司法服务热线或等待下一轮联系等建议，全程录音并记录于司法区块链，并且录音会自动转换为对话文本内容，供法官快速了解通话情况。

（1）司法智能语音助手的语音交互图谱。杭州互联网法院在电子送达的实践成效总结和分析基础上，以标准化、批量化和智能化为目标，结合调解、诉讼和执行各个环节中的信息送达交互语言逻辑，不断训练和调试"杭小互"，绘制出话术交互图谱，让"杭小互"记得住。

（2）司法智能语音助手的自然语言理解系统。通过智能语音识别系统将人们的自然语言转换为自然语言文本，再对文本内容进行智能分析归纳，提取其中的关键信息，与话术交互图谱进行匹配，可以让"杭小互"听得懂。

（3）司法智能语音助手的自然语言生成系统。通过当事人信息库、语料库等进行自然语言生成，对交互的内容进行过滤纠错、上下文处理、口语化表达，实现与用户进行多轮对话，每日可拨打 1000 通电话，让"杭小互"讲得出。

（4）司法智能语音助手的智能态势分析功能。能对拨打次数、接通比、多轮对话次数、用户反馈情况等进行统计分析，遇到异常情况时可主动向管理员发送预警信息，并将结果通过可视化技术展示，让"杭小互"算得出。

（5）司法智能语音助手的司法区块链保障。"杭小互"与当事人的沟通时间、内容等全流程信息都会上链到杭州互联网法院司法区块链平台，整个过程可见、可查、无法被篡改，让"杭小互"信得过。[①]

3. 广州互联网法院智慧司法便民设施——E 法亭

2019 年 5 月 28 日，广州互联网法院举行了发布会，正式面向社会推

[①] 《司法智能语音助手"杭小互"正式上岗！》，载微信公众号"杭州互联网法院"，2019 年 7 月 24 日。

出新一代智慧司法便民设施——E 法亭。

在通信保障方面，E 法亭基于 5G 网络，可确保超高清音视频传输，保障高质量庭审；通过智能语音识别技术，可实现"视频＋音频＋文字"多种媒体实时同步的智能记录。在安全保障方面，E 法亭加装了智能门禁系统，采用"证件＋指纹＋人脸"三重认证方式，杜绝错误识别，确保内部环境安全有序。在隐私保障方面，参考《广州互联网法院在线庭审规范》，E 法亭进行了硬件优化设计，配备隔音玻璃幕墙，避免环境嘈杂与窃听风险，可以适用于大型商厦等复杂环境；同时幕墙具有雾化功能，可自动切换透明与磨砂状态，满足不同适用场景模式需求，保障内部环境的私密性、稳定性。在体验保障方面，E 法亭四面亭眉有明显标志，方便识别找寻；其内设语音系统与跟踪摄像头，可自动识别当事人行为，并同步播报语音说明；底部的灯光指引系统，可实时显示法亭使用情况；亭内配有耳机、便民置物架等，方便放置个人物品与纸质文件。

E 法亭可提供六大软件服务。①自助存证服务。E 法亭集成可控云终端，可对当事人行为全程录音录像录屏，联合"网通法链"认证的第三方存证机构，构成"24 小时不打烊"的综合存证服务平台，解决当事人存证的安全性和规范性问题。②自助立案服务。E 法亭中刷身份证即可打开内置系统，并提示相关操作与风险，当事人或代理人通过选择案由、填写信息、扫描提交案件材料即可完成网上立案。③自助查询服务。诉讼当事人可通过刷身份证、输入查询码、扫描二维码三种方式自助查询立案信息。④文书打印、送达服务。为确保送达为本人签收，当事人登录后，选择其名下的案件进行电子确认，由系统自动抓拍人像留痕后，即可批量打印领取文书。⑤在线调解服务。E 法亭集成广州互联网法院在线纠纷多元化解平台，当事人在预约时间登录后，可以进行诉前调解、立案调解与诉调对接。⑥智慧庭审服务。E 法亭集成广州互联网法院在线庭审系统，当事人根据操作指引完成申请后，便可在预约时间登录，进行远程庭审。①

---

① 《"家门口的 5G 法亭"！广州互联网法院正式发布全国首个 E 法亭》，载微信公众号"广州互联网法院"，2019 年 5 月 28 日。

（八）《互联网技术司法应用白皮书（2019 年）》中的十大典型技术应用

1. 法律知识图谱技术

法律知识图谱技术可以对法律规定和法律文书的结构进行双向解构，形成符合需要的法律知识图谱和文书生成基本逻辑。其主要应用于文书自动生成，使当事人和法官撰写的各类文书更加规范，更具权威性和效率性。

2. 区块链技术

区块链是分布式数据存储、点对点传输、共识机制、加密算法等计算机技术的新型应用模式，应用于天平链电子证据平台。

3. 即时通信技术

即时通信技术可以识别网上在线用户并帮助实现用户的有效交互，该技术支持北京互联网法院各平台的即时沟通需求，应用于移动微法官小程序和弹屏短信送达平台。

4. 人脸识别技术

人脸识别技术是指在图像或视频流中检测和跟踪人脸，再基于人的脸部特征信息进行身份识别的一种生物识别技术，其应用于电子诉讼平台和移动微法院小程序的身份认证。

5. 图像识别技术

图像识别技术可融合多种技术对图像进行对象识别，以识别各种不同模式的目标和对象，其应用于电子卷宗自动识别、提取，电子档案移送和归档，法官阅卷全文检索、页码定位及目录定位。

6. 语音识别技术

语音识别技术可以利用超大规模语言模式识别以及自主学习技术，预测对话语境，对各类业务生成的声音信号进行集中的分析处理，实现高效的语音转换文字服务，其应用于智能庭审谈话笔录生成和文书生成，以及智能调解谈话笔录生成和会议记录生成。

7. 云视频技术

云视频技术采用 H. 264/H. 265 SVC（可分级编码）柔性视频编码架构，是一项具备超大规模并发能力的视频技术，其应用于在线庭审、在线调解和庭审笔录的电子签名。

8. 微服务架构技术

微服务架构技术是在云平台上部署应用和服务的技术，可实现服务的独立演进、快速更新，其应用于电子诉讼平台、移动微法院小程序和多元调解平台。

9. 数据安全交换技术

数据安全交换技术依托数据交换平台，实现两个不同安全域、不同网络之间的数据同步，确保同步过程中的数据安全，支持在互联网和法院内网间的安全快速数据交换，其应用于线上立案系统、线上庭审系统和天平链系统。

10. 云计算技术

云计算是一种模型，融合计算虚拟化、分布式存储、软件定义网络多种技术，应用于北京互联网法院电子诉讼平台核心业务系统，保证"24 小时不打烊"诉讼服务模式的基础设施需求。①

---

① 《北互 e 周年·十大典型技术应用|扬帆起航探索新领域》，载微信公众号"北京互联网法院"，2019 年 8 月 17 日。

四、互联网法院司法实践综述

（一）杭州互联网法院典型案例综述

1. 网络购物合同纠纷

（1）网络购物合同纠纷中适格被告及管辖的确定

【典型意义】

王某诉绍兴市客大进出口有限公司（简称客大公司）、浙江淘宝网络有限公司（简称淘宝公司）网络购物合同纠纷案①确定了适格被告的标准及案件的管辖问题。消费者以网络购物合同纠纷起诉实际销售者及网络交易平台或单独起诉网络交易平台的，基于合同相对性原则，网络交易平台并非适格被告。经法院释明后，原告仍不撤回对网络交易平台起诉的，可以裁定驳回对网络交易平台的起诉。仅起诉实际销售者的网络购物合同纠纷依照民事诉讼法及其司法解释的规定确定管辖。②

【案情概述】

法院经审查认为，原告以网络购物合同纠纷起诉实际销售者及电子商务平台淘宝公司，但淘宝公司并非案涉购物合同当事人，基于合同相对性原则，不是适格的被告，且不能以淘宝公司作为本案管辖依据。原告对销售者的起诉应当依照民事诉讼法及其司法解释的规定确定管辖，故应驳回原告对被告淘宝公司的起诉，将本案移送至被告客大公司所在地法院管辖。

（2）"七天无理由退货"纠纷

【典型意义】

"七天无理由退货"是指消费者通过网络、电视、电话、邮购等方式购买商品，享有自收到商品之日起七日内无理由退货的权利。根据法律规定，"七天无理由退货"也有例外情形。根据商品性质并经消费者在购买

---

① 《杭州互联网法院民事判决书》（2017）浙 8601 民初 2874 号。
② 《涉网纠纷集中管辖典型案例十则》，载微信公众号"杭州互联网法院"，2017 年 8 月 25 日。

时确认不宜退货的商品，不适用无理由退货。计算机、手机等装载软件系统的电子产品性质特殊，一旦激活，可能会影响二次销售，对产品的完好性产生影响。经营者在销售商品时，对"七天无理由退货"的例外情况应在商品页面显著位置，通过醒目方式标注。消费者购买时应注意商品销售页面是否标注了退货条件。①

【案情概述】

2017 年 9 月，方某通过某贸易公司经营的电商平台购买了微软计算机一台，支付价款 5688 元。方某收货后，发现计算机性能与自己需求不符，要求退货退款。某贸易公司辩称，其在商品展示页面以加粗红色字体特别提示"已激活的主机不支持七天无理由退货"，而涉案商品已激活，不符合七天无理由退货的条件。

在案件审理过程中，因双方有调解意向，法官组织了调解。本案以双方和解，方某撤诉结案。②

(3) "假一罚十"承诺的解释

【典型意义】

在专门销售进口产品的电子商务平台，"假一罚十"的承诺中的"假"应当结合平台特征及产品说明进行解释，判断产品真假不仅包括产品本身是否为正品，还可以包含产品来源是否为原装进口产品。消费者在国际平台上购物的首要目的是购买进口产品，当产品的来源造假，为非进口产品时，则应当认定为出售假冒商品，承担相应的赔偿责任。服务协议格式条款约定的惩罚性赔偿标准低于法定惩罚性赔偿标准的，条款无效。平台内经营者作出比平台标准或者比法定标准更有利于消费者的承诺，应当按照其承诺的更高数额赔偿。③

【案情概述】

杨某向某供应链管理公司运营的某电商国际平台官方直营店购买了荷

---

① 《十大电子商务典型案例，为你划出电商平台法律责任边界》，载微信公众号"杭州互联网法院"，2019 年 3 月 19 日。

② 《十大电子商务典型案例，为你划出电商平台法律责任边界》，载微信公众号"杭州互联网法院"，2019 年 3 月 19 日。

③ 《十大电子商务典型案例，为你划出电商平台法律责任边界》，载微信公众号"杭州互联网法院"，2019 年 3 月 19 日。

兰进口 BK 锅，该产品销售页面宣传"官方直采""假一赔十""产地荷兰"。杨某收货后查验发现，产品外包装的标准显示该产品属于国产商品，该产品型号与某贸易公司在某电商平台销售的一款国产回飞锅的型号完全一致，该贸易公司的网店页面明确标注国产回飞锅的产地为中国大陆。杨某认为该供应链管理公司销售假货，诉请按照其页面宣传的"假一罚十"进行赔偿。该供应链管理公司辩称该国际平台上的《国际服务承诺》约定商家未履行"海外直供"服务的，退还成交货款并支付一倍成交款作为赔偿。在审理过程中，双方和解，该供应链管理公司赔偿杨某 5 倍货款。①

（4）网购"食品"的产品属性

【典型意义】

产品未被要求取得食品生产经营许可，但非强制性的地方标准所引用的规范性文件涉及多项食品安全国家标准，商家标示食品进行销售宣传，若产品使用方法、成分、用途等方面符合消费者对食品的认知，且符合我国《食品安全法》对食品的定义，可以认定属于食品，并适用我国《食品安全法》及相关司法解释。②

【案情概述】

戴某向某科技公司在某平台公司经营的网店购买名为"进口电子烟油"的商品，涉案商品附有"纯植物萃取可以吃的烟油"的宣传用语。深圳市地方标准《电子烟雾化液产品通用技术要求》（标准化指导性技术文件编号：SZDB/Z 157—2015）中引用的规范性文件涉及多项食品安全国家标准和食品添加剂使用标准，并对电子烟雾化液释义为：以甘油、丙二醇、食用香料和植物提取物经配料、混合搅拌、静置、过滤、包装等工艺制作而成的液体状产品，该产品用于电子烟。戴某据此主张电子烟雾化液属于食品。戴某认为涉案产品中文标签内容不全，不符合食品安全标准，并对消费者构成欺诈误导，应按食品标准退一赔十。

法院经审理认为：判断电子烟雾化液的产品属性，应当从产品使用方

---

① 《十大电子商务典型案例，为你划出电商平台法律责任边界》，载微信公众号"杭州互联网法院"，2019 年 3 月 19 日。

② 《十大电子商务典型案例，为你划出电商平台法律责任边界》，载微信公众号"杭州互联网法院"，2019 年 3 月 19 日。

法、成分、用途以及是否符合食品定义等方面综合审查认定。电子烟雾化液是电子烟的主要组成部分，其主要成分为甘油、丙二醇、食用香料、植物提取物等，与食品相似。另外，深圳地方标准对电子烟雾化液的技术要求涉及多项食品安全国家标准和食品添加剂使用标准，且该产品原料亦强调可用于食品的成分和添加剂等。从严监管食品行业的现实考量来看，对于界定模糊不清的产品，参照我国《食品安全法》对涉案产品进行认定、监管，更符合一般消费者的消费期待，更有利于保障消费者的合法权益。故电子烟雾化液应当属于食品。涉案产品中有 20 瓶未标注生产日期，不符合食品安全标准，但考虑到电子烟雾化液的使用周期，原告在同一时期内多次购买大量同类产品，并提起多起赔偿诉讼，其购买涉案产品并非为了生活消费。遂判决退还货款，驳回其他诉讼请求。[①]

2. 网络服务合同纠纷

（1）网络服务合同中格式条款的效力及认定

【典型意义】

沈某诉杭州网易雷火有限公司（简称网易雷火公司）网络服务合同纠纷案[②]确立了"网络游戏当中运营商对游戏玩家利用其漏洞或 bug 进行游戏的处罚条款有效，并将其认定为违约条款而非加重对方义务条款"的裁判规则。网易雷火公司是案涉网络游戏环境的管理者和维护者，其享有对不遵守网络秩序和不履行义务的游戏玩家进行相应处罚的权利，是维护网络秩序良好运行的重要主体。[③]

【案情概述】

原告系游戏玩家，被告系网络游戏《天谕》的运营商。根据该游戏的系统设置，玩家需同意《〈天谕〉服务条款》（简称《服务条款》）和《〈天谕〉玩家守则》（简称《玩家守则》），才能成功参与游戏。

《服务条款》和《玩家守则》约定：用户不得利用程序的漏洞或错误

---

① 《十大电子商务典型案例，为你划出电商平台法律责任边界》，载微信公众号"杭州互联网法院"，2019 年 3 月 19 日。

② 《杭州互联网法院民事判决书》（2017）浙 8601 民初 1023 号。

③ 《涉网纠纷集中管辖典型案例十则》，载微信公众号"杭州互联网法院"，2017 年 8 月 25 日。

（bug）破坏游戏的正常进行或传播该漏洞或错误（bug）；用户同意以游戏程序中的监测数据作为判断用户是否通过使用外挂等方法进行游戏作弊行为的依据；如果公司发现用户数据异常，有权采取相应措施，包括但不限于对游戏账号的冻结、封停、终止直至删除，以及对涉及使用外挂的游戏角色的隔离、封停和删除；玩家有义务向公司报告在游戏中出现的 bug，严禁直接或间接利用游戏 bug、程序漏洞等获利或扰乱游戏秩序，或者利用 bug、漏洞以达到个人目的。如果玩家有该等行为，一经查实，玩家可受到以下处罚措施：收回游戏虚拟物品，封停账号。

本案的争议焦点在于被告对原告作出永久封号的处罚是否合法有效。

第一，关于双方协议约定是否有效的问题。首先，从条款的内容来看，《玩家守则》重点不在于约定玩家有报告 bug 的义务，重点在于约定玩家应履行禁止利用 bug 的义务。根据权利义务相对等的原则，若原告不履行禁止使用 bug 的义务，则被告享有对原告作出相应处罚的权利。其次，被告处罚原告及在本案抗辩中的重点也不在于原告未履行报告 bug 的义务，而是因为原告利用了 bug。玩家不履行报告义务，并不会给其带来不利后果，只有利用 bug，扰乱正常的网络秩序，才需要承担相应的责任。故相关协议中的"报告 bug 义务"实际上并没有加重玩家的负担。再次，《服务条款》及《玩家守则》中关于被告享有处罚原告权利的约定有效。由于网络服务的特殊性，网络游戏的运营商不仅是网络的服务者，而且还是网络游戏环境的管理者和维护者，提供并保持网络游戏环境的正常运行是每一个网络服务者的责任。这就必然需要赋予其相应的权利，对不遵守网络秩序和不履行义务的网民有相应的处罚权利，只有这样才能真正使网络服务者维持良好的网络秩序。因此，案涉《服务条款》及《玩家协议》的相关约定并不违反法律的相关规定，应属合法有效。

第二，关于原告是否利用了 bug 及是否明知 bug。bug 的最终认定权利的确在于被告，但从原告在案涉游戏中的级别来看，其系资深玩家，对 bug 的认知程度应当高于普通人。而且，根据原告在游戏论坛中发表的"这个 bug，先不要说出去"的言论，可以看出原告在玩游戏的过程中对于自己使用了 bug 是明知的，且对于在游戏中禁止使用 bug 也是明知的。原告在明知是 bug 的情况下并未履行禁止使用 bug 的合同义务。

综上，案涉《服务条款》《玩家守则》等约定不具有《合同法》规定的无效情形，应属合法有效。根据法院认定的有效证据及当事人自认的情况来看，原告在2017年5月1日至5月2日期间的确存在多次利用该游戏中的bug的情形，而双方的《服务条款》《玩家守则》又对这一行为明确禁止并约定了相应的处罚措施，被告对原告作出永久封号的行为未违反双方的约定及法律规定。

（2）通过网络交易平台虚假交易的责任承担

【典型意义】

金某晓诉浙江天猫网络有限公司网络服务合同纠纷案[①]确立了"当事人通过网络交易平台进行虚假交易，后以自己遭受损失为由要求网络交易平台承担赔偿责任的，不予支持"的裁判规则。当事人订立、履行合同，应当遵守法律、行政法规，尊重社会公德，不得扰乱社会经济秩序，损害社会公共利益。原告与卖家虚构买卖交易，利用网络交易平台达到其他非法之目的，又未对平台尽诚信告知义务，原告并不能享有网络交易平台基于买卖交易给予交易双方的消费保障和相应的服务。在网络交易平台已尽审查义务以及提供卖家详细资料的基础上，应免除其责任。[②]

【案情概述】

2016年12月11日，原告使用其淘宝账户向天猫店铺"北极绒楚翔时代专卖店"下单商品保暖裤385件。2016年12月12日，原告在未收到货物情况下确认收货，该款项即由被告支付给卖家。

2016年12月12日，案外人王某洁使用其账户向岳阳楚翔时代贸易有限公司下单商品家居服套装375件。原告通过银行卡转账支付了价款。原告在未收到货物情况下确认收货，该款项即由被告支付给卖家专卖店。原告向卖家发起退款申请未果，后发现其支付的款项被卖家诈骗后向被告提出售后退款要求亦未果，故诉至法院。

法院认为，原告系被告经营的天猫网注册用户，被告系天猫网网络服务提供者，双方已形成网络服务关系。

---

① 《杭州互联网法院民事判决书》（2017）浙8601民初1459号。
② 《涉网纠纷集中管辖典型案例十则》，载微信公众号"杭州互联网法院"，2017年8月25日。

本案原告在卖家未发货情况下确认收货，原告与卖家虚构买卖交易，双方利用网络交易平台达到其他交易的目的，又未对平台尽诚信告知义务，原告并不能享有被告基于买卖交易给予交易双方的消费保障和相应的服务。

(3) 网络服务合同的相对性和主体资格认定

【典型意义】

朱某诉浙江天猫网络有限公司（简称天猫公司）网络服务合同纠纷案①确立了网络服务合同的主体资格认定问题，并强调了网络服务合同的相对性。网络服务合同约定的权利义务约束合同双方，基于合同的相对性，其效力一般并不延及第三人。网络服务平台用户众多，转让使用他人的账户发生交易纠纷的，实际使用人并不具有当事人资格而主张网络平台承担网络服务中的义务。②

【案情概述】

法院认为，廖某阳与天猫公司通过签订淘宝平台服务协议形成了网络服务关系，双方均应按该协议履行。原告主张其使用廖某阳账户交易从而与天猫公司形成网络服务关系，但是基于合同的相对性，合同中的权利义务仅约束合同双方，廖某阳与天猫公司签订淘宝平台服务协议形成的网络服务关系并不能当然延及合同外的第三人。同时，该淘宝平台服务协议还特别就账户转让行为进行了限制性约定，除了有法律明文规定、司法裁定或经淘宝平台同意外，账户不得转让使用。本案原告使用该账户并不符合协议约定的转让使用条件，且原告不能证明其转让使用行为已获得天猫公司和淘宝平台的许可同意。故原告与天猫公司并未形成网络服务关系，并非适格主体，不具备原告主体资格，其起诉应予以驳回。

(4) 借用他人身份签订网络服务合同、网店售假问题

【典型意义】

高某松、浙江淘宝网络有限公司（简称淘宝公司）网络服务合同纠纷

---

① 《杭州互联网法院民事判决书》(2017) 浙 8601 民初 1464 号。
② 《涉网纠纷集中管辖典型案例十则》，载微信公众号"杭州互联网法院"，2017 年 8 月 25 日。

案①分析了网络店铺经营中的相关合同问题。借用他人身份与网络服务提供者签订网络服务合同并实际经营网络店铺的，其经营行为受网络服务合同条款的约束。合同条款中有关店铺应赔偿因其违约行为导致平台商誉损失的约定合法有效。认定因用户在网络服务提供者平台上售假产生的损失数额时，应当结合以下几个方面予以考虑：售假的数量和规模；牟利数额；商品类型；网络服务提供者的知名度；网络服务平台对售假行为的规制力度。②

【案情概述】

淘宝公司系淘宝网的经营者。2014年7月，高某松以其朋友包某华的身份信息在淘宝网注册了名为"天使的嫁衣0571"的淘宝网店。2014年10月，高某松以自己的身份在淘宝网注册了名为"小小魅力衣柜"的淘宝网店。2014年12月至2015年7月，高某松利用"天使的嫁衣0571"淘宝网店向各地销售假冒注册商标ROEM和MO&Co的服装赚取差价。高某松注册网店时，点击同意淘宝网提供的《淘宝服务协议》，该协议特别提示："当您按照注册页面提示填写信息、阅读并同意本协议且完成全部注册程序后，或您按照激活页面提示填写信息、阅读并同意本协议且完成全部激活程序后，或您以其他淘宝允许的方式实际使用淘宝平台服务时，即表示用户您已充分阅读、理解并接受协议的全部内容，并与淘宝平台达成协议。"该协议4.1.c条约定："在淘宝平台上使用淘宝服务过程中，您承诺遵守约定不发布国家禁止销售的或限制销售的商品或服务信息（除非取得合法且足够的许可），不发布涉嫌侵犯他人知识产权或其他合法权益的商品或服务信息。"第4.2.f条约定："如您涉嫌违反有关法律或者本协议之规定，使淘宝遭受任何损失或受到任何第三方的索赔，或受到任何行政管理部门的处罚，您应当赔偿淘宝因此造成的损失和/或发生的费用，包括合理的律师费用。"淘宝公司于2017年11月诉至法院。

本案争议焦点为：第一，淘宝公司是否与高某松订立了《淘宝服务协

---

① 《杭州互联网法院民事判决书》（2018）浙01民终4149号。

② 《杭州互联网法院十大典型案例（九）》，载微信公众号"杭州互联网法院"，2018年8月23日。

议》;第二,《淘宝服务协议》系格式合同,有关损失赔偿条款是否有效;第三,淘宝公司损失是否存在,损失具体数额如何确定;第四,淘宝公司是否应分担损失。

第一,关于高某松是否与淘宝公司订立了《淘宝服务协议》。生效判决认定高某松以其朋友包某华的身份信息在淘宝网注册了名为"天使的嫁衣0571"的淘宝网店并利用该店铺销售。"天使的嫁衣0571"的淘宝网店注册手续由高某松办理,高某松知晓服务协议的内容,并作为实际使用平台服务的当事人在该淘宝店铺销售,是该网店的实际经营者,是协议的实际履行主体。高某松在同一时间段还以其自己的身份注册了"小小魅力衣柜"的淘宝网店。故高某松系《淘宝服务协议》的合同主体,其销售行为应受该协议约束,淘宝公司可根据该协议向高某松主张违约责任。

第二,关于《淘宝服务协议》系格式合同,有关损失赔偿条款是否有效。该协议关于用户因其违约行为应赔偿淘宝公司遭受的损失的约定属于合同中正常的违约责任约定,并不属于《合同法》规定的免除自身责任、排除对方主要权利的条款,并不需要对此作出合理的提示。高某松关于该约定未尽提示无效的抗辩不能成立。

第三,关于淘宝公司损失是否存在。高某松利用该淘宝网店销售假冒注册商标的服装赚取差价,该售假行为通常会直接导致平台消费者及正常商家的流失。平台消费者买到了假冒商品,不仅遭受直接经济损失,还会降低消费者购物体验,增加辨别真假的后续购物成本,进而转向其他平台或者线下购买。平台上品牌所有者及正品经营商铺的利润被售假者不当获取,排挤了诚信商家,造成了诚信经营者的经营困难,导致诚信商家流失。高某松售假势必增加平台正常招商及商家维护的成本,直接损害了平台长期大量投入形成的平台良好形象,降低了平台的社会评价,对平台的商业声誉显然具有负面影响。故高某松售假行为对淘宝公司平台造成的损失客观存在。

(5)流量劫持与隐私权案

【典型意义】

陈某与杭州阿里妈妈软件服务有限公司(简称阿里妈妈公司)网络服

务合同纠纷案①中，法院确定了平台使用者的流量劫持行为与相对的平台隐私权保护义务。流量劫持是指利用各种恶意软件修改浏览器、锁定主页或不停弹出新窗口等技术手段，强制网络用户访问行为人指定的网站，从而造成用户流量被迫流向指定网页的情形。根据 cookie 记录，本案网络用户访问路径呈现异常跳转，结合历史受害者交叠占比过高、其他外部链接历史上被处罚等证据，可以认定为流量劫持行为。此行为擅自改变原搜索引擎提供商的服务内容，不正当地获取了相关利益，侵犯了网络用户的网络服务自主选择权，行为人应对网络用户承担赔偿责任。cookie 记录属于个人数据信息，而采集、收集信息是应当通过授权的，同时在收集、使用信息的时候应当遵循正当、合法、必要、最小限度的原则。网络交易平台协议约定收集用户主动提供或平台自动获取的 cookie 记录，经用户授权同意合法使用，正当合理的，收集行为不构成侵害个人隐私权。②

【案情概述】

原告陈某于 2017 年 4 月 27 日在被告阿里妈妈公司运营的"阿里妈妈"网站申请注册了淘宝客账户"安之鱼"。随后，原告利用自己注册的域名搭建了内含多个页面的导航平台网站，用以进行淘宝客的推广业务，即网络用户通过该导航平台网站的不同页面可进入相应的"淘宝""天猫"等购物平台进行浏览和购买，原告在此过程中可对于该些订单的金额提取一定比例的佣金。2017 年 6 月，被告通知原告，因原告运营的导航平台网站内流量异常，冻结了原告的淘宝客账户。原告按照被告规定的程序提交申诉，被告认为申诉无法解释流量异常，原告提供的证据自相矛盾，并且暴露流量的关联作弊属性，因此不予解冻，驳回申诉。

本案的争议焦点是：第一，被告判定原告的推广行为存在流量异常依据是否充分。第二，《阿里妈妈推广者规范》中约定的"阿里妈妈过滤系统涉及阿里妈妈核心商业秘密，阿里妈妈无需向推广者披露具体异常数据。人工认定涉嫌违规的，阿里妈妈可视是否涉及商业秘密等而独立决定

---

① 《杭州互联网法院民事判决书》（2017）浙 8601 民初 3306 号。
② 《十大电子商务典型案例，为你划出电商平台法律责任边界》，载微信公众号"杭州互联网法院"，2019 年 3 月 19 日。

是否披露具体认定依据"条款是否有效。第三，服务协议约定，原告等用户授权被告可以通过 cookie 收集其个人信息，被告收集行为是否侵犯用户隐私权，涉案条款是否有效。第四，被告是否需要支付原告陈某账户中的正常收藏夹推广的部分佣金。

针对第一个争议焦点，被告阿里妈妈公司向法庭提供了淘宝客反作弊处罚证据总结及场景还原、流量劫持的证据截图，以证明原告存在流量劫持行为，其处罚有相应依据。原、被告双方在审理过程中对于《阿里妈妈推广者规范》第八条协议约定流量异常的三种情形属于违规行为，均无异议。结合被告提供的历史受害者交叠占比过高、其他外部链接历史上被处罚等其他证据，加之原告未提供客观证据证明其推广业务并非流量异常，故根据民事诉讼证据高度盖然性证明规则，可以判定原告的淘宝客推广业务存在流量异常。

针对第二个争议焦点，根据《合同法》第四十条规定，格式条款是当事人为了重复使用而预先拟定，并在订立合同时未与对方协商的条款，格式条款的内容具有定型化的特点，且相对人在订约中通常居于服从地位。"免除责任"是指条款的制定人在格式条款中已经不合理、不正当地免除其应当承担的责任，而且免除的不是未来的责任，而是现在所应当承担的主要义务。"排除对方主要权利"应当理解为排除对方当事人依法享有的主要权利和足以影响对方当事人实现合同目的的权利。《阿里妈妈推广者规范》中约定的"阿里妈妈过滤系统涉及阿里妈妈核心商业秘密，阿里妈妈无需向推广者披露具体异常数据。人工认定涉嫌违规的，阿里妈妈可视是否涉及商业秘密等而独立决定是否披露具体认定依据"条款属于网络交易平台单方拟定，且符合内容具有定型化和相对人在订约中处于服从地位的特点，故属于格式条款的范畴。原、被告双方是网络服务合同关系，上述条款免除了被告在纠纷争议中的举证责任，一旦因为流量异常等情况发生争议，被告可以基于对方申诉材料独立判断对方是否违约，且不需要披露理由，据此，诉争进入司法程序，被告也可以此主张免于举证。同时上述格式条款排除了合同相对方的主要权利，原、被告双方签订的是平等主体之间的网络服务合同，在被告判定原告违约冻结账户的情况下，排除了原告起诉后通过举证可能胜诉的权利，有违合同目的的实现，显失公平，故该合同条款无效。

针对第三个争议焦点，根据《阿里妈妈服务协议》5.1 个人信息条款的约定，用户在使用阿里妈妈提供的服务时，同意被告收集其 cookie 记录。同时被告阿里妈妈公司作为服务提供商，负有管理职责，需要根据 cookie 记录对原告等淘宝客进行流量监管、结算费用，包括原告等在内的用户点击确认《法律声明等隐私权政策》，同意被告收集其 cookie 记录，故被告收集 cookie 记录是在用户同意授权的情况下进行的，用户可以根据自己的偏好管理或删除 cookie，也可以清除计算机上保存的所有 cookie，所以被告阿里妈妈公司在本案中使用 cookie 有合理性，原告诉称被告收集用户 cookie 记录侵犯隐私权，不能成立。

针对第四个争议焦点，对于原告推广业务中 12.73% 的流量是正常的收藏夹推广方式产生的，被告并无异议。法院认为推广佣金是原告通过淘宝客推广业务赚取的收入，从推广业务的流量统计来看，虽然部分存在流量异常行为，但是也有正常的推广行为，且被告未举证证明淘宝客业务推广中如有违规行为可以对正常推广业务部分拒付佣金，故兼顾合同的履行情况、当事人的过错程度，根据公平原则，对于原告诉请中属于正常推广业务部分的佣金 23611.69 元，予以支持。

（6）滥用平台会员权利案件

【典型意义】

电商平台用户与平台经营者达成服务协议后，双方已形成网络服务关系，均应全面、诚信地履行服务协议，滥用平台会员权利可能造成电商平台购物资格的丧失。本案买家解释其为赶在申请时限内退还货物需用一个订单号，也有因申请退货后改变想法而未退货的情形，但其在便利己方的同时给卖家带来了极大的不便，增加了卖家的经商成本，损害了商家的合法权益，扰乱了平台的运营秩序，属于权利滥用的行为，最后用户因会员账户被限制使用而自身遭受损失。[①]

【案情概述】

吴某为某平台公司运营的电商平台会员，在平台针对数百起订单以

---

① 《十大电子商务典型案例，为你划出电商平台法律责任边界》，载微信公众号"杭州互联网法院"，2019 年 3 月 19 日。

"七天无理由退货""拍错/多拍""不喜欢/不想要"等理由发起大量退货申请，并存在重复使用同一订单号填写退货申请等情形。2017 年 11 月 17 日至 12 月 11 日存在 247 次虚填退货快递单号申请退款，导致其因退货信息虚假（错误单号、重复单号）、快递单号无相应物流信息等原因多次被平台卖家投诉。某平台公司以吴某滥用会员权利为由，对吴某账户进行了冻结。吴某因登录受限，诉请某平台公司解除对其账户的冻结。

法院经审理认为，吴某系该平台公司运营的电商平台注册用户，双方已形成网络服务关系，应遵守服务协议的约定。平台规则规定：滥用会员权利，是指会员滥用、恶意利用平台所赋予的各项权利损害他人合法权益、妨害平台运营秩序的行为。吴某在退货申请过程中存在数百件订单号填写错误、重复使用订单号、退货申请与实际退货不符的行为，其在便利己方的同时给卖家带来了极大的不便，给卖家带来负担与经营成本，其虚构退单号的行为符合规则中规定的滥用会员权利的行为，该平台公司有权按照规则对滥用权利的会员采取限制措施。遂判决驳回吴某的诉讼请求。[1]

（7）杭州互联网法院首例虚构支付宝账户"盗刷"案

【典型意义】

支付宝账户被盗是指非经付款人授权使用支付机构账户，发起支付指令，在收付款人之间实现资金转移的行为。本案李某的行为不但会损害支付宝的经济利益，更有可能动摇支付宝公司与用户之间的互信，导致互联网世界的信任成本提高，其不仅违反了基本的诚实信用，也违反了当事人合同约定及法律禁止性规定，应受到社会道德的负面评价和国家法律的惩戒。本案的意义还在于，通过司法为信息技术创新赋能。互联网公司开发智能风控系统，可以在海量数据中识别、判断骗赔行为，凭借创新技术手段的自动预警、数据推理发现欺诈行为。[2]

【案情概述】

本案主要争议焦点为：第一，被告李某是否存在违约行为；第二，若

---

① 《十大电子商务典型案例，为你划出电商平台法律责任边界》，载微信公众号"杭州互联网法院"，2019 年 3 月 19 日。

② 《我院首例虚构支付宝账户"盗刷"案今日宣判 为网络社会主体交往的信任提供司法保障》，载微信公众号"杭州互联网法院"，2019 年 10 月 21 日。

被告李某存在违约，原告支付宝公司主张违约损害赔偿可否获得支持。

第一，关于李某是否存在违约行为。

依据双方签订的《支付宝服务协议》第六条，双方当事人网络服务合同已约定，支付宝用户不得使用虚假、欺诈等手段向支付宝公司申报不真实的非授权支付损失赔偿，否则将会扰乱支付宝正常的支付服务保障秩序并对支付宝使用的支付安全防范智能风控系统造成数据污染。

5月16日，涉案账户发生了五笔支付交易，其中前两笔交易李某认可系其本人操作支付，后三笔李某称系手机丢失后被他人"盗刷"。数据记载，当日五笔账户交易登录支付宝App的手机IMEI码均相同，且五笔交易均通过密码验证方式完成支付。而在李某声称手机丢失近一个月后，其竟通过人脸验证方式在相同IMEI码手机上登录了案涉支付宝账户。IMEI为手机串码，是手机出厂时生产商所设置的独一无二的编码，此操作行为表明李某在其声称已丢失的手机上重新登录支付宝账户，使用了其声称已丢失的手机。此种数据异常触发了支付宝智能安防系统警报，提示李某存在虚假申报赔偿的情况，支付宝公司在对数据进行整理、分析后，认为情况属实，遂向法院提起本案诉讼。

通过对支付宝系统数据反映账户操作情况进行分析可知，在李某申请账户"盗刷"事件前后，该支付宝账户存在与李某报案陈述相互矛盾的异常操作，再结合李某庭审的辩解，显示在系统数据反映事实、李某报案陈述事实及李某事后解释事实三者间，存在难以弥合的矛盾，故在李某不能提供任何反驳证据的情况下，支付宝公司主张按系统数据反映情况，从高度盖然性的层面认定存在李某谎报账户被盗、虚假申请赔偿的事实，符合司法上的事实推定规则，法院予以采纳。

第二，关于支付宝公司主张的违约损害赔偿可否获得支持。

依据《支付宝服务协议》第六条，支付宝公司与李某就案涉理赔事件达成的补充协议约定，李某使用虚假、欺诈手段向支付宝公司申报不真实的非授权支付损失赔偿，构成违约，应对侵害支付宝服务系统、数据的行为承担违约赔偿责任。

同时，支付宝公司希望通过技术创新构建一种新型的信任机制，若支付宝用户为谋取不正当利益进行虚假的操作反馈，必然对支付宝数据造成污染，支付宝公司需耗费资金开发甄别程序，此种损失确实存在。本案李某申报赔偿行为前期已植入支付宝数据，为剔除该错误，必然造成人力、物力的耗费，存在损失。前述两方面的损失，在法律层面难以精确量化，支付宝公司从警示、教育的考虑出发，主张 1 元损失赔偿及因维权支出的律师代理费，符合双方之间的协议约定，具有合理性。①

（8）全国首例司法区块链智能合约技术在电子商务解纷中的司法应用案例

【典型意义】

以区块链作为底层技术的司法链智能合约，在解决了电子数据可信流转的基础上，为双方当事人、人民法院和其他商业活动参与方构建起一种高效的互信协作机制。以本案为例，交易双方要约、承诺、签约、履约、违约、催告等行为通过智能合约系统实时记录在司法链，实现了交易链路全流程自动存证和执行。一旦一方的违约程度达到了程序预设的标准，智能合约系统可以自动转入纠纷解决的司法流程。对于守约方，司法救济变得触手可及；对于潜在违约方，高悬的正义之剑产生了司法震慑力。司法链智能合约与人民法院的诉前多元调解流程对接，使大量潜在纠纷化解于诉讼之前，为"诉源治理"提供助力；基于司法链智能合约构建的信用惩戒系统，有助于实现多方协同与数据共享，构建和倡导网络空间的诚信价值观，有力推进社会诚信体系建设。②

【案情概述】

被告通过电商平台向原告租用手机一部，双方签订《用户租赁及服务协议》，约定了租赁物的价值、租金等，如果被告拖欠租金，原告有权单方宣布租赁物由租转售。后被告仅支付了首期租金。原告向被告发出通知到期后，双方法律关系由租赁合同关系变为买卖合同关系。因此，原告要求被告支付买卖价款及违约金。

法院经审理后认为，原、被告签订的《用户租赁及服务协议》合法有

---

① 《我院首例虚构支付宝账户"盗刷"案今日宣判 为网络社会主体交往的信任提供司法保障》，载微信公众号"杭州互联网法院"，2019 年 10 月 21 日。

② 《全国首例！司法区块链智能合约技术在电子商务解纷中的司法应用》，载微信公众号"杭州互联网法院"，2019 年 12 月 19 日。

效。被告仅支付首期租金，根据合同约定，原告有权宣布租期提前到期及产品由租转售，被告应当继续履行支付货款购买产品并支付违约金的义务。本案审理要点在于智能合约全生命周期上链存证的司法认定。《最高人民法院关于互联网法院审理案件若干问题的规定》第十一条规定指出："当事人提交的电子数据，通过电子签名、可信时间戳、哈希值校验、区块链等证据收集、固定和防篡改的技术手段或者通过电子取证存证平台认证，能够证明其真实性的，互联网法院应当确认。"

本案中，平台使用的自动信息系统接入了杭州互联网法院司法区块链，各方当事人在线下单、签订合同、交付标的、逾期支付租金、发送通知等行为均自动在司法区块链进行了存证。原告提交了上述相关证据及司法区块链存证哈希值作为证据，法院在确认哈希值验算一致，且与其他证据能够相互印证的前提下，认定该电子数据可以作为本案事实认定的依据。①

3. 借贷合同纠纷

（1）诉讼前约定送达地址及电子送达方式的效力

【典型意义】

重庆市阿里巴巴小额贷款有限公司诉黄某升小额借款合同纠纷案②厘清了诉讼前约定送达地址及电子送达方式的效力问题。当事人在纠纷发生之前约定送达地址及电子送达方式的，人民法院在诉讼过程中可继续适用该送达地址及电子送达方式；法院将诉讼材料通过短信方式推送至当事人实名验证的手机应视为有效送达。③

【案情概述】

原、被告于合同中约定，原告传递给被告书面通知的形式包括但不限于原告在贷款平台公告、支付宝网站公告、支付宝站内信，以及向被告发送电子邮件、手机短信、传真等电子方式，在采用电子方式进行书面通知

---

① 《全国首例！司法区块链智能合约技术在电子商务解纷中的司法应用》，载微信公众号"杭州互联网法院"，2019 年 12 月 19 日。

② 《杭州互联网法院民事判决书》（2017）浙 8601 民初 938 号。

③ 《涉网纠纷集中管辖典型案例十则》，载微信公众号"杭州互联网法院"，2017 年 8 月 25 日。

的情况下发送当日即视为送达；被告同意司法机关按照合同附件三《法律文书送达地址确认书》的约定向被告送达法律文书。法院认为当事人在协议中所涉及的送达地址、送达方式，均可以作为诉讼中的有效送达地址和送达方式。

（2）制式电子保证借款协议

【典型意义】

杭州市桐庐县浙富小额贷款股份有限公司（简称浙富小额贷公司）与李某安小额借款合同纠纷案①厘清了制式电子保证借款协议的相关问题。保证人通过其专门研发的 App 将制式电子保证借款协议作为 App 的一部分提供给借款人与贷款人完成借贷，并将该笔贷款作为借款人需支付的货款归其所有，应视为保证人已确认对该笔贷款提供担保；借款人点击 App 上设置的申请贷款等环节后提交绑定该协议，可视为其确认并接受该贷款协议；作为 App 及借款协议中指定的唯一的贷款人，贷款人在审查借款人提交协议后通过在该 App 相关系统点击"同意"向贷款人放款，亦应视作其确认并接受贷款协议。贷款人是否存在超地域范围经营属于行政管理问题，并不影响借贷合同及担保的效力。②

【案情概述】

法院认为，可可家里公司向被告销售其产品可可乐行车联网智能娱乐系统及服务，可可家里公司与被告形成买卖合同法律关系，被告通过可可 App 申请消费贷款，浙富小额贷公司系该 App 上的贷款供应方。浙富小额贷公司诉请被告支付借款本金及利息、罚息、违约金，该请求是否成立主要取决于以下三项：第一，原、被告是否有借款合意，借款合同是否成立生效；第二，原、被告是否约定支付利息、罚息、违约金；第三，还款是否逾期及逾期时间。

关于原、被告之间是否有借款合意，借款合同是否成立生效。本案被告知晓或应该能知晓通过向他人申请一次性支付购买可可乐行车联网智能

---

① 《杭州互联网法院民事判决书》（2017）浙 8601 民初 1714 号。

② 《杭州互联网法院十大典型案例系列（一）》，载微信公众号"杭州互联网法院"，2018 年 8 月 13 日。

娱乐系统及服务的贷款，由于自绑定身份开始的整个申请步骤由被告或被告授权的人来完成，可视为被告向车猫平台上的贷款人作出借款的意思表示。浙富小额贷公司系可可App上车猫金融还款协议中载明的贷款人，车猫公司系车猫金融收付款服务提供方，浙富小额贷公司按协议载明方式一次性将款项通过车猫公司转付给可可家里公司以支付涉案系统购买款，鉴于贷款本身具有特定购买用途，浙富小额贷公司支付给商家可可家里公司具有合理性，故浙富小额贷公司作了贷款给被告的意思表示，双方达成了借款合意。本案被告通过可可App点击"申请"借款，浙富小额贷公司通过该App点击"同意"放款，担保人通过数据电文形式确认了其保证人的身份，该App自动生成了电子借款协议，故三方当事人系通过数据电文形式网上订立了合同。该借款合同系当事人真实意思表示，内容亦不违反国家行政法规的强制性规定，自成立之时即生效。

关于双方是否约定利息、罚息、违约金。《合同法》第二百一十一条规定，自然人之间的借款合同对支付利息没有约定或者约定不明确的，视为不支付利息。可可App分期购买页面分期购详情直接载明可可乐行分期购根据实名用户信用记录，授予"分期购"的额度，用户可以根据授信信息，零首付先购买商品，再后续付费（目前支持24期付款，免利息及手续费），申请贷款信息页面亦直接载明利息0元。车猫金融还款协议载明了利息的计算标准，但未以合理的方式由被告知晓，且本案协议系可可App系统自动生成的格式化合同，借款人尚需单独点击打开阅读才能知晓，其与该App免利息承诺相矛盾情况下，应当作出特别说明或特别告知。本案未以显著位置或弹窗或强制打开等方式对此作特别提示。故本案利息约定不明，浙富小额贷公司之利息诉请法院不予支持。车猫金融还款协议载明了罚息、违约金，系对违约还款行为责任的约定，且通过短信方式提示被告逾期后的罚息与违约金，被告未按期偿还，应承担相应的违约责任。

（3）消费捆绑贷款案件

【典型意义】

消费者在通过一次性预付方式进行消费的过程中，需要特别注意是否捆绑了消费贷款，对于捆绑贷款的预付式消费应进一步留意贷款方的合同主体，通过网络方式订立格式合同，在合同订立过程中点击"确认合同"

键时需要特别注意合同的缔结主体以及合同的主要内容等。提供商品的平台内经营者和提供贷款的小贷公司在交易中虽有一定关联，但法律上是不同的主体，商家不履行承诺并不能作为不履行贷款义务的正当事由，防范将商家和小贷公司混为一体形成的风险。①

【案情概述】

某信息技术公司向陶某销售其车载娱乐系统并提供售后服务，陶某通过 App 向某小额贷公司申请了分期消费服务，后陶某因该信息技术公司不履行售后服务及返利、赠品，停止分期还款。该小额贷公司诉请陶某归还借款本金、逾期罚息与违约金。

法院经审理认为，某信息技术公司向陶某销售车载娱乐系统及服务，该信息技术公司与陶某形成买卖合同法律关系。陶某通过 App 申请消费贷款，某小额贷款公司系该 App 上的贷款供应方，向陶某提供了贷款，双方形成了借贷关系。陶某辩称卖家未继续履行涉案买卖合同才导致其未付款，但买卖双方形成的买卖合同关系与本案借贷双方形成的借贷关系系不同法律关系，卖方未履行合同并不能作为不履行本案借款的合法抗辩理由。②

4. 产品责任纠纷

（1）职业打假人多次购买国家明令禁止进口物品的处理

【典型意义】

在刘某诉秦某、浙江淘宝网络有限公司产品责任纠纷案③中，法院首次明确界定了"职业打假人"的概念，确立了"职业打假人通过网络交易平台，购买国家明令禁止进口物品，要求惩罚性赔偿的，不予支持"的裁判规则。

【案情概述】

原告刘某多次在被告秦某经营的淘宝店铺"乔爱多多"购买日本奶

---

① 《十大电子商务典型案例，为你划出电商平台法律责任边界》，载微信公众号"杭州互联网法院"，2019 年 3 月 19 日。

② 《十大电子商务典型案例，为你划出电商平台法律责任边界》，载微信公众号"杭州互联网法院"，2019 年 3 月 19 日。

③ 《杭州互联网法院民事判决书》（2017）浙 8601 民初 815 号。

粉。后原告以奶粉无中文标签及未经检验检疫为由，主张奶粉为不符合国家食品安全标准的产品，要求被告秦某退一赔十，并要求被告淘宝公司承担连带赔偿责任。另查明，原告在 2016 年 6 月至 7 月间，在多家淘宝店铺购买日本奶粉，并均以相同的理由要求退一赔十。

法院认为，首先，关于原告是否能够被认定为消费者的问题。这也是本案的争议焦点。原告在一个月左右的时间多次在本案被告秦某的淘宝店中购买案涉产品，且在同一时间段在别的淘宝店铺大量、反复购买相同或相似的奶粉，原告均以相同的理由诉至本院。可见，原告购买案涉产品并非为消费所需，而是为了获取高额赔偿而进行的恶意购买，其购买性质应定性为营利。

从食品安全法的立法目的来看，食品安全法赋予消费者要求支付货款十倍赔偿权利的目的，在于通过加大食品生产经营者的违法成本，从而引导食品经营者依法经营，净化食品生产经营市场，保障公民的身体健康和生命安全，而不是成为某些人的营利手段。而且，食品安全法规定要求支付货款十倍赔偿金的请求权人只能是为了生活消费需要购买、使用商品或者接受服务的"消费者"。本案原告以营利为目的的经营性质的购买行为，不应受到食品安全法的保护。

其次，原告作为资深淘宝"买家"，对我国禁止进口日本婴幼儿奶粉应当是明知的。根据《中华人民共和国商品检验法》的规定，"供婴幼儿食用的零售包装配方奶粉，由商检机构实施检验，未经检验的，不准销售、使用"。原告明知我国目前禁止进口日本婴幼儿配方乳品，且案涉产品未经检验，依然大肆购买案涉产品，其行为本身已经触犯法律规定。"任何人不得从违法行为中获利"是一项基本的法律原则，因案涉产品系禁止销售、使用的产品，原告购买案涉产品的行为已为法律所禁止，那么其在该违法行为中要求退货及赔偿以获取利益的诉讼请求，也当然不应受到法律的保护。

综上，法院驳回原告刘某的诉讼请求。

（2）职业打假人价格欺诈的认定

【典型意义】

盛某诉索菲亚家居股份有限公司、浙江天猫网络有限公司产品责任纠纷案①中，法院确立了职业打假人价格欺诈的认定标准。"一方当事人故意告知对方虚假情况，或者故意隐瞒真实情况，诱使对方当事人作出错误意思表示的，可以认定为欺诈行为。当事人是否陷入错误的认识并作出错误的意思表示是衡量是否构成欺诈的关键因素。原告曾在同一时间段，多次、反复购买相同或者类似产品并且均以欺诈为由主张惩罚性赔偿。据此可以推断出其对商家的促销手段应有一定的了解，并不会因店家的促销行为而陷入错误的认识，故不应构成欺诈，亦不应适用惩罚性赔偿。"②

【案情概述】

2016年5月27日，原告使用淘宝账户向淘宝店铺"索菲亚家居旗舰店"购买商品名称为"儿童学习桌椅套装 可升降多功能小学生书桌写字桌写字台课桌"1件。被告索菲亚公司针对上述商品做聚划算活动，宣传该商品店铺日常价为7598元，5月27日10点至30日9点为聚划算价4749元，5月30日9点后恢复价格为7598元。5月30日9点后，被告未恢复原价。2016年7月1日，原告已将其订购的商品退货退款。另查明，原告曾以价格欺诈为由起诉赔偿的案件有（2015）衢柯商初字第1200号、（2015）杭余民初字第4941号、（2015）杭余民初字第5029号、（2015）杭余民初字第5006号等。

法院认为，《中华人民共和国消费者权益保护法》第五十五条规定，经营者提供商品或者服务有欺诈行为的，应当按照消费者的要求增加赔偿其受到的损失，增加赔偿的金额为消费者购买商品的价款或者接受服务的费用的三倍；增加赔偿的金额不足五百元的，为五百元。法律另有规定的，依照其规定。《消费者权益保护法》是《民法通则》的特别法。《民法通则》中对欺诈的解释可以适用于《消费者权益保护法》。

《最高人民法院关于贯彻执行〈中华人民共和国民法通则〉若干问题的意见（试行）》第68条规定，一方当事人故意告知对方虚假情况，或者故意隐瞒真实情况，诱使对方当事人作出错误意思表示的，可以认定为欺诈行为。本案原告是否作出错误意思表示应根据具体的消费场景来进行认

---

① 《杭州互联网法院民事判决书》（2017）浙8601民初1494号。
② 《涉网纠纷集中管辖典型案例十则》，载微信公众号"杭州互联网法院"，2017年8月25日。

定。本案中被告索菲亚公司进行聚划算限时促销活动，目的在于刺激消费者的购买欲望，限时低价是商家的促销手段和定价策略。

本案被告索菲亚公司的促销宣传行为一般不会误导消费者，成为购买的决定性因素，产品的综合品质、品牌、价格等多方面因素决定着消费者是否购买，而且即便消费者陷入错误认识，也可以通过退货退款予以救济。本案原告多次就类似价格问题以宣传欺诈为由起诉请求被告三倍赔偿，故原告累积的对价格宣传的认知不足以会使其在本案中陷入错误认识而购买。

结合原告多次的诉讼赔偿行为，其在本案中亦非出于生活消费目的的消费者。故其以欺诈为由请求赔偿不予支持。

（3）网络交易平台的地位及责任范围

【典型意义】

邓某宇诉浙江淘宝网络有限公司产品责任纠纷案①中，法院对网络交易平台的地位和责任范围进行了明确界定，并确立"通过网络交易平台引发的产品责任纠纷案件，消费者仅起诉网络交易平台的，应追加店铺经营者为被告，否则不予支持"的裁判规则。网络交易平台的责任范围定义为：应对销售者或服务者的真实名称、地址和有效联系方式进行审查核实，在消费者权益遭受损害时，对销售者或服务者的相关信息及时进行披露并采取必要措施予以制止。②

【案情概述】

2015 年 7 月 29 日，原告邓某宇使用淘宝账户"purplepuppy"向淘宝店铺"平平平平 840720"购买商品"酷派 9970 原装电池 9080W 8970L 8971 大观 4 电池 CPLD – 318 电池包邮"1 件，支付价款 48 元。卖家于当日将产品发往湖北省黄冈市麻城市桥头新村附近。2015 年 8 月 25 日，原告以假冒品牌为由发起退款申请。2015 年 8 月 30 日，卖家因超时未处理，退款金额 48 元。另查明，被告系案涉交易的网络交易平台提供者。

法院认为，《中华人民共和国消费者权益保护法》第四十四条规定，

---

① 《杭州互联网法院民事判决书》（2017）浙 8601 民初 1483 号。
② 《涉网纠纷集中管辖典型案例十则》，载微信公众号"杭州互联网法院"，2017 年 8 月 25 日。

消费者通过网络交易平台购买商品或者接受服务，其合法权益受到损害的，可以向销售者或者服务者要求赔偿。网络交易平台提供者不能提供销售者或者服务者的真实名称、地址和有效联系方式的，消费者也可以向网络交易平台提供者要求赔偿；网络交易平台提供者作出更有利于消费者的承诺的，应当履行承诺。

网络交易平台提供者赔偿后，有权向销售者或者服务者追偿。网络交易平台提供者明知或者应知销售者或者服务者利用其平台侵害消费者合法权益，未采取必要措施的，依法与该销售者或者服务者承担连带责任。被告作为网络交易平台提供者已经提供销售者的真实名称、地址和有效联系方式，原告亦未举证证明被告存在明知或应知侵权行为而不采取措施的情形，故被告不构成帮助侵权，不应承担连带责任。

5. 商标权案

（1）动漫企业商标维权案

【典型意义】

上海新创华文化发展有限公司（简称新创华公司）诉杭州宅电舍贸易有限公司（简称宅电舍公司）侵害商标权纠纷案①中，法院充分考量了动漫市场的商业运作模式，明确在先成功开发的动漫形象名称与在后注册的商标间的知名度具有统一性，且相互承继和彼此辐射，对动漫企业的商标管理和维权具有启示和借鉴意义。以维护商业标识声誉和显著性为目的，结合保护范围弹力性的特点，对于显著性越强和市场知名度越高的注册商标，给予其范围越宽和强度越大的保护，即当主张权利商标的知名度远高于被控侵权商标的，其反映商标知名度和识别性的最显著和本质的特征的核心部分相似时，应认定二者构成近似，以激励市场竞争的优胜者，净化市场环境，遏制不正当搭车、模仿行为。②

【案情概述】

本案主要争议焦点为：第一，新创华公司是否系本案适格原告；第

①《杭州互联网法院民事判决书》（2017）浙8601民初3709号。

②《今日，我院知识产权十大典型案例新鲜出炉!》，载微信公众号"杭州互联网法院"，2019年4月25日。

二，宅电舍公司的行为是否构成商标侵权；第三，本案民事责任的确定。

第一，关于新创华公司是否系本案适格原告。

从克理普顿公司出具的《授权证明》记载的内容来看，克理普顿公司不仅将商标的使用权和再许可使用权独家授权给新创华公司，而且对于侵害商标权及商标使用权的行为，明确授权新创华公司可自行追究权利侵害者的责任。由此可见，新创华公司作为商标独家被许可人，在商标权人明确授权可以自行主张权利的情形下，其享有以自己名义单独提起诉讼的权利。

第二，关于宅电舍公司的行为是否构成商标侵权。

首先，被控侵权行为表现为宅电舍公司将被控标识"初音未来""雪初音未来""雪初音""初音"使用在产品介绍或者包装上。一方面，此时的"初音未来"等标识实际起到将自然人、法人或者其他组织的商品和服务与他人的商品和服务来源区别开来的作用，这种区别性标识应属于商标；另一方面，宅电舍公司的上述使用行为亦属于利用涉案商标知名度和商誉，将商标用于广告宣传商业活动中，达到宣传和推广自己商品的目的。宅电舍公司明知涉案商标具有较高知名度但仍将被控标识使用在商品宣传或包装上，主观上具有明显攀附涉案商标知名度及商誉的故意，客观上也会导致相关消费者将被控"初音未来"等标识误认为来源于涉案商标注册人克理普顿公司、许可人新创华公司，或者误认为其来源与涉案商标的商品具有特定联系。因此，本案宅电舍公司的上述使用行为属于商标法意义上的使用。

其次，在案证据可以证明涉案商标属于知名度高、显著性强的商标，应当给予强保护。涉案商标属于显著性强和市场知名度高的注册商标，对两组商标的比对，可以采取比较主要部分进行近似评判的方法。宅电舍公司使用的"初音"商标与涉案商标中的核心主要部分相同且完全一致，相关公众施加一般注意力使极容易误认或混淆，将被控侵权"初音"商标误认是涉案注册商标，或者认为两者之间存在授权许可等特定关系。因此，被控侵权"初音"商标与涉案商标属于近似商标。同理，"雪初音"相对"初音"而言，仅多了一个"雪"字。前已论述，"雪初音"中核心主要部分是"初音"，且添加后的"雪初音"既非新的词语，也未产生新的含义，故被控侵权"雪初音"商标与涉案商标亦属于近似商标。

第三，关于本案民事责任的确定。

宅电舍公司作为在后同行业竞争者，理应尊重他人在先知识产权权利，在商业活动中选择商业标志时负有对同行业在先权利予以避让的义务，但事实上，宅电舍公司未经商标权人许可，在相同商品上使用与涉案"初音未来"注册商标相同或近似的商标，导致相关公众误认或混淆。同时，宅电舍公司在被控侵权产品包装及宣传中，突显以"初音未来"各种动漫形象、图片为特征的二次元元素。这表明宅电舍公司主观上具有使相关公众在识别"初音未来"标志时产生误认的故意，客观上不当攫取了本应属于克理普顿公司、新创华公司基于"初音未来"标志现有知名度所应享有的市场关注和商业机会，隔断了"初音未来"标志与新创华公司及其产品的特定联系，其行为属于《商标法》第五十七条第一款、第二款的商标侵权行为。

（2）销售假冒注册商标的商品罪案

【典型意义】

以销售为目的购买假冒注册商标的商品与以销售为目的购买伪劣产品一样，都是具有社会危害性的行为，当这种社会危害性达到情节严重的程度，就构成犯罪。从销售假冒注册商标的商品行为过程来看，为销售假冒注册商标的商品而实施的购买等行为，是销售行为通常、必要的组成部分，应当视为已经着手实行犯罪；行为人以销售为目的购进货值金额巨大的假冒注册商标的商品，还未销售就被查获的，是由于行为人意志以外的原因而未得逞，应当适用《刑法》第二十三条关于犯罪未遂的规定，以销售假冒注册商标的商品罪追究刑事责任。换言之，对于在行为人仓库、住所或其他藏匿地点查获的并非伪劣、但属假冒注册商标的商品、货值金额在十五万元以上的，只要有证据证实行为人有销售目的，即可以按照销售假冒注册商标的商品罪（未遂），比照该罪既遂，从轻、减轻处罚。本案确立的此裁判规则，对类似案件审理具有一定借鉴意义。①

---

① 《今日，我院知识产权十大典型案例新鲜出炉!》，载微信公众号"杭州互联网法院"，2019 年 4 月 25 日。

【案情概述】

2017 年 10 月，被告人赵某某、张某某从他人处低价购进一批标有"GUCCI""Burberry""Fendi""LV"商标的箱包皮具对外销售。2018 年 1 月 31 日，杭州市江干区市场监督管理局对该摊位进行检查时，在该摊位及仓库内，查获标有"GUCCI""Burberry""Fendi""LV"的包共计 1915 件，经商标注册人及杭州市江干区价格认证中心鉴定，上述商品均为假冒注册商标的商品。被告人赵某某、张某某到案后，如实供述了自己的罪行。

法院认为，被告人赵某某、张某某销售明知是假冒注册商标的商品，销售金额数额巨大，其行为已构成销售假冒注册商标的商品罪，公诉机关指控罪名成立。被告人赵某某、张某某已着手销售假冒注册商标的商品，由于意志以外的原因尚未得逞，系犯罪未遂，可以比照既遂犯减轻处罚。被告人赵某某、张某某到案后如实供述自己的罪行，依法予以从轻处罚。根据被告人赵某某、张某某的犯罪情节和悔罪表现，依法可以适用缓刑。两被告人的辩护人分别请求法院对两被告人减轻处罚的部分辩护意见，法院均予以采纳。

6. 信息网络传播权纠纷

（1）视听作品中截屏取得的单张作品性质的认定与保护

【典型意义】

新丽电视文化投资有限公司（简称新丽电视公司）诉扬州康凯商贸有限公司（简称康凯公司）、浙江天猫网络有限公司侵犯作品信息网络传播权案[1]首次将视听作品截屏取得的单张作品认定为摄影作品，并给予其著作权保护。"电视剧作为一种以类似摄制电影的方法创作的作品，其独创性固然体现在动态图像上，但动态图像在本质上是由逐帧静态图像构成的。易言之，各帧静态图像虽不是静态拍摄完成的，但也体现了摄录者对构图、光线等创作要素的选择与安排，体现出了独创性。故应当将视听作品中截屏取得的单张作品认定为摄影作品，并给予著作权保护。"[2]

---

[1] 《杭州互联网法院民事判决书》（2017）浙 8601 民初 2297 号。

[2] 《涉网纠纷集中管辖典型案例十则》，载微信公众号"杭州互联网法院"，2017 年 8 月 25 日。

【案情概述】

法院认为，就本案所涉的该电视剧中画面截图而言，首先，电视剧作为一种以类似摄制电影的方法创作的作品，其独创性固然体现在动态图像上，但动态图像在本质上是由逐帧静态图像构成的。各帧静态图像虽不是静态拍摄完成的，但也体现了摄录者对构图、光线等创作要素的选择与安排，体现出了独创性。鉴于电视剧属于在特定介质上对物体形象的记录，当其特定帧图像所体现出的独创性达到《著作权法》所要求的高度时，该图像便符合《著作权法》及其实施条例关于作品和摄影作品的构成要件的规定。其次，《著作权法》通过对特定类型作品提供有限度的保护，以实现其立法目的，为此，《著作权法》在赋予权利的同时又会对权利进行限制。但限制权利只是手段，并非目的，在缺乏合理理由的前提下，对符合法定要件的作品不应当拒绝保护。就本案所涉以类似摄制电影方法创作的作品中符合法定要件的特定帧静态图像而言，以摄影作品加以保护，不会为权利人带来超出其创造性劳动价值之外的保护，也不会给社会公众添加额外的负担，或损及他人及社会公共利益。最后，《著作权法》第十五条虽然规定电影作品和以类似摄制电影的方法创作的作品的著作权由制片者完整享有，但并未排除制片者对以类似摄制电影方法创作的作品中所包含的其他作品享有著作权的可能。易言之，制片者同时对以类似摄制电影方法创作的作品以及该作品中可解析出的其他作品享有著作权并不违反现行《著作权法》的规定。

鉴于涉案电视剧特定帧画面达到了《著作权法》所要求的独创性高度，法院认为其符合我国《著作权法》关于作品要件的规定，属于摄影作品。

（2）信息网络传播行为的认定标准和责任承担

【典型意义】

商某娜诉网易（杭州）网络有限公司（简称杭州网易）、广州网易计算机系统有限公司（简称广州网易）侵害作品信息网络传播权纠纷案①确定了信息网络传播行为的认定标准和责任承担。"认定信息网络传播行为

---

① 《杭州互联网法院民事判决书》（2017）浙 8601 民初 1014 号。

应当坚持服务器标准，对于仅提供链接者应当认定为网络服务提供者。对于网络服务提供者身份的认定，可以结合网页标注信息、用户付费时显示的收费信息，结合网页提供者同页面其他类似内容访问时后台数据所显示的链接跳转信息进行综合认定。当网页提供者的举证达到高度可能性标准时，应当认定其网络服务提供者的地位，可以适用避风港原则。"①

【案情概述】

2006年6月，春风文艺出版社出版《捣蛋大王王小天：小气财神闹翻天》一书，并注明作者系商某娜。

2016年12月5日，商某娜向上海市徐汇公证处申请证据保全。当日，商某娜的授权代理人温晓倩在两名公证人员的监督下，在该处提供的清洁手机上进行如下操作：在浏览器地址中输入"www.miitbeian.gov.cn"，对网站域名"163.com"的备案信息进行查询，结果显示主办单位名称为广州网易。在浏览器地址栏中输入"http：//某某"，点击"公司简介"，显示网易的介绍；点击"客服电话"，显示电话为0571-8985××××；点击"作者中心"页面底部的"帮助中心"，在相关页面中点击"网易云阅读-内容提供商上传具体内容-授权书.pdf"，显示被授权方为杭州网易的授权书。在http：//某某页面顶部搜索栏输入"商某娜"，搜索到书籍《捣蛋大王王小天？小气财神闹翻天》，定价1.2元，点击"购买"，登陆并通过支付宝支付1.2元购买成功后可阅读全文。公证视频显示《捣蛋大王王小天？小气财神闹翻天》页面多处明确标注"内容来源为咪咕阅读"，在阅读付费页面显示"仅支持中国移动话费和支付宝支付，不支持阅点支付"。

杭州网易与咪咕数字传媒有限公司（简称咪咕公司）签署《手机阅读业务互联网推广合作协议及补充协议》，约定杭州网易为咪咕数字传媒有限公司提供手机阅读的互联网推广服务。后双方又签署《互联网推广合作协议》，继续约定杭州网易为咪咕数字传媒有限公司提供手机阅读的互联网推广服务。

广州网易当庭利用HTTP网页抓包调试工具展示网易云阅读与其服务

---

① 《涉网纠纷集中管辖典型案例十则》，载微信公众号"杭州互联网法院"，2017年8月25日。

器的交互情况。通过抓包工具展示的信息表明，网易云阅读最终直接从wap. cmread. com 上调取该书。域名为 cmread. com 的持有人为咪咕数字传媒有限公司。

法院认为，根据《著作权法》规定，如无相反证明，在作品上署名的公民、法人或者其他组织为作者。结合商某娜提供的涉案书籍的版权页，可以证明商某娜即涉案作品《捣蛋大王王小天：小气财神闹翻天》的作者，该作品尚在保护期内，商某娜依法对《捣蛋大王王小天：小气财神闹翻天》文字作品享有著作权，并有权向侵权使用者提起诉讼。

本案中，商某娜明确仅指控两被告构成直接侵权，即指控两被告直接提供了涉案作品本身。经审查，首先，涉案网站网易云阅读根据其与咪咕阅读的合作协议，通过内容链接的方式为咪咕阅读提供互联网推广服务，网易云阅读按照咪咕阅读提供发布的内容、互联网推广的指定链接地址等资源进行推广。其次，网易云阅读在案涉作品的相关页面明确标注"内容来源为咪咕阅读"，及"付费仅支持中国移动话费和支付宝支付，不支持阅点支付"，表明案涉作品由咪咕阅读提供并由咪咕公司获得全部收益。再次，经当庭使用 Telerik Fiddlerweb Debugger 工具，以同样标注有"内容来源为咪咕阅读"字样的图书进行演示（因被控侵权图书已经下线，无法再行演示），经抓包解析可以确认该书存储于 wap. cmread. com 服务器中，网易云阅读页面系直接从 wap. cmread. com 服务器读取。且经当庭确认，案涉作品仍存储于 wap. cmread. com 服务器中。因此，根据高度可能性的证明标准，法院认定本案中网易云阅读中的被控侵权作品的页面系对被链接网站内容提供链接行为。而信息网络传播行为是指将作品置于信息网络中的行为，具体指向为对作品的提供行为。涉案链接行为不涉及对作品的传输，仅提供了作品的网络地址，用户是否可以获得作品取决于被链接网站，链接行为本身不会使用户真正获得作品，因此网易云阅读的该行为不构成对商某娜涉案作品信息网络传播权的直接侵害。

（3）未获得授权方侵权责任的承担方式

【典型意义】

吴某岚诉广州网易计算机系统有限公司、网易（杭州）网络有限公司侵害作品信息网络传播权纠纷案①是杭州互联网法院挂牌成立后审理的第一案。"案件涉及知名小说《后宫·甄嬛传》信息网络传播权的许可使用问题，法院通过裁判明确了在多重授权情况下，各未获得授权方侵权责任的承担方式。被授权方超出授权期限，通过信息网络传播他人作品的，应承担侵权责任。对超出授权期限使用他人作品的原因系其上游转授权方造成的，位于上游的转授权方应与直接侵权人共同承担连带责任。②

【案情概述】

法院认为，被控侵权行为发生时，因蓝狮子公司的授权已经到期，自然不享有进行转授权的权利，位居蓝狮子公司下游的杭州网易和广州网易亦当然不能产生转授权的效力，故被控侵权行为发生时网易云阅读平台使用的涉案作品已不在授权期限内，被控行为并未获得授权。关于侵权责任如何承担的问题，网易云阅读平台的备案主体为广州网易，但获得涉案作品的被授权人系杭州网易，上传作品到网易云阅读平台的所有作品授权方都是与杭州网易签订的授权合同，网易云阅读平台底部标注的座机客服电话属地为杭州，这些行为对外表明杭州网易是网易云阅读平台的运营主体。对此，互为关联企业的杭州网易、广州网易未能作出合理解释，法院因此认定杭州网易和广州网易系网易云阅读平台的共同运营商。对于蓝狮子公司，在明知授权期限已经截止的情况下，理应及时告知杭州网易并将转授权到期日作相应调整，但蓝狮子公司并没有采取必要措施，主观上存在明显过错，导致杭州网易和广州网易基于该所谓的授权实施了前述直接侵权行为，蓝狮子公司的授权与杭州网易和广州网易之直接侵权行为之间存在因果关系，因此，蓝狮子公司之转授权构成对杭州网易和广州网易直接侵权行为的帮助，理应与杭州网易和广州网易承担连带赔偿责任。③

（4）有声读物的法律属性、复制与改编行为的边界

【典型意义】

谢某诉深圳市懒人在线公司（简称懒人公司）、杭州创策公司（简称

---

① 《杭州互联网法院民事判决书》（2017）浙 8601 民初 1004 号。

② 《杭州互联网法院网络著作权典型案例系列一》，载微信公众号"杭州互联网法院"，2018 年 4 月 26 日。

③ 《杭州互联网法院网络著作权典型案例系列一》，载微信公众号"杭州互联网法院"，2018 年 4 月 26 日。

创策公司)、杭州思变公司（简称思变公司）、北京朝花夕拾公司（简称朝花夕拾公司）侵害作品信息网络传播权纠纷案①明确了有声读物的法律属性，区分了复制与改编行为的边界。依原文朗读文字作品属于表演行为；将朗读的声音进行录制属于制作录音制品，无论事后是否添加背景音乐、音效等，都属对文字作品的复制行为，而非改编行为。合同双方对著作权授权合同约定的授权内容发生争议时，应当结合合同签订时的社会背景、合同上下文等因素予以查明，需要推定时应从有利于保护作者利益的角度出发。②

【案情概述】

一审法院认为，本案争议焦点在于：第一，懒人公司、创策公司、思变公司、朝花夕拾公司所实施被控侵权行为的性质；第二，懒人公司、创策公司、思变公司、朝花夕拾公司实施被控侵权行为是否取得相应授权；第三，若侵权成立，谢某所主张的赔偿金额是否合理，其要求懒人公司、创策公司、思变公司、朝花夕拾公司承担的相应侵权责任是否应予支持。

第一，关于被控侵权行为在著作权法上的定性。

一审法院认为，作品均以形成外在表达为其前提要件，对作品的改编应以改变作品之表达，且该改变具有独创性为前提。对于文字作品而言，文字表述是其作品的表达所在，改编文字作品应以文字内容发生改变为前提。本案中，首先，涉案作品在被制成有声读物时，被改变的仅仅是形式，其文字内容并未被改变，制作有声读物的过程属于对涉案作品的复制，而非演绎。其次，对涉案作品进行朗读不会形成改编作品。在《著作权法》中，朗读行为不属于创作行为，而属于对作品的表演，朗读本身不会为作品添加新的独创性成分。固然，对同一作品，不同的朗读者在朗读时会对音调、语速作出不同的选择，甚至于会配以富有个性的背景音乐或音效，最终传递出的声音可能存在差别，给听众带来不同的感受。但因这种选择与安排并未改变作品的文字内容，即未改变作品之表达，故不属于

---

① 《杭州互联网法院民事判决书》（2017）浙01民终5389号。

② 《杭州互联网法院网络著作权典型案例系列一》，载微信公众号"杭州互联网法院"，2018年4月26日。

对作品的演绎。因此，涉案有声读物实为朗读涉案作品并进行录音后形成的录音制品，是对涉案作品的复制，而不属于对涉案作品进行演绎之后形成的新作品。

关于行为定性，根据谢某提交的证据可知，谢某的委托代理人在进行公证证据保全时，在懒人公司经营的"懒人听书"网上，可以自由选择时间与地点在线收听《你们谁敢惹我》作品之录音，并可随意选择进度。懒人公司亦确认公众可以在其个人选定的时间、地点收听《你们谁敢惹我》录音。懒人公司在其网站上向公众提供涉案作品之录音，即以有线方式提供涉案作品之复制件，使得公众可以在其个人选定的时间与地点进行收听，即获得涉案作品，其行为属于信息网络传播行为，受信息网络传播权控制。

创策公司、思变公司、朝花夕拾公司均未直接向公众提供涉案作品，未直接实施信息网络传播行为，但分别实施了相应的授权许可行为，在客观上属于提供帮助的行为。

第二，关于懒人公司、创策公司、思变公司、朝花夕拾公司是否取得相应授权。

对此，一审法院认为，关于创策公司是否取得制作录音制品授权，如前所述，制作录音制品不涉及对作品的改编，不受改编权控制，而应受表演权、复制权之控制，因而创策公司所取得之"改编权"不得作为制作录音制品的授权依据。

本案中，被控侵权对象为对涉案作品进行朗读后形成的有声读物，创策公司等均无任何证据表明，或以充分理由证明该有声读物属于协议中所约定的电子图书或电子出版物。根据通常理解，电子图书或文字作品的电子出版物仍应以书面文字作为作品表现形式；而根据一审法院前述认定，有声读物实为录音制品，以声音为作品表现形式。对文字作品而言，直接阅读书面文字与收听他人朗读文字之后形成的录音是两种不同的消费方式，两种方式所针对的受众群体可能在身体状况、认知能力、学习习惯上存在明显区别，而不同的受众群体意味着分别独立的市场，也即意味着作品存在多重市场价值。在无法定除外或约定转让、授权的情形下，这种不同的市场价值仍应归作者所有。因此，在缺少充分证据或说理的支持下，仅依据创策公司取得对涉案作品以书面文字形式进行信息网络传播行为的授权，不能认定其同时取得以录音形式对涉案作品进行信息网络传播的授权。此外，根据《著作权法》的规定，对录音制品的信息网络传播需同时取得作品著作权人与录音制作者的授权，但本案中并无任何证据表明涉案作品之作者谢某知晓其作品会被制成录音制品，并进行此项授权的意思表示。故一审法院认定对有声读物进行信息网络传播不符合《数字出版协议》约定的授权前提条件，该行为不在谢某向创策公司授权范围之内。

因创策公司自身未取得该项授权，自然不享有进行转授权的权利，位居创策公司下游的授权或转授权亦自然不会发生授权之效力。故懒人公司、创策公司、思变公司、朝花夕拾公司所实施之行为均未取得授权。

（5）杭州互联网法院区块链电子存证第一案

【典型意义】

杭州华泰一媒文化传媒有限公司（简称华泰一媒公司）与深圳市道同科技发展有限公司（简称道同公司）侵害作品信息网络传播权纠纷案[1]是杭州互联网法院审理的区块链方式存证第一案。对于采用区块链等技术手段进行存证固定的电子数据，应秉承开放、中立的态度进行个案分析认定，具体应以电子证据审查的法律标准为基础，结合区块链技术用于数据存储的技术原理，对区块链电子存证进行如下审查：①审查电子数据来源的真实性，包括产生电子数据的技术可靠、第三方存证平台资质合规、电子数据传递路径可查；②审查电子数据存储的可靠性，包括电子数据上传至公共区块链、各区块链存放内容相互印证、区块节点生成时间符合逻辑；③审查电子数据内容的完整性，即电子数据哈希值验算一致，未修改；④审查电子证据与其他证据相互印证的关联度，从而对区块链电子存证的法律效力及证明力予以确认。[2]

【案情概述】

华泰一媒公司主张道同公司在其运营的第一女性时尚网中发布涉案文

① 《杭州互联网法院民事判决书》（2018）浙 0192 民初 81 号。
② 《杭州互联网法院十大典型案例系列（四）》，载微信公众号"杭州互联网法院"，2018 年 8 月 16 日。

章，并将该侵权网页的 URL 通过 API 接口传输至保全网，申请对侵权网页进行固定。保全网的经营主体浙江数泰科技有限公司（简称数泰公司）收到该请求后，在阿里云的环境下，由后端代码通过调用谷歌开源程序 puppeteer 插件对目标网页进行截图，并产生操作日志，记录调用时间和处理内容。后端代码再通过调用 curl 插件获取目标网页源码和相关调用信息，并产生操作日志，记录调用时间和处理内容。之后保全网将上述截图、网页源码进行打包，计算其 SHA256 哈希值，并同步上传至 FACTOM 区块链和比特币区块链中。浙江千麦司法鉴定中心（简称千麦鉴定所）对上述抓取过程运用的技术内容进行了说明并予以确认。

根据千麦鉴定所鉴定步骤，法院对区块链保存电子数据进行了核实，查询结果与千麦鉴定所鉴定结果一致。

本案的争议焦点为：第一，华泰一媒公司是否具有原告主体资格；第二，道同公司是否构成侵害作品信息网络传播权；第三，如侵权成立，华泰一媒公司主张的赔偿金额是否合理。

法院认为，对于采用区块链等技术手段进行存证固定的电子数据，应秉承开放、中立的态度进行个案分析认定。既不能因为区块链等技术本身属于当前新型复杂技术手段而排斥或者提高其认定标准，也不能因该技术具有难以篡改、删除的特点而降低认定标准，而应根据电子数据的相关法律规定综合判断其证据效力。其中，应该重点审核电子数据来源和内容的完整性、技术手段的安全性、方法的可靠性、形成的合法性，以及与其他证据相互印证的关联度，并由此认定证据效力。本案中，数泰公司作为独立于当事人的民事主体，其运营的保全网是符合法律规定的第三方存证平台，保全网通过可信度较高的谷歌开源程序进行固定侵权作品等电子数据，且该技术手段对目标网页进行抓取而形成的网页截图、源码信息、调用日志能相互印证，可清晰反映数据的来源、生成及传递路径，应当认定由此生成的电子数据具有可靠性。同时，保全网采用符合相关标准的区块链技术对上述电子数据进行了存证固定，确保了电子数据的完整性。故上述电子数据可以作为本案认定侵权的依据，即法院确认道同公司运营的"第一女性时尚网"上发布了涉案作品。

（6）微信小程序案

【典型意义】

杭州刀豆网络科技有限公司（简称刀豆公司）诉长沙百赞网络科技有限公司（简称百赞公司）等侵害作品信息网络传播权纠纷案[①]是首例探讨微信小程序的网络服务提供者地位的案件。《信息网络传播权保护条例》"通知删除"规则明确仅适用于信息存储空间或者搜索、链接服务的网络服务提供者。《侵权责任法》第三十六条"通知删除"规则宽泛地规定了网络服务提供者，未作限制。对该"网络服务提供者"作目的性限缩解释，将自动接入或自动传输等基础性网络服务的提供者排除在外，既具有技术和法理基础，也符合立法目的及正当性要求。本案腾讯公司作为基础性网络服务提供者应排除适用"通知删除"规则。[②]

【案情概述】

法院认为，根据各方诉辩主张，本案争议焦点为：第一，刀豆公司是否系本案适格原告；第二，百赞公司行为是否构成信息网络传播权侵权及责任如何承担；第三，腾讯公司是否构成帮助侵权及是否应承担侵权赔偿责任及下架涉案小程序的责任。

此处仅对第三个争议焦点进行认定。从《信息网络传播权保护条例》第二十条至二十三条的规定看，网络服务提供者包括网络自动接入或自动传输服务提供者、缓存服务提供者、信息存储空间服务提供者、搜索或链接服务提供者四种类型。其中，网络自动接入或自动传输服务应属于基础性网络服务。

相对于信息存储空间服务、搜索或链接服务（简称后两种类型网络服务），首先，基础性网络服务系根据不特定类型服务对象指令自动提供技术服务。基础性网络服务本身不主动参与信息的处理，信息接入/传输由服务对象发起，由基础性网络服务的固有技术设置接收处理，服务对象可以进行任何互联网增值服务或应用，其系被动处理传输信息；而后两种类

---

① 《杭州互联网法院民事判决书》（2018）浙 0192 民初 7184 号。

② 《我院首例涉微信小程序案今日宣判!》，载微信公众号"杭州互联网法院"，2019 年 2 月 27 日。

型网络服务是面向特定的用户群体以及具体的应用场景提供网络服务的，系主动处理传输信息，其服务对象仅能根据已有的应用场景开展相关的互联网增值业务。其次，因基础性网络服务是一种自动接入（传输）等服务，故该网络服务提供者并不直接接触服务对象提供的信息，自然不具备审核、干预信息内容的能力和条件；后两种类型网络服务须对服务对象提供的信息进行审核，且该网络服务提供者可根据平台内容或营运策略选择信息内容，进行管控处理。再次，从处理能力看，基础性网络服务无法对服务对象提供的信息内容进行具体处理，其处理的客体是作为整体的信息载体数据或信息传输通道，而非细分到每一个具体信息项目的内容；后两种类型网络服务虽然自身不生产信息内容，但其处理的客体能够具体到每一个信息项目本身，且能够选择、改变、分类、控制信息内容，即有能力定点处理相关信息内容。从收费方式来看，基础性网络服务收取的是技术服务费，与接入的具体信息内容没有直接关联；而后两种类型网络服务是根据提供服务内容的类型及数量等进行具体收费，与具体信息内容直接相关。

综上可见，基础性网络服务提供者通常无法审查用户上传的内容，对侵权内容的判断识别能力很弱，甚至无法准确地删除侵权内容或者切断与侵权内容有关的网络服务。其呈现的无差别技术性和被动性等属性决定了其应与后两种类型网络服务提供者承担不同的责任。故此，《信息网络传播权保护条例》对其责任认定作出了区分。根据《信息网络传播权保护条例》第二十条规定，在未选择及改变传输内容、未改变传输对象的情况下，不承担侵权赔偿责任。而未选择及改变传输内容、未改变传输对象系法律意义上的自动接入或自动传输服务的应有之义，由此，该条款实质直接免除了自动接入或自动传输服务提供者的侵权责任。因而，《信息网络传播权保护条例》在设定"通知删除"规则时，并未将此类服务提供者列入适用范围。该条例第十四条规定，对提供信息存储空间或者提供搜索、链接服务的网络服务提供者，权利人认为其服务所涉及的作品、表演、录音录像制品，侵犯自己的信息网络传播权或者被删除、改变了自己的权利管理电子信息的，可以向该网络服务提供者提交书面通知，要求网络服务提供者删除该作品、表演、录音录像制品，或者断开与该作品、表演、录音录像制品的链接。

根据上述规定可知，"通知删除"规则的适用主体是针对能够判断特定内容是否侵权且可以及时有效遏制侵权行为的信息存储空间或者搜索、链接服务的网络服务提供者，并不包括前述的网络自动接入或自动传输服务提供者。而"删除"的对象为存储于网络平台的侵权内容和侵权内容链接，而不是具体的侵权用户或链接所指向的侵权网站。事实上，无论是《侵权责任法》《信息网络传播权保护条例》《电子商务法》，还是相关司法解释，所有涉及"通知删除"有关的规定，其中最核心的处理措施都是删除或者屏蔽侵权内容（链接），而非直接停止信息的自动接入、传输或缓存等。因此，根据上述法律规定及权利义务相一致原则，将《侵权责任法》第三十六条"通知删除"规则中"网络服务提供者"作目的性限缩解释，与《信息网络传播权保护条例》相关规定保持一致，既具有技术和法理基础，也符合立法目的及正当性要求。换言之，《侵权责任法》第三十六条"通知删除"规则中"网络服务提供者"应解释为提供信息存储空间或者搜索、链接等服务的网络服务提供者，不包括自动接入或传输等基础性网络服务的提供者。

本案中，小程序展现给用户的是一组基于移动端的网页页面，其技术实现原理总体包括"架构"和"接入"两方面：①架构。小程序开发者使用腾讯公司微信小程序提供的框架、组件和接口等完成小程序页面的搭建。②接入。小程序开发者通过小程序提供的链接服务直接向用户提供其页面和内容。从上述小程序技术原理看，小程序是开发者独立运营的一组框架网页架构，只通过指定域名与开发者服务器通信，开发者服务器数据不保存于腾讯公司，开发者通过小程序直接向用户提供数据和服务。因此，腾讯公司对小程序开发者提供的是架构与接入的基础性网络服务，其性质类似《信息网络传播权保护条例》第二十条规定的自动接入、自动传输服务。与直接存储或控制第三方内容的网络服务不同，腾讯公司未存储开发者小程序的数据且亦无法进入开发者服务器查看或处理相关内容，其客观上难以对小程序内容作出审核。因此，刀豆公司提出腾讯公司因违反审查义务构成帮助侵权而应承担赔偿责任的诉请不能成立。

至于刀豆公司提出腾讯公司应下架涉案小程序的诉请，法院认为，根据前述对小程序技术原理的分析，腾讯公司对百赞公司提供的小程序服务类似《信息网络传播权保护条例》第二十条规定的自动接入、自动传输服务，腾讯公司不属于该条例第十四条规定的提供信息存储空间或者搜索、链接服务的网络服务提供者，因此本案情形不适用该条款规定的"通知删除"规则。此外，从腾讯公司所能采取的必要措施看，由于小程序内容均存储于开发者服务器，小程序只是通过开发者域名作为端口与开发者服务器之间进行通信，因此小程序平台技术上无法触及开发者服务器的内容，更谈不上精准删除开发者服务器中的侵权内容，如一定要屏蔽侵权信息，腾讯公司技术上可采取的措施只有彻底关闭通信端口，切断用户与开发者之间的联系通道，即彻底删除小程序，但一律彻底删除小程序并非法律规定的"采取必要措施"所追求的"定位清除"效果。综上，以法律规定和客观技术事实为依据，腾讯公司作为小程序接入服务提供者，不应承担开发者小程序内容出现侵权时整体下架小程序的责任。因此，对刀豆公司提出要求腾讯公司下架涉案小程序的诉请法院依法不予支持。

需要指出的是，本案腾讯公司作为基础性网络服务提供者虽然不适用于"通知删除"规则，但并非没有任何法定义务。一方面，根据《网络安全法》第二十八条、第四十七条的规定，其不仅在涉及国家安全等刑事犯罪时负有协助执法义务，而且对于色情、恐怖和赌博等明显违法信息应进行主动审查，发现法律、行政法规禁止发布或者传输的信息的，应当采取技术上可行的必要措施立即停止传输该信息。另一方面，腾讯公司应对小程序开发者主体信息进行实名认证并予以公布，确保权利人可有效、及时地进行维权。此外，腾讯公司应依托科学合理的管理机制、知识产权保护机制及惩戒机制，在权利保护与技术中立之间保持一定平衡，共同维护尊重他人知识产权的网络环境和竞争秩序。

7. 其他著作权纠纷

（1）"小猪佩奇"纠纷
【典型意义】

近年来，由于国际经济、文化交往的发展，知识产权的地域性受到了空前的冲击，知识产权法律关系也日益国际化，涉外知识产权保护已成为国际贸易的核心问题。英国和中国同为《保护文学和艺术作品伯尔尼公约》的成员国，艾斯利贝克戴维斯有限公司（简称艾贝戴公司）、娱乐壹英国有限公司（简称娱乐壹公司）对《小猪佩奇》所享有的相关著作权（含信息网络传播权等权利）受我国著作权法保护。本案系艾贝戴公司、娱乐壹公司针对"Peppa Pig"（"小猪佩奇"）被授权商提起的著作权侵权案件，杭州互联网法院秉持平等保护中外当事人合法权益的理念，准确适用法律作出"小猪佩奇"胜诉判决，有效保护了国外当事人的合法权益，被《泰晤士报》称为"中国知识产权保护方面一次具有里程碑意义的判决"。本案被写进了2018年最高人民法院工作报告。[1]

【案情概述】

艾贝戴公司、娱乐壹公司于2005年8月19日向美利坚合众国申请《Peppa Pig》著作权登记并获得登记证书，后向中华人民共和国国家版权局申请《Peppa Pig, George Pig, Daddy Pig, Mommy Pig》著作权登记并获得作品登记证书。艾贝戴公司、娱乐壹公司发现汕头市聚凡电子商务有限公司（简称聚凡公司）在其淘宝网"聚凡优品1"店铺中销售印制有"佩奇，乔治，猪爸爸，猪妈妈"人物形象的"小猪佩奇厨房小天地"玩具，且显示生产商为汕头市嘉乐玩具实业有限公司（简称嘉乐公司），该款涉案商品详情上使用了一张有"佩奇，乔治，猪爸爸，猪妈妈"人物形象的图片。艾贝戴公司、娱乐壹公司认为，聚凡公司未经许可销售涉案被控侵权产品，嘉乐公司未经许可生产、销售涉案被控侵权产品，均已严重侵害其所享有的作品著作权。淘宝公司作为网络服务提供商，并未对商家上架的产品是否涉嫌侵权进行主动审查，应当承担停止侵权的法律责任。

法院经审理认为：第一，嘉乐公司生产、销售涉案侵权产品超出授权产品类型、授权书限定的渠道，且案涉侵权发生时间明显不属于授权期限内；第二，聚凡公司未举证证明此来源属于"合法来源"，即经过涉案美术作品的著作权人许可，且聚凡公司也没有提供销售合同、付款凭证、交付凭证等用以证明其系通过合法渠道获得涉案被控侵权复制品。聚凡公司

---

① 《今日，我院知识产权十大典型案例新鲜出炉！》，载微信公众号"杭州互联网法院"，2019年4月25日。

销售涉案被控侵权产品并在网络上展示涉案被控侵权产品图片一张，侵犯了作品发行权、信息网络传播权。

宣判后，被告嘉乐公司提出上诉，杭州市中级人民法院判决驳回上诉，维持原判。①

（2）仿真木纹图案是否构成美术作品

【典型意义】

拉米（上海）贸易有限公司（简称拉米公司）与杭州小斑马装饰材料有限公司（简称小斑马公司）著作权侵权纠纷案②是全国首例对仿真木纹图案是否构成美术作品进行详尽说理的案件，对仿自然物图样的类似案件具有借鉴意义。本案从著作权保护具有独创性的表达方式的实质内涵切入，认为仿真木纹图案系通过对自然界已存纹路样式进行采样、复刻、设计、拼接、制作等工艺流程而形成，该种工艺流程是一种设计思路和工艺方法，并非著作权法的保护对象，且对树木纹路进行拼接、调整等创作，其表现形式与思想内容高度重合，其仍属思想范畴。再者，作品的独创性认定应考虑作品类型，仿真木纹图案本身的艺术表达过于简单，表现形式的独创性部分甚微，缺乏美术作品应具备的较高艺术审美感，故认为仿真木纹图案不构成著作权法意义上的美术作品。③

【案情概述】

法院认为，本案的争议焦点是运用于涉案装饰图纸的仿真木纹图案是否构成著作权法意义上受保护的美术作品。

著作权法保护的是有独创性的表达，并不保护思想本身。本案中，将自然界存在的树木纹路用于装饰图纸的设计思路以及相应的工艺方法并非拉米公司所独创，设计思路及工艺方法本身并非著作权法的保护对象，拉米公司不能通过著作权垄断相应的设计思路和工艺方法，否则将违背著作权法的立法原意，阻碍文学、艺术、科学的进步和作品的多样性。他人可

---

① 《今日，我院知识产权十大典型案例新鲜出炉！》，载微信公众号"杭州互联网法院"，2019年4月25日。

② 《杭州互联网法院民事判决书》（2018）浙8601民初43号。

③ 《今日，我院知识产权十大典型案例新鲜出炉！》，载微信公众号"杭州互联网法院"，2019年4月25日。

以采用同样的设计思路和工艺方法，设计并生产类似主题的产品，但不能抄袭他人具有独创性的表达。自然界中已经客观存在的木纹形象不属于拉米公司独创，如仅对自然界存在的树木纹路进行复制或通过简单或基本的加工、调整而形成仿真木纹图案，表现形式与思想内容高度重合，仍属思想范畴，不受著作权法保护，但如果其用特定的方式赋予其具有特定审美意义的造型表达，则应当予以保护。

根据《著作权法实施条例》第二条规定，著作权法所称作品，是指文学、艺术和科学领域内具有独创性并能以某种有形形式复制的智力成果。独创性是作品取得著作权法保护的首要条件，是指作品由作者独立完成并表现了作者独特的个性和思想，实践中在判断作品是否具有独创性以确定是否受著作权法保护时，需要考虑作品类别，作品类别不同将影响独创性判断。《著作权法实施条例》第四条第（八）项规定，"美术作品，指绘画、书法、雕塑、建筑等以线条、色彩或其他方式构成的有审美意义的平面或者立体的造型艺术作品"；最高人民法院民事裁定书（2012）民申字第1329号亦指出，"对于美术作品而言，其独创性要求体现作者在美学领域的独特创造力和观念"，即对于美术作品而言，其应当具有审美意义或者说美学领域的表达形式，该种审美意义指的是作品艺术性表达的高低。艺术性表达主要是通过线条、色彩、光线效果、布局和对比度等展现艺术家审美意境所达到的程度，展示着创作者的思想情感表达，故对于美术作品，本身高于一般生活水平的艺术性从某种程度上体现了独创性的更高要求。法律对美术作品独创性的认定上，虽不作艺术品质要求，但在内容的复杂程度，如在线条、造型、颜色及其结合上应有一定的要求。因此，画面信息越少，认定独创性就要求作者在表现上别具一格的程度越高，从而满足最低限度创造性的要求。

本案中，涉案装饰图纸表现为仿真木纹图案，其设计要点主要体现在木纹的视觉观感上，通过对原始木纹样式素材进行组合、拼裁、排布并对其表面进行处理，包括对纹路、结疤的增删、修补或填充，再进行抛光、涂色、涂白、刷洗、上油等颜色效果和光泽度效果调整的系列操作，力图体现自然、流畅的木纹效果，但这种设计本身的特点在于拼接、填充和修饰，通过对画面效果的细微调整使木纹图案更加自然，体现的仍是自然界原有木纹的图案形态，本身的艺术表达过于简单，表现形式的独创性部分甚微，没有体现艺术家独特的观点与特殊的创造力，缺乏美术作品应具备的较高艺术审美感。因此，法院认为，涉案仿真木纹装饰图纸不构成著作权法意义上的美术作品，拉米公司主张小斑马公司侵犯其涉案仿真木纹装饰图纸著作权的诉讼请求，法院不予支持。

（3）影视特效视频的作品性质

【典型意义】

杭州时光坐标影视传媒股份有限公司（简称时光公司）诉刘某、成都伦索科技有限公司著作权侵权纠纷案①首次对影视特效视频是否构成作品以及作品类型、著作权归属进行了深入分析，对影视特效视频的类似案件具有借鉴意义。本案从现行法律、法规对"作品"的定义与著作权归属的规定入手分析，认为影视特效视频形式上属于摄制在一定介质上，由一系列画面组成，并且借助适当装置放映或以其他方式传播的作品，作品类型属于《著作权法实施条例》规定的以类似摄制电影的方法创作的作品。对影视特效视频是否可单独行使著作权应从其表达与影视作品本身的独创性表达是否可分割来判定，若使用影视特效视频的同时使用了影视作品中连续的画面，则不属于《著作权法》第十五条中的"可以单独使用"的作品，影视特效视频的作者对其不可单独行使著作权。②

【案情概述】

首先，关于案涉影视特效视频是否为著作权法保护的作品问题。《著作权法实施条例》第二条规定："著作权法所称作品，是指文学、艺术和科学领域内具有独创性并能以某种有形形式复制的智力成果。"第四条第（十）项规定："电影作品和以类似摄制电影的方法创作的作品，是指摄制在一定介质上，由一系列有伴音或无伴音的画面组成，并且借助适当装置放映或者以其他方式传播的作品。"本案中，案涉影视特效视频系电视剧《上古情歌》第 10 集第 12 分 24 秒至 26 秒由山、树、瀑布、云、雾、鸟构

---

① 《杭州互联网法院民事判决书》（2018）浙 01 民终 8789 号。
② 《今日，我院知识产权十大典型案例新鲜出炉!》，载微信公众号"杭州互联网法院"，2019 年 4 月 25 日。

成，镜头由远及近推进的连续画面。从时光公司提供的影视特效视频制作阶段录屏文件来看，该视频系由单幅的山水风景照片与瀑布、云雾、飞鸟动态视频等素材组合形成，在单个素材的拍摄、整体结构的编排及镜头的推进角度设计上均体现了其独创性。其形式属于摄制在一定介质上，由一系列画面组成，并且借助适当装置放映或以其他方式传播的作品，符合《著作权法实施条例》关于以类似摄制电影的方法创作的作品之规定。故一审法院认为案涉影视特效视频属于著作权法中的以类似摄制电影的方法创作的作品。

其次，关于时光公司是否有权就涉案影视特效视频行使著作权的问题。《著作权法》第十五条规定："电影作品和以类似摄制电影的方法创作的作品著作权由制片者享有……电影作品和以类似摄制电影的方法创作的作品中的剧本、音乐等可以单独使用的作品的作者有权单独行使其著作权。"本案中，案涉电视剧《上古情歌》属于以类似摄制电影的方法创作的作品，其著作权由制片者享有。根据时光公司提供的计算机特效制作合同第六条约定，甲方（剧酷公司）支付完全部制作费用后，本片全部成片镜头版权归属甲方所有。本案审理过程中，时光公司确认上述特效合同已经履行完毕，《上古情歌》的全部成片镜头系归属剧酷公司所有。但其主张案涉影视特效视频系独立于成片镜头之外的作品，可以单独主张著作权。一审法院认为著作权法中的"单独使用"是指对剧本、音乐等作品在脱离电影作品或以类似摄制电影的方法创作的作品的情况下进行使用。本案中时光公司所主张的案涉影视特效视频与电视剧《上古情歌》的该片段在独创性表达上没有区别，属同一作品。使用案涉影视特效视频时即使用了电视剧中连续的画面，因而使用了电视剧《上古情歌》本身，而不是对其中特效视频片段的"单独使用"。故一审法院认为案涉影视特效片段不属于以类似摄制电影的方法创作的作品中可以单独使用的作品。

8. 不正当竞争纠纷

（1）屏蔽视频广告软件侵权

【典型意义】

杭州硕文软件有限公司（简称"硕文公司"）、优酷信息技术（北京）

有限公司商业贿赂不正当竞争纠纷案①判决书分析了屏蔽视频广告软件的不正当竞争行为问题。商业模式本身不受反不正当竞争法的保护，但是经营主体基于正当商业模式所获取的合法利益应当受到法律的保护。屏蔽视频广告者的行为影响了视频经营者的广告收益及消费者的长期利益，该种损害已不是市场竞争自然属性使然，而是超越了正当竞争边界。屏蔽视频广告软件的开发及运营者如果有明确的侵权指向、明显的步骤引导，利用网络用户实施侵权行为，系直接侵权。目前视频广告仍然是视频行业营利的重要引擎，白名单机制及贴片广告之外的其他广告模式尚待成熟。法院不宜通过个案认可屏蔽视频广告的合法性，引导视频行业内部竞争的意义大于屏蔽广告的颠覆式冲击。②

【案情概述】

一审法院审理认为本案主要争议焦点表现为：第一，合一公司与硕文公司之间是否有竞争关系；第二，合一公司主张的"免费视频＋广告"的商业模式是否具有反不正当竞争法所保护的合法权益；第三，硕文公司开发并提供乐网软件的行为是否具有正当性，该行为是否构成不正当竞争；第四，民事责任的确定。

此处仅对前三个争议焦点进行认定。

第一，关于合一公司与硕文公司之间是否有竞争关系。

法院认为，互联网环境中产品和服务之间的界限并非泾渭分明，传统的行业界限已经变得模糊，将提供同类商品或服务的经营者视为具有竞争关系已经不能满足维护互联网经济正当竞争秩序的需要，不具有直接替代可能性的经营者之间也会发生直接的竞争关系，因此，反不正当竞争法调整的竞争关系的判断应当重点考量竞争行为的性质及后果，即应当根据具体行为属性、商业利益上是否存在此消彼长等方面，而非从经营者的主营业务或所处行业出发来界定经营性和竞争性。如果经营者的行为对其他经营者的利益造成损害，且同时基于这一行为获得现实或潜在的客户群体、

---

① 《杭州互联网法院民事判决书》（2018）浙01民终231号。

② 《杭州互联网法院十大典型案例系列（八）》，载微信公众号"杭州互联网法院"，2018年8月22日。

商业交易机会等经济利益，形成此消彼长的市场份额，则可以认定两者具有竞争关系。本案中，优酷网面向的群体是观看优酷视频的用户，而乐网软件的主要功能之一是屏蔽（拦截）优酷视频等大型视频网站视频前的贴片广告。可见，此种情形下，使用乐网软件的用户与优酷视频用户群体具有高度一致性，双方服务的对象均为对网络视频具有一定需求的网络用户。同时，合一公司因向优酷视频用户播放广告而获取广告收益，硕文公司因吸引与观看优酷视频相重合的用户使用乐网软件而获得利益。虽然硕文公司在庭审中陈述乐网软件不产生任何收益，即便硕文公司暂时无盈利，但是互联网经济是"眼球经济""注意力经济"，互联网服务运营者在市场立足、获取市场竞争优势的关键在于锁定用户的深度与广度，用户数量、市场占有率等是互联网企业谋求商业利益的重要基石，硕文公司的行为已经影响了合一公司的正常经营活动，事实上已经扩张了乐网软件的市场，故两者具有反不正当竞争法规制的竞争关系。

第二，关于合一公司主张的"免费视频＋广告"的商业模式是否具有反不正当竞争法所保护的合法权益。

法院认为，反不正当竞争法旨在维护合法有序的社会竞争秩序，经营者在经营活动中的行为如符合法律规定，基于合法的经营行为获得的合法权益应受反不正当竞争法保护。本案中，合一公司为获得视频版权必然会付出相应成本，其最终目的也是获取利润。合一公司向用户提供免费视频的同时在视频片头播放一定时间的广告（包括本案乐网软件屏蔽或拦截的广告），据此收取的广告费用既是其经营收入的重要来源，也是其弥补经营成本的重要组成部分。合一公司采取的这种商业模式并不违反反不正当竞争法的原则精神和禁止性规定。在该种商业模式下，广告与视频节目的结合使网站经营者、互联网用户与广告主之间各取所需，形成有序的利益分配和循环。该商业模式业已成为当前视频网站常见的商业模式之一，并获得了市场普遍接受。因此，合一公司据此获得的商业利益应当受到法律的保护，属于具有可诉性的利益。

第三，关于硕文公司开发并提供乐网软件的行为是否具有正当性，该行为是否构成不正当竞争。

法院认为，经营者在经营活动中应当遵循自愿、公平、等价有偿、诚实信用的原则，反映在市场交易和竞争中，经营者应当遵循公平和诚实信用的原则，遵守公认的商业道德。互联网环境下，网络经营者应当通过诚信经营、公平竞争来获得竞争优势，尊重他人的经营模式和正当利益，不得利用技术手段妨碍、破坏其他经营者合法提供的网络产品或者服务正常运行。本案中，前已所述，合一公司提供的涉案"免费视频＋广告"商业模式，既未违反法律规定，又属于互联网行业惯常的经营方式，由此形成的商业利益受到反不正当竞争法保护。硕文公司作为互联网经营竞争者，理应尊重他人合法权益，在商业活动中避免利用技术手段妨碍他人正常经营活动。然而硕文公司仍研发并提供具有屏蔽（拦截）视频贴片广告的涉案乐网软件，并明确宣传该软件"能拦截主流视频 App 的视频广告，优酷、腾讯、乐视、搜狐等"。这表明硕文公司知道或应当知道其用户安装乐网软件后势必会屏蔽（拦截）优酷视频贴片广告，最终导致合一公司广告投放的预期效果以及广告收益受到了实际损害，从而降低合一公司对潜在广告投放商的吸引力。硕文公司主观上具有通过乐网软件屏蔽（拦截）优酷视频广告的故意，客观上损害了本应属于合一公司基于其商业模式所应享有的市场关注和商业利益，破坏了合一公司正常的经营活动。该行为违反了诚实信用原则和公认的商业道德，属于《反不正当竞争法》第二条规定的不正当竞争行为。

（2）涉数据资源开发应用与权属判定案件

【典型意义】

淘宝（中国）软件有限公司（简称淘宝公司）与安徽美景信息科技有限公司（简称美景公司）不正当竞争纠纷案①是首例涉数据资源开发应用与权属判定的新类型不正当竞争案件。本案裁判明确了网络运营者对于用户行为痕迹信息的安全保护责任，首次通过司法判例初步划分了各相关主体对于数据资源的权利边界，同时赋予数据产品开发者享有"争性财产权益"这种新类型权益，确认其可以此为权利基础获得反不正当竞争法的保

① 《杭州互联网法院民事判决书》（2017）浙 8601 民初 4034 号。

护，为相关立法的完善提供了可借鉴的司法例证。①

【案情概述】

本案主要争议焦点为：第一，淘宝公司收集并使用网络用户信息的行为是否正当；第二，淘宝公司对于"生意参谋"数据产品是否享有法定权益；第三，被诉行为是否构成不正当竞争；第四，本案民事责任的确定。

此处重点针对前三个争议焦点进行认定。

第一，关于淘宝公司收集并使用网络用户信息的行为是否正当。

从本案查明的事实来看，"生意参谋"数据产品所涉网络用户信息主要表现为网络用户行为痕迹信息以及由行为痕迹信息推测所得出的行为人的标签信息。这些行为痕迹信息与标签信息并不具备能够单独或者与其他信息结合识别自然人个人身份的可能性，故其不属于网络安全法中的网络用户个人信息。

对于网络运营者收集非个人信息，法院认为，网络运营者不仅对于网络用户信息负有安全保护的法定义务，而且，因网络运营者与网络用户之间存在服务合同关系，基于"公平、诚信"的契约精神原则要求，网络运营者对于保护网络用户合理关切的个人隐私和商户经营秘密负有高度关注的义务。

淘宝公司作为淘宝网的服务提供者，在网络上已公示了《淘宝平台服务协议》与淘宝隐私权政策，提示了用户的选择权。

涉案"生意参谋"数据产品所使用的网络用户信息经过匿名化脱敏处理后已无法用于识别特定个人且不能复原，公开"生意参谋"数据产品的数据内容，对网络用户信息提供者不会产生不利影响。因此，淘宝公司公开使用经匿名化脱敏处理后的数据无需另行征得网络用户的同意。

关于"生意参谋"数据产品中的部分用户信息来源于天猫网用户是否正当的问题，依照《网络安全法》第四十二条规定，"生意参谋"数据产品使用其他网络运营者收集的用户信息，不仅应获得其他网络运营者的授权同意，还应获得该信息提供者的授权同意。首先，经审查，天猫网《隐

---

① 《今日，我院知识产权十大典型案例新鲜出炉！》，载微信公众号"杭州互联网法院"，2019 年 4 月 25 日。

私权政策》除宣示了与淘宝网隐私权政策基本相同的内容外，还明确为便于淘宝平台账户向用户提供会员服务，用户个人信息可能会与其关联公司（包括淘宝公司）共享；其次，天猫网商户及会员用户，统一使用淘宝网账户，在注册登记会员时也均对《淘宝平台服务协议》及淘宝隐私权政策进行过同意确认。因此，可以认定淘宝公司使用天猫网用户提供的用户信息已获得了用户信息提供者的同意。

第二，关于淘宝公司对于"生意参谋"数据产品是否享有法定权益。

涉案"生意参谋"数据产品中的数据内容虽然来源于原始用户信息数据，但经过淘宝公司的深度开发已不同于普通的网络数据。"生意参谋"数据产品将巨量枯燥的原始网络数据通过一定的算法过滤，整合成适应市场需求的数据内容，形成大数据分析，并直观地呈现给用户，能够给用户全新的感知体验，其已不是一般意义上的网络数据库，已成为网络大数据产品。

第三，关于被诉行为是否构成不正当竞争。

首先，关于淘宝公司与美景公司是否存在竞争关系。在网络经济环境下，只要双方吸引、争取的网络用户群体存在此长彼消的或然性对应关系，即可认定为双方存在竞争关系。本案中，美景公司经营的"咕咕互助平台"，其主要经营手段与经营模式是利用已订购"生意参谋"数据产品服务的淘宝用户所提供的子账户，为他人获取"生意参谋"数据产品中的数据内容提供远程登录技术帮助，从中获取商业利益。美景公司所经营的"咕咕互助平台"与淘宝公司经营的"生意参谋"数据产品，两者经营的网络服务内容及网络用户群体完全相同，具有高度重合性。

其次，关于美景公司的被诉行为是否具有不正当性。法院认为，淘宝公司对于"生意参谋"数据产品享有竞争性财产权益。基于互联网产业既有的信息共享、互联互通的特质，从有利于促进互联网产业发展出发，如果美景公司是在合法获得"生意参谋"数据产品基础上通过自己的创新劳动开发出新的大数据产品且能够给予消费者带来全新体验的，这样的竞争行为难谓不正当。但本案中，美景公司未付出自己的劳动创造，仅是将"生意参谋"数据产品直接作为自己获取商业利益的工具，其使用"生意参谋"数据产品也仅是提供同质化的网络服务。此种据他人市场成果直接为己所用，从而获取商业利益与竞争优势的行为，明显有悖公认的商业道德，属于不劳而获"搭便车"的不正当竞争行为。

（3）法院确定平台治理司法保护新模式

【典型意义】

深圳市腾讯计算机系统有限公司、腾讯科技（深圳）有限公司诉杭州科贝网络科技有限公司（简称科贝公司）、杭州海逸网络科技有限公司案[①]是首例平台管理者诉平台经营性用户不正当竞争纠纷案，也是首例界定微信生态系统经营模式及其知识产权保护角度的案件、首例仿冒微信服务投诉页面易使微信用户产生混淆的案件。[②]

【案情概述】

一、两原告能否以不正当竞争案由提起本案诉讼

首先，合同纠纷无法对其他参与该公众号或小程序经营并实施被诉行为的主体进行有效规制。

其次，将两被告行为放在整个微信生态系统中，与其对微信平台、微信用户以及其他经营者的损益一同进行综合评价，更为合理。

再次，从责任承担角度而言，若两被告侵权责任成立，不正当竞争纠纷之诉中包含的"消除影响"等责任承担方式重在对两原告的受损商誉进行补救。

最后，运用不正当竞争的侵权责任调整平台提供方与平台经营性用户关系，更有利于引导平台各类型主体遵守诚信原则和商业道德，保障网络空间中的公平市场秩序，规范网络生态系统的健康运行，从而充分保护整体竞争秩序下的经营者和消费者权益。

因此，两原告选择《反不正当竞争法》进行平台治理的新举措具有合理性和必要性，应予肯定和支持。

二、被诉行为是否构成不正当竞争行为

第一，关于被诉行为是否具有反不正当竞争法意义上的不正当性。

关于是否违反《反不正当竞争法》第六条。涉案公众号在字体、排版

---

① 《杭州互联网法院民事判决书》（2018）浙 8601 民初 1020 号。

② 《平台经营性用户因涉不正当竞争被诉 法院通过裁判确定平台治理司法保护新模式》，载微信公众号"杭州互联网法院"，2019 年 8 月 8 日。

和颜色等本有诸多组合可为选择，却采用了与微信官方投诉界面极为近似的编辑方式，更加深化了微信用户的混淆程度，系通过使用多个相关性识别元素构成一种整体性的混淆。被诉行为使部分本意向微信官方投诉的用户，未发现其实际是向涉案公众号作出投诉，拦截了部分用户向微信官方的投诉路径，在降低官方投诉频率、影响用户对微信团队信赖的同时，在一定程度上推延或阻碍了涉案公众号受监督的时间或力度，严重破坏了用户体验，明显具有不正当性。

关于是否违反《反不正当竞争法》第八条。涉案公众号在主页功能介绍、具体产品宣传、推送信息等方面以对其服务性能、功能作出引人误解的商业宣传，误导消费者，以不正当方式吸引用户点击或关注，影响用户的甄别和自由选择，获取一定的竞争优势，同时分流其他经营者的潜在用户，损害微信平台中的竞争秩序，也有悖诚信原则和该行业公认的商业道德，构成《反不正当竞争法》第八条规定的虚假宣传行为。

关于是否违反《反不正当竞争法》第二条。首先，科贝公司本不具有贷款资格，但以提供虚假文件方式伪造资格，两被告共同经营的公众号由此获取平台认证。上述行为明显违背市场主体应有之诚实信用，亦不符合金融监管的相关规定。其次，根据《微信公众平台认证服务协议》第2.8条规定，获得认证的公众号，因显示认证标志和获得更高级平台接口权限，相较于普通公众号，得到更强的竞争优势。再次，两被告实际并不具有贷款资质，消费者并未全面准确了解其选择的产品或服务的提供者信息，难以保障消费者知情权，且两被告获取认证权限却不符合认证条件，无法给消费者提供获得符合认证号质量的商品或服务，两被告在通过高级权限发送不实消息的做法可为印证，该行为损害了平台一般用户的权益。最后，因其伪造资格，提高了微信平台治理成本，同时降低了微信用户对于微信平台商誉的评价，损害了微信市场环境和交易秩序。因此，应认定该行为系违反诚信原则及商业道德，损害其他经营者和消费者的合法权益，扰乱市场竞争秩序的行为。

第二，关于两原告是否具有反不正当竞争意义上的竞争性权益。

互联网领域商业生态系统的经营模式方面，网络时代软硬件技术的发展为网络经营模式、方式的创新提供了基础，多元化的生态体系网络（商业生态系统）经营模式渐为普及。商业生态系统中的主体以合作和竞争的方式共同进化与持续创新，开发的新产品不断满足消费者需求。互联网环境下的市场主体通过创新经营模式，逐渐打造出互联网领域的商业生态系统，营造出由网络平台提供经营场所和众多支撑服务的动态结构系统。因此，互联网领域商业生态系统所带来的经营模式符合相关法律规定，形成的商业利益和竞争优势依法受法律保护。

微信生态系统的经营模式是否受反不正当竞争法保护方面，自由市场允许以及鼓励经营者在相同或不同的经营模式下充分竞争，因此单纯就经营模式而言，通常不受法律垄断性保护，但正当经营模式带来的商业利益或竞争优势依法受到保护。当某一商业模式给经营者带来一定的商业利益和竞争优势，他人不得以不正当竞争方式损害其正当利益，反不正当竞争法通过禁止破坏该商业模式的不正当竞争行为的方式对其予以保护。

两原告对微信生态系统是否具有竞争性权益方面，微信生态系统中，庞大的微信用户基础和经营者基础是微信平台重要的商业资源。微信用户和经营者的数量与质量以及两者之间的交互活跃度、公平的市场竞争环境等均是微信平台生态优势的重要指标。系统内用户负面影响的增加或参与程度下降，可导致系统内部出现重大变化，降低性能，形成负面评价，最终导致用户流失，失去相对其他服务的竞争优势。

第三，关于两原告是否因涉诉行为遭受损害。

本案中，涉诉行为给两原告造成的损害正是基于对上述微信生态系统所形成的竞争优势的破坏。其中，伪造贷款资质文件，其行为具有违法性和可责性；其通过不正当方式争取比其他诚实正当的经营者更多的交易机会，违规吸引流量，损害其他经营者和消费者权益，同时破坏微信平台竞争的公平性，易导致微信用户流失；虚假宣传行为，以不实陈述损害微信平台消费者用户的权益，影响用户的微信服务体验，以虚假信息获取优势，不当攫取其他经营性用户的商业机会，进而对微信平台经营和商誉造成影响；仿冒微信"投诉"界面，导致消费者在投诉后却得不到微信团队的官方回复，不仅直接损害了投诉消费者的合法权益，降低了其对微信平台及服务的信赖度和评价，同时阻断了微信平台与用户沟通的桥梁，致使微信团队对此类违法违规公众号处理的迟延，进而损害了两原告凭借投诉服务完善平台建设的路径。

第四，关于竞争关系分析。

本案双方系平台提供者与平台经营性用户，两者之间虽从事不同行业，不具备直接竞争关系，但两被告经营所处的平台系两原告经营维护的对象，两被告通过种种不正当方式，不恰当借助对方的经营资源，在获取自身竞争优势的同时，损害平台、消费者和其他经营者的利益，破坏的是微信平台的正常竞争机制和运行秩序，这既是两原告的竞争优势所在，亦是反不正当竞争法所要保护的市场秩序的重要组成。因此，两被告以不正当方式获取竞争优势的同时损害了平台提供方竞争优势的行为，属于反不正当竞争法规定的不正当竞争行为。

（4）不当获取数据库信息纠纷

【典型意义】

杭州 A 科技公司、杭州 B 科技公司与被告浙江 C 网络科技公司不正当竞争纠纷案中，针对目前的数据库信息市场提出三个问题：第一，互联网网站能否基于自身经营所收集、整理的用户数据库信息主张权利。目前能够达成共识的是，数据就是一种财产，是一种利益，是可以被保护的，互联网网站可以在用户同意的情况下，基于自身经营活动，就收集并进行商业性使用或具有商业价值的用户数据库信息主张权利。第二，是否构成互联网不正当竞争行为需要综合考虑同行业竞争者、网络用户和社会公众的利益。第三，账号密码与身份认证信息高度相关，其产生的财产性权益具备计算机信息系统数据的法律属性，相关权益应属平台。[①]

【案情概述】

一、涉案侵权行为是公司行为还是个人行为

《侵权责任法》第三十四条规定："用人单位的工作人员因执行工作任务造成他人损害的，由用人单位承担侵权责任。"

就本案而言，涉案会员账户登录访问的时间和地点显示被告员工是在不同时间使用不同的品牌会员账户进行登录、访问"女装网"经销商数据

[①] 《"撞库"还是"拖库"？——一起不当获取数据库信息引发的不正当竞争纠纷案》，载微信公众号"杭州互联网法院"，2019 年 10 月 31 日。

库的，且日常登录时间多为工作日的正常工作时间。登录使用的四个 IP 地址段也均为被告专有。

从两名员工实施涉嫌侵权行为与职务是否有内在联系来看，两名员工本身为客服人员，其二人在工作期间和公司办公场所使用客户账户和密码登录网站获取信息，是利用职务之便实施，与其本身工作性质和内容密切相关，应属于职务行为。

从涉案被控侵权行为的行为表现及利益指向来看，登录达上千余次的持续性登录过程中，访问、登录使用的均是被告所属的 IP 地址，且行为指向最终的利益归属均为被告。

二、涉案侵权行为是否构成不正当竞争

第一，关于原告是否享有反不正当竞争法所保护的权益。

两原告举证证明其通过宣传推广吸引经销商在"女装网"发布非公开的加盟意向，两原告在众多简要信息的基础上，通过人工审核方式深度核实并获取更多的加盟信息，再进行分析及整合，加贴特殊标签，最终加工形成较为完善的加盟信息。两原告认为单个的经销商数据库信息汇集成一定规模的数据之后，可以成为一种资源、要素、财产，涉案经销商数据库是两原告长期经营的劳动成果，为此投入劳动及成本，系其核心竞争资源，具有商业意义和商业价值，应当属于《反不正当竞争法》所保护的财产性权益。

关于会员账号及密码权属的定性及权利主体的确定，法院认为，会员账号及密码使用权虽然归属用户，但账号所对应的经销商数据库的财产性权益应当属于平台，且涉案经销商数据库中数据内容虽然来源于意向加盟商，但经过两原告的深度开发已不同于普通的客户信息。

第二，关于涉案侵权行为是否具有不正当性。

本案涉及三种侵权行为：一是获取、使用杭州 A 科技公司、杭州 B 科技公司企业会员在"女装网"的账号及密码的侵权行为；二是访问企业会员后台页面的侵权行为；三是访问企业会员后台，查看、获取、使用经销商数据的侵权行为。

从上述三种涉案侵权行为的方式和手段分析。被告通过其注册并经营的"中服网"，获取了客户 24 个会员账户及密码。随后，被告利用上述账户和密码，不断尝试登录"女装网"，成功后，随即查看、获取、使用涉案经销商数据库信息。而该"女装网"的登录密码和经销商数据库系经两原告加密处理而成的。在被告无法证明其获得客户授权而登录"女装网"的情形下，结合涉案 24 个账号在"女装网""中服网"的 ID 不完全一致的事实，法院认为，被告系通过不正当手段登录并获取案涉数据信息，其行为手段和方式具有不正当性。

从涉案被控侵权行为目的和后果分析。被告以不正当的手段获取涉案经销商数据后，在涉案两个网站提供服务同质化的情况下，主观上具有"搭便车""不劳而获"的故意，导致的直接后果就是两原告客户群的流失和商业合作机会的减少，而被告攫取了不正当的财产性权益，故被控侵权行为不仅是一种牟利性的商业行为，更具有明显的指向性。

从涉案被控侵权行为是否违反诚实信用原则和公认的商业道德分析。首先，涉案经销商数据库具有积极的效果，当互联网服装行业的品牌方会员通过网站获取所需信息时，不仅可以直观获取意向加盟商的详细信息，还可以了解加盟商对于相关服装品牌的喜好，涉案经销商数据库高效率地提升了品牌方会员的用户体验，丰富了会员选择，具有积极效果。其次，被告不正当地超出必要限度使用涉案经销商数据信息，实质性替代了两原告在服装网站上给品牌方会员提供的服务，给"女装网"带来负面评价及商誉上的损失，影响了竞争行为正当性的判断。

第三，关于原、被告双方是否属于竞争关系。

本案中的涉案经销商数据库属于正当经营模式，两原告及被告注册并经营"女装网""中服网"均是以提供优质的精准经销商资料为卖点，进而向企业会员收费的盈利模式，两者属于同业范畴，且两者在为经销商和品牌方提供的服务模式上近乎一致，本质上是在争夺相同的经销商和品牌方这一用户群体。在原、被告双方的商业模式、企业定位、用户群体具有高度重合性且存在争夺相同用户资源和交易机会的情形下，应认定双方在互联网服装领域具有直接竞争关系，被告使用不正当手段登录、使用和获取涉案经销商数据库应纳入反不正当竞争法规制的范围。①

---

① 《"撞库"还是"拖库"？——一起不当获取数据库信息引发的不正当竞争纠纷案》，载微信公众号"杭州互联网法院"，2019 年 10 月 31 日。

9. 网络侵权纠纷

（1）网络信息再传播行为的侵权边界

【典型意义】

赵某、杨某、吴某锋等名誉权纠纷案①界定了网络信息再传播行为的边界。网络用户转载网络信息应当予以注意。第一，应区分转载信息内容的属性，是属于事实性陈述，还是属于意见性评论，不同于事实陈述可证其"真""假"，对评论的评判在于是否公允、恰当。在现代社会，通过网络检索资料已成为公众获取信息的重要来源，公民据此信息发表评论，相关言论只要谦抑、有度，公允、恰当，不是恶意贬损他人，相关主体即应保持必要的容忍。第二，应区分转载信息针对的主体和事件属性，以普通公众、私人事件为主要内容的网络信息，转载者在转载过程中应尽的注意义务应高于以公众人物、公共事件为主要内容的网络信息。第三，转载者在转载过程中应尽到事前的审核义务及事后的注意义务。事前注意义务包括：转载者对所传播消息来源的正当性和内容的合理可信性、合法性尽善良管理人之注意义务，排除正常人的合理怀疑；对消息来源无法确性、无法证实，但确有合理理由需再传播，传播者至少在转载过程中应对其传播消息的不确定性进行特别说明。事后注意义务是指转载者发现转载的信息可能涉嫌侵害他人权利时，应立即进行删除，通过抑制进一步传播范围进行补救。第四，应区分转载者的传播角色属性和审核能力。对于履行确认消息真实性义务的要求也应根据行为人的传播角色属性和能力予以区别对待，强行要求每一位信息传播者遵循专业的新闻传播职业标准显然不合理，转载者传播影响力越大，应推定其的判断能力就越高，且这种判断能力不能低于社会普通公众对同一问题的认识水平。②

【案情概述】

杨某等六名被告在网络上撰写、发表、转载案涉文章的行为是否及如

---

① 《杭州互联网法院民事判决书》（2018）浙 0192 民初 397 号。
② 《恶意转载评论被诉 法院通过裁判界定网络信息再传播行为的侵权边界》，载微信公众号"杭州互联网法院"，2019 年 7 月 10 日。

何构成对赵某名誉权、隐私权的侵害？

以下仅就吴某锋、陈某荣、金某、赵某、胡某华转载文章、图片及发表评论性言论的行为是否构成对赵某名誉权、隐私权的侵害进行认定。

关于吴某锋、陈某荣、赵某三人转载《杨文》是否构成名誉侵权的问题。吴某锋等三人转载《杨文》行为符合侵害名誉权构成要件中的侵害名誉权的违法行为、侵害名誉权的损害事实、因果关系三要件，理由已在杨某问题一节评述，此处不再赘述。但对于吴某锋等三人转载行为是否具有主观上的过错，吴某锋等三人提出了抗辩，一方面认为其系行使法定言论自由权，另一方面认为已尽到相关转载注意义务，因而不存在主观过失，不构成侵权。法院认为，将网络信息作为大众消息来源进行传播并无不可，但在传播内容不涉及公共利益评判，仅关涉公民私人事务时，需要格外谨慎。由于网络的消息传播进入点低，参与者不一定是具有专业素质、能够自觉遵守传播规则的专业人士，在这种技术现实下，强行要求每一位信息传播者在对网络信息再传播时确保消息的完全真实，并不现实，也不利于信息的普及。但这种有条件的放松并不是默认虚假信息，特别是仅涉及公民私人事务的信息可以在互联网上任意流传。无论在何种传播模式下，公民享有的通过客观的事实基础获得相应社会评价以及维护个人名誉的权利必须得到保护。鉴于此，对单纯的网络信息进行再传播，传播者至少应尽到以下注意义务，方可援引"重复传播"的免责抗辩，表明行为不具有主观上的过失：①对所传播消息来源的正当性和内容的合理可信性、合法性尽善良管理人之注意义务，排除正常人的合理怀疑；②对消息来源无法确性、无法证实，但确有合理理由需再传播，传播者至少在转载过程中应对其传播消息的不确定性进行特别说明，如可以在标题上明确标注内容为谣传，以此坦白自己对事实真实性求证乏力，提请读者注意；③发现转载的信息可能涉嫌侵害他人权利时，应立即进行删除，通过抑制进一步传播范围进行补救。本案中，吴某锋、陈某荣、赵某所转载的《杨文》在内容性质上属于私人事务，并不关乎公共利益评判，故对相应转载者的注意义务标准应更高，以尽量维持与个人权益保护之平衡。从消息来源、内容的合理可信度分析，吴某锋等三人转载的文章并非源自权威渠道，而系源自内容良莠不齐的网络论坛，普通公众对此种文章内容的真实性通常保持有必要的戒备心；同时，文章内容亦具有较强的倾向性，包含很强的情感因素，通篇仅陈述一种观点、一方声音，不同于一般陈述性文章的客观、中立及平和，在来源不确定的情况下，文章内容的真实可信度通常难以得到保障，吴某锋等三人对此文章进行转载不能说已尽到了来源正当、内容可信的注意义务。从是否尽到必要提醒义务分析，在对消息来源无法确性、内容真实性无法证实的情况下，吴某锋等三人在转载文章的过程中也未进行合理的说明，以提醒读者注意其所转载文章的真实性不能确证，需读者自行斟酌判断。此外，陈某荣在明知转载的原文已被网站删除，文章可能涉嫌侵害他人权利时，仍将自己截屏保存的《杨文》进行再次传播，很难说其不具有主观的过错。综上，吴某锋等三人在对《杨文》进行转载的过程中未尽到必要的注意义务，存在有主观上的过失，依法构成对赵某名誉权的侵害。

关于金某针对《杨文》所涉事件发表评论及陈述是否构成名誉侵权的问题。意见评论的本质在于表达个人立场、确信及见解，不同于事实陈述可证其"真""假"，对评论的评判在于是否公允、恰当。在现代社会，通过网络检索资料已成为公众获取信息的重要来源，公民据此信息发表评论，相关言论只要谦抑、有度，公允、恰当，不是恶意贬损他人，相关主体即应保持必要的容忍。金某对《杨文》中关涉学术造假部分的评论，使用"是否有造假情况"的语词即表明了其对《杨文》事实陈述保持怀疑的态度，以此提醒读者注意，其评论是建立在不确定的事实基础之上；其使用"如果属实"的语词表明其后续的评论是建立在假设事实属实的基础之上，读者阅读时也能知晓其用意，故金某言论中关于学术造假的评论部分，言论谦抑、有度，属于合理评论，不构成名誉侵害。但金某言论中尚包含有对事实陈述的内容，即"女方一直没有让他（杨某）同住，除了拍婚纱照有过牵手拥抱，其他没有什么过多的亲密接触"，此陈述与知乎讨论主题原文遥相呼应，事实上为原文描述的赵某"骗婚"提供了佐证，既不真实，也降低了对赵某的人格评价，特别是金某为了表明其前述言论的可靠性，还配文转载了网络流传的相关图片，但在无从确保图片来源、内容真实的情况下，更易造成对他人的误导，故而构成对赵某名誉权的侵害。至于金某在作出上述事实陈述后，备注"这些都是邮件短信中判断的，当然我们外人不好乱下结论"，仅表明金某不具有主观上的故意，但不能说明其在发表言论、转载图片时不具有主观上的过失。

关于胡某华是否构成对赵某名誉权、隐私权侵害的问题，考虑到案涉微信公众号并非胡某华控制、运营，涉案公众号上的文章亦非其撰写、发表，其对相关文章的发表、内容均不知情，且此文章在短时间内已被网络运营商删除，因此也难以认定胡某华作为公众号名义注册人未尽到监管责任，故胡某华在本案中尚不符合侵权行为的构成要件。

（2）涉英烈保护互联网公益诉讼案

【典型意义】

公益诉讼起诉人杭州市西湖区检察院诉被告瞿某某侵害烈士董存瑞、黄继光名誉权两案中，通过司法手段保护英烈的合法权益，传承爱国主义精神，弘扬社会主义核心价值观，是全面贯彻落实习近平总书记提出的"更好构筑中国精神、中国价值、中国力量，为人民提供精神指引"的必然要求。杭州互联网法院应用互联网司法新模式，坚持从严保护原则，旗帜鲜明地维护英雄形象，进一步激发了人民群众的爱国情怀。①

【案情概述】

法院经审理后认为，英雄烈士是国家的精神坐标，是民族的不朽脊梁。英雄烈士董存瑞在"解放战争"中舍身炸碉堡，英雄烈士黄继光在"抗美援朝"战争中舍身堵枪眼，用鲜血和生命谱写了惊天动地的壮歌，体现了崇高的革命气节和伟大的爱国精神，是社会主义核心价值观的重要体现。任何人都不得歪曲、丑化、亵渎、否定英雄烈士的事迹和精神。

被告瞿某某作为中华人民共和国公民，应当崇尚、铭记、学习、捍卫英雄烈士，不得侮辱、诽谤英雄烈士的名誉。其通过网络平台销售亵渎英雄烈士形象贴画的行为，已对英雄烈士名誉造成贬损，且主观上属明知，构成对董存瑞、黄继光的名誉侵权。同时，被告瞿某某多年从事网店销售活动，应知图片一经发布即可能被不特定人群查看，商品一经上线便可能扩散到全国各地，但其仍然在网络平台发布、销售上述贴画，造成了恶劣

---

① 《当庭道歉！首例在线审理的涉英烈保护互联网公益诉讼案今日宣判》，载微信公众号"杭州互联网法院"，2019年11月19日。

的社会影响，损害了社会公共利益，依法应当承担法律责任。

英雄烈士的名誉神圣不可侵犯。对侵犯英雄烈士名誉的行为，英雄烈士的近亲属可以依法向人民法院提起诉讼。英雄烈士没有近亲属或者近亲属不提起诉讼的，检察机关依法对侵害英雄烈士名誉、损害社会公共利益的行为向人民法院提起诉讼。两案中，董存瑞近亲属未提起诉讼，黄继光侄子向西湖区人民检察院出具声明表示对该侵权行为不起诉，并说明黄继光已无近亲属在世。经西湖区人民检察院公告，董存瑞、黄继光均无近亲属提起诉讼，故西湖区人民检察院作为公益诉讼起诉人主体适格，程序合法。瞿某某系通过网络平台销售案涉贴画，应属杭州互联网法院管辖。西湖区人民检察院要求被告瞿某某停止侵权，并在国家级媒体公开赔礼道歉，消除影响，于法有据，应予支持。①

（3）网络域名权属、侵权诉讼

【典型意义】

原告李某与被告意大利博浦盟银行股份公司（Banco BPM Società per Azioni，简称博浦盟银行）网络域名权属、侵权纠纷案是杭州互联网法院审理的首例因域名持有人不服国际域名争议解决机构的裁决而提起的诉讼。随着互联网的普及和电子商务的发展，域名的商业价值不断凸显，域名已不再仅仅是 IP 地址的外部代码，它给现代社会提供了更多的信息便利。但也因其唯一性、稀缺性、国际性，不可避免地产生了恶意抢注、域名变造、反向域名侵夺等新类型侵权问题，面对域名侵权，权利人应当准确对侵权行为进行评估判断，并合理选择维权途径，以维护自身合法权益。该案探索通过发挥互联网法院专业审判的机制作用，打击恶意抢注国际域名行为，有助于率先探索国际域名司法保护规则，切实为中外当事人提供平等保护。②

【案情概述】

第一，关于博浦盟银行对涉案域名"bpm""banco"部分是否享有合

---

① 《当庭道歉！首例在线审理的涉英烈保护互联网公益诉讼案今日宣判》，载微信公众号"杭州互联网法院"，2019 年 11 月 19 日。

② 《不服 WIPO 判决？今天杭州互联网法院宣判了！》，载微信公众号"杭州互联网法院"，2019 年 12 月 18 日。

法权益。

米兰人民银行有限责任合作公司一直使用 BPM 作为简称，并在李某注册涉案域名前，注册了以 bpm 为主体的域名，因 "BPM" 这个名称而为公众知晓。

意大利人民银行有限责任合作公司于 2007 年在北京、上海成立了分支机构，一直使用 BANCO POPOLARE 作为简称，在李某注册涉案争议域名前，注册国际商标 BANCO POPOLARE（指定保护国家包括中国），与米兰人民银行有限责任合作公司合并之后，上海代表处也更名为博浦盟银行上海办事处。博浦盟银行承继了米兰人民银行有限责任合作公司和意大利人民银行有限责任合作公司的域名、商标、企业名称等在先权利，故其对涉案域名 "banco" "bpm" 部分享有相应的合法权益。

第二，关于涉案域名与博浦盟银行的含有 "bpm" "banco" 字样的在先权利是否存在混淆，是否足以造成相关公众的误认。

涉案域名主体由 "banco" "bpm" 构成，与博浦盟银行享有相应合法权益的含有 "banco" "bpm" 的域名、商标、企业名称等在先权利构成混淆，且包含了被告持有的域名 "bpm. it" "gruppobpm. it" "bancopopolare. it" "gruppobancopopolare. it" 的主要部分 "bpm" 和 "banco"，足以造成相关公众的误认。

第三，关于李某对涉案域名是否享有权益，有无注册、使用该域名的正当理由。

李某诉称，注册涉案域名是因为 "斑蔻碧佩茉" 是其在中国创立的时装品牌，bancobpm 是斑蔻碧佩茉音译。法院认为该解释不符合常理，且李某未能举证证明涉案域名指向的网站具有一定的商业推广价值或被用于善意提供商品或服务，也未能证明其在涉案域名注册之前曾以 "bpm" 为标识售卖产品、提供服务或从事其他商业行为。故博浦盟银行抗辩称李某对涉案域名不享有权益，也无注册、使用该域名的正当理由，予以支持。

第四，关于李某对涉案域名的注册是否具有恶意。

米兰人民银行有限责任合作公司与意大利人民银行有限责任合作公司合并的消息经互联网公布后不久，李某即注册了涉案域名。涉案域名所指向的网站实际上并没有使用。另自 2016 年以来，李某申请注册了大量域名，部分域名所留邮箱显示为 yumingchushou5（域名出售），故博浦盟银行抗辩称李某对涉案域名系恶意抢注，予以支持。[①]

10. 首例在线审理的互联网民事公益诉讼案

【典型意义】

公益诉讼起诉人杭州市拱墅区人民检察院与被告李某某、刘某某侵害消费者合法权益互联网民事公益诉讼案[②]是首例在线审理的互联网民事公益诉讼。

消费领域的社会公共利益一般为人数众多且不特定的消费者共同利益，该利益具有社会公共利益属性。公益诉讼起诉人在消费民事公益诉讼中既可以探索提出损失赔偿的诉讼请求，也可以探索提出惩罚性赔偿的诉讼请求。对众多难以确定具体身份的消费者权益造成的损害，可视为已转化为对不特定公共利益的损害。[③]

【案情概述】

第一，关于本案主体是否适格问题。

杭州市拱墅区人民检察院在办理辖区内刑事案件的过程中发现两被告通过互联网向众多消费者销售有毒、有害的食用产品，其中大量产品通过互联网销售流向市场且难以核查确定消费者主体身份，对不特定社会主体利益构成侵害。经杭州市拱墅区人民检察院履行法定的公告程序后，没有法律规定的机关和有关组织提起公益诉讼，此时，由公益诉讼起诉人提起本案诉讼，符合法律规定，故杭州市拱墅区人民检察院以公益诉讼起诉人身份提起本案诉讼主体适格，法院予以支持。

第二，关于本案两被告行为是否侵害社会公共利益的问题。

首先，经两被告销售流向市场且无销售记录的减肥胶囊产品对消费者

---

① 《不服 WIPO 判决？今天杭州互联网法院宣判了！》，载微信公众号"杭州互联网法院"，2019 年 12 月 18 日。

② 《杭州互联网法院民事判决书》（2019）浙 0192 民初 5464 号。

③ 《首例在线审理的互联网民事公益诉讼案今日宣判》，载微信公众号"杭州互联网法院"，2019 年 9 月 5 日。

所造成的侵害，客观上已难以对受侵害主体进行特定化，或特定化所需付出的成本将远超出收益本身，对此种难以特定化或特定化将付出极大成本之权利救济，客观上已经超出了对某个具体的个人利益保护，具有明显的公益性；其次，经营者生产、销售不符合食品安全标准的食品，既会对购买、消费该食品的特定消费者群体个人造成私益权利的侵害，也会对不特定社会主体的公共利益、公共秩序等造成损害；再次，案涉不符合食品安全标准的产品其危害是慢性的且有潜在性，通常不会对食用者造成急性的损害，且消费支出的金额不高，在类型上可纳入消费类小额分散性侵害，在此种侵害类型中，受害人尽管根据实体法享有赔偿请求权，但由于被侵害数额很小，基于成本与收益的权衡，不提起诉讼是多数人的理性选择，由此会造成消费侵权者的民事侵权责任落空，长此以往违法经营者违法成本外部化，并转由全社会进行分担，此时通过公益诉讼发挥的并非私益损失填补功能，而是发挥威慑效果和司法的指引功能，遏制潜在的违法行为，将违法经营者违法成本内部化。

综上，两被告通过互联网向不特定消费者销售含有有毒、有害物质的食品，属于对人数众多且不特定的消费者共同利益的侵害，已构成对食品消费领域社会公共利益的侵害，依法应承担相应的民事侵权责任。结合本案查明的事实来看，两被告正是利用了互联网信息技术、交易平台的虚拟性、延伸性、超地域性等特性，从事违法经营活动、逃避监管并放大经营活动的范围和影响，其行为也必然扰乱互联网电商交易秩序，将违法成本转嫁给网络消费购物者，使得网络消费购物成本急剧攀升，故本案属于互联网公益诉讼。

第三，关于损失赔偿问题。

首先，公益诉讼起诉人在消费民事公益诉讼中针对不特定主体的纯粹公共利益、公共秩序损失可以探索提出损失赔偿的诉讼请求。公益诉讼起诉人提起的公益诉讼，赔偿请求所涉及的损失是社会消费领域集合性、公益性的利益损失，是整个消费领域公共利益的抽象性损失，具有不可分性，该损害赔偿请求是以整个公共利益的抽象损失为基础衡量的；通过公益性的损害赔偿诉讼请求获得的赔偿，最终归于全社会的消费者而非某特定消费者个人。

其次，公益诉讼起诉人在消费民事公益诉讼中针对违法经营者生产、销售不符合食品安全标准产品造成社会公共利益受损失的，可以探索提出惩罚性赔偿的诉讼请求。

最后，对众多难以确定具体身份的消费者权益造成的损害，可视为已转化为对不特定公共利益的损害，被告应承担相应公共利益损害的赔偿责任。

至于本案赔偿款的归属问题，法院认为，民事公益诉讼为保护社会公共利益而提起，诉讼利益亦归于社会公共利益，公益诉讼起诉人代表消费领域公共利益提起诉讼，诉讼所获赔偿款亦应归于消费公益领域，直接服务于消费领域公共利益，故本案赔偿款本应直接进入依法成立的特定的消费公益基金，专门用于消费者公共利益的维护等公益活动。但鉴于本案公益诉讼起诉人未能向本院就前述特定的消费公益基金是否已经成立等情况予以具体说明，赔偿款无法直接确定进入特定的消费公益基金，故本案赔偿款可由公益诉讼起诉人代领后，暂上缴国库保管。

（二）北京互联网法院典型案例综述

1. 网络购物合同纠纷

（1）退货退款后主张惩罚性赔偿能否获法院支持

【典型意义】

林某源诉北京云山瑞贡商贸有限公司（简称云山公司）网络购物合同纠纷案①分析了退货退款后主张惩罚性赔偿的法律问题。在云山公司仅同意退货退款、不同意赔偿的情况下，林某源并未向云山公司提出异议，反而将货物退回并接受了退款，应当认定为已接受退货退款的纠纷解决方案，因此其与云山公司的纠纷已经解决。在退货退款之后，买受人又基于与协商解除合同时赔偿损失相同理由起诉要求出卖人赔偿损失的，且未针对解决纠纷协议的效力提出异议，不应得到支持。特别是主张惩罚性赔偿，由于退货退款已完成，买受人不存在直接损失，亦已丧失该项赔偿请

---

① 《北京互联网法院民事判决书》（2018）京 0491 民初 1002 号。

求权的基础。①

【案情概述】

法院认为，当事人协商一致，可以解除合同。合同解除后，尚未履行的，终止履行；已经履行的，根据履行情况和合同性质，当事人可以要求恢复原状、采取其他补救措施，并有权要求赔偿损失。本案中根据林某源的陈述，其在收到云山公司所发茶叶后即发现产品外包装存在问题并向行政主管部门举报，提出退货退款并赔偿损失的要求，说明其对于解决纠纷的意思表示以及具体解决方案是明确的。在云山公司仅同意退货退款、不同意赔偿的情况下，林某源并未向云山公司提出异议，反而将货物退回并接受了退款。林某源的上述行为应当认定为已接受退货退款的纠纷解决方案，因此其与云山公司的纠纷已经解决，双方均应当遵循诚实信用原则，不再因该纠纷向对方主张权利。现林某源在退货退款近一年后又基于相同理由要求云山公司进行赔偿，其未针对上述解决纠纷协议的效力提出异议，基于退货退款的事实亦已丧失惩罚性赔偿的基础，因此林某源的诉讼请求缺乏依据，法院不予支持。

（2）因伪造证据制造管辖连接点被驳回管辖主张案件

【典型意义】

闵某与佛山市高明区聚美味快餐店网络购物合同纠纷案②是一起伪造证据制造管辖连接点的案件。据统计，在北京互联网法院受理的网络购物案件中，占82.6%的案件收货地为唯一管辖连接点，其中，大部分案件原告住所地与收货地不一致。经调查，有原告通过捏造虚假地址、填写公共地址、填写代收点等中转地址、不同原告共享同一收货地址等方式人为制造北京为收货地的管辖连接点。根据数据显示，北京互联网法院自成立以来，申请网络购物案件数呈高速递增状态，每月增长比例高达20%，远超过纠纷产生的自然增长率。原告人为"拉管辖"的行为，将导致被告管辖利益受损，严重情况下，将导致案件不均衡地流向部分法院，导致部分法

---

① 《林志玲肖像、姓名权纠纷等案件今日宣判》，载微信公众号"北京互联网法院"，2018年12月27日。

② 《北京互联网法院民事判决书》（2019）京0491民初16308号。

院案件过度挤压和正常分布的司法资源失衡，影响正常的审判秩序。

根据《民事诉讼法》规定，对于立案后法院发现不符合起诉条件的，应当裁定驳回起诉，立案登记制形式审查与立案后围绕管辖问题依职权进行实质审查并不冲突。立案后，对依职权或依申请审查发现，当事人管辖依据的事实不真实或系人为故意制造的，构成滥用诉讼权利，对该程序事实应不予认定，进而对当事人该项管辖主张不予支持，并可视情况，根据《民事诉讼法》第十三条诚实信用原则和妨害民事诉讼行为的具体情形予以相应制裁。①

【案情概述】

法院经审查认为，《民事诉讼法》第二十三条规定："因合同纠纷提起的诉讼，由被告住所地或者合同履行地人民法院管辖。"《最高人民法院关于适用〈中华人民共和国民事诉讼法〉的解释》第二十条规定："以信息网络方式订立的买卖合同，通过信息网络交付标的的，以买受人住所地为合同履行地；通过其他方式交付标的的，收货地为合同履行地。合同对履行地有约定的，从其约定。"本案系以信息网络方式订立的买卖合同，并以邮寄方式交付标的物，故收货地可作为合同履行地。

闵某以收货地在北京市丰台区长辛店镇张郭庄村村西家和公寓华联生活超市为由，主张本案由北京市丰台区辖区法院管辖。在本案中，经法院询问，闵某明确表示其在收货期间居住在家和公寓，并提交其与北京红果羽嘉物业管理有限公司签订的租赁合同予以证明，该合同显示租赁期间为2019年2月10日至2020年2月10日，租赁地点为丰台区长辛店镇张郭庄村家和公寓 F111 号房屋。

但是经法院核查，根据北京红果羽嘉物业管理有限公司提交的租赁合同，公寓 F111 号房屋在上述期间的租赁者另有其人。经法院再次向闵某询问，并责令其说明理由，闵某称，其在收货期间并未居住在上述地址，为应付法院核查收货地事宜，在其经他人获取的北京红果羽嘉物业管理有限公司空白合同上添加其租赁信息，向法庭出具伪证，并向法庭作出其在

---

① 《维护诚信诉讼 因伪造证据制造管辖连接点被驳回管辖主张》，载微信公众号"北京互联网法院"，2019年7月18日。

上述地址居住的虚假陈述，实际上，其现居住在西安市。另查，闵某在多起诉讼中以食品存在安全问题为由主张十倍索赔。

法院认为，通过信息网络形式订立的买卖合同通常存在被告住所地确认难、履行地确认难问题，《民事诉讼法解释》第二十条的立法初衷系解决上述难题，故以方便确定、便利诉讼为原则，作出"通过其他方式交付标的的，收货地为合同履行地"的规定，从而便于当事人明确管辖，保护合同相对人的合法权益。但是，当事人进行民事诉讼应当遵循诚实信用原则，不得滥用诉讼程序权利，通过不诚信的诉讼行为人为制造管辖连接点，使本没有管辖权的法院取得管辖权。

闵某在多起诉讼中以收货地在北京为由主张北京市辖区内法院管辖，但为人为制造收货地在北京的事实，伪造管辖相关证据，妨碍人民法院审理案件，并向法庭作出虚假陈述。据此，原告关于涉案商品收货地在北京的事实，法院不予认定，其基于该事实对管辖为北京的相应主张，法院不予支持。本案中，被告的经营场所已然确定，因此，应当由被告住所地人民法院管辖。

（3）"限时免单"是否以付款时间为准

【典型意义】

张某新与周某华网络购物合同纠纷案①是由于网络卖家"限时免单"活动引发的。①该案明晰了限时免单规则的法律性质。平台内经营者在网上店铺中制定并公布限时免单规则，在网络购物合同成立并生效前，属于平台内经营者要约的组成部分。在双方购物合同成立并生效后，限时免单规则成为双方购物合同的约定条款，系双方购物合同的组成部分，对当事人双方具有约束力。关于限时免单的约定条款属于附条件履行合同义务的条款，一旦消费者符合免单规则的要求即条件成立，则免除消费者该单货款是销售者须履行的合同义务。②该案明确了限时免单活动中商家不按照其制定的免单规则履行时应承担的责任。平台内经营者为销售商品或服务的需要，制定并公布限时免单规则，如果商家未按照其公示的规则确定被免单人，对于符合免单规则的消费者构成违约行为，应当承担违约责任，

---

① 《北京互联网法院民事判决书》（2019）京 0491 民初 3463 号。

退还消费者购货款。①

【案情概述】

第一，关于涉案限时免单活动的法律性质。被告在其涉案的淘宝店铺销售产品时，通过店铺公示规则的方式开展限时免单活动，消费者在指定的整点下单购买店铺产品符合免单规则的，可以享受免单的优惠。首先，从电子商务平台中网络购物的交易过程考量，平台内经营者将其销售的商品信息发布在店铺内，如果该信息具备了商品名称、商品基本信息介绍、价格等内容，应视为符合《合同法》中关于要约的规定，当经营者举办限时免单活动并发布免单规则，对于符合免单规则的消费者给予免单优惠，此免单规则系经营者向消费者作出的要约的组成部分。其次，消费者可以享受免单待遇的前提是选择需要购买的商品提交并生成订单，此时销售者购买商品的购物合同已经成立并生效。原告在活动期间下单并付款，双方之间的购物合同成立并生效，免单规则则成为双方购物合同的约定条款，对双方当事人具有约束力。最后，关于限时免单的约定条款属于附条件履行合同义务的条款，当消费者符合免单规则的要求时即条件成立，则免除消费者该单货款是被告须履行的合同义务。

第二，关于如何认定本案被告制定的限时免单规则。被告对于原告下单时间和付款时间没有争议，原告认为其下单前已经咨询过被告客服，是按照付款时间在先者为准，但得知实际被免单者并非原告时，再次询问被告客服并取得该被免单者的订单信息，显示该被免单者和原告下单时间一致，但付款时间在后。一方面，根据原告提交的限时免单活动的公示截图，其中并未标识下单优先还是付款优先，其询问被告客服以后，得知为付款优先，此时被告客服的答复应视为代表被告对消费者进行的答复，已经完成初步举证责任。被告虽然提交了带有"整点下单第一位免单"字样的网页截图，但原告不认可该截图的真实性且无法确认是原告参与涉案免单活动时的被告公示规则的截图，被告应承担举证不能的责任。另一方面，被告辩称其涉案的限时免单活动系根据淘宝网的计算数据得出的排名

---

① 《"限时免单"是否以付款时间为准 淘宝店家一审被判承担违约责任》，载微信公众号"北京互联网法院"，2019 年 8 月 22 日。

确定的被免单资格，但第三人淘宝公司明确表示并未参与涉案活动，故被告并无证据证明原告的下单时间晚于实际被免单者。综上，原告参加涉案限时免单活动时的规则应为在整点下单的消费者中，以付款在先者为被免单者。

第三，关于被告之行为是否应当承担法律责任。根据原告提交的证据，可以证明其在 2017 年 12 月 12 日限时免单活动中设定的规则为实际付款为准，而原告的付款时间确实在先。同时，即使按照被告主张的下单时间优先的规则，从订单显示来看，原告的下单时间亦与实际被免单人一致，被告未能提交证据证明原告的下单时间晚于实际被免单人。综上，原告在购买涉案产品时参与被告的限时免单活动，在原告付款时间在先的情况下，被告未按照规则认定其为被免单人，属于违约行为，故原告要求被告退还贷款的行为于法有据，法院予以支持。

2. 网络服务合同纠纷

（1）"去哪儿网"系列案件（一）

【典型意义】

杨某明与北京趣拿信息技术有限公司（简称趣拿公司）网络服务合同纠纷案[1]反映出趣拿公司服务中的严重瑕疵。作为平台经营者，应当发挥自身优势，积极改善服务、延伸服务，在最大程度上对消费者权益进行保护，避免因信息不对称、平台服务不到位造成的消费者权益被损害的事件再次发生。[2]

【案情概述】

经营者应当保证在正常使用商品或者接受服务的情况下其提供的商品或者服务应当具有的质量、性能、用途和有效期限。案涉机票预订业务为"去哪儿网"自营，趣拿公司作为平台经营者应当承担服务提供者的民事责任。趣拿公司在案涉航班关闭值机后继续向杨某明提供该航班机票预订服务，明显超出了该项服务的有效期限，其行为构成违约，应当承担违约

---

[1] 《北京互联网法院民事判决书》（2018）京 0491 民初 1636 号。
[2] 《"去哪儿网"系列案件宣判》，载微信公众号"北京互联网法院"，2018 年 12 月 29 日。

责任。一方当事人故意告知对方虚假情况，或者故意隐瞒真实情况，诱使对方当事人作出错误意思表示的，可以认定为欺诈行为。趣拿公司所提供的服务虽然存在严重瑕疵，但从其对邻近起飞时间的机票进行了弹窗提示并由用户点选来看，趣拿公司对其提供的购票服务并无欺诈的故意。

（2）"去哪儿网"系列案件（二）

【典型意义】

杨某与北京趣拿信息技术有限公司网络服务合同纠纷案①解决了商品标识不明的平台责任。电子商务平台经营者应当以显著方式区分自营业务和平台内经营者开展的业务，不得误导消费者。②

【案情概述】

电子商务平台经营者应当以显著方式区分自营业务和平台内经营者开展的业务，不得误导消费者。本案中，趣拿公司未举证证明其在预订环节尽到了以显著方式区分不同业务的义务；在预订成功后，"去哪儿网"所发送的确认短信中才提到"服务由艺起住提供"，该提示内容没有标明平台内经营者的真实名称，不足以让杨某理解其准确含义，无法判断该业务是平台自营还是第三方经营。

在预订环节，趣拿公司不能确定杨某的订单是否得到了酒店的确认，其也没有举证证明该订单得到了酒店的确认，却向杨某发送了预订成功的信息；在取消订单环节，自始至终未见酒店作出的意思表示，也没有证据证明取消订单的请求是酒店提出的，这无疑将杨某置于巨大的消费风险之中。趣拿公司未尽到服务提供者的义务，已构成违约，应当赔偿取消订单给杨某造成的损失。

（3）"去哪儿网"系列案件（三）

【典型意义】

李某屹与北京趣拿信息技术有限公司网络服务合同纠纷案③分析了旅客因病退票的平台责任问题。④

---

① 《北京互联网法院民事判决书》（2018）京 0491 民初 1623 号。
② 《"去哪儿网"系列案件宣判》，载微信公众号"北京互联网法院"，2018 年 12 月 29 日。
③ 《互联网法院民事判决书》（2018）京 0491 民初 1585 号。
④ 《"去哪儿网"系列案件宣判》，载微信公众号"北京互联网法院"，2018 年 12 月 29 日。

【案情概述】

旅客在购得机票后，其与承运人之间的运输合同即告成立，退票事宜也应由旅客和承运人按照约定或者法律规定进行。本案中，李某屹主张应由"去哪儿网"的经营者趣拿公司为其退票，其理由不能成立。首先，从购票环节来看，李某屹通过"去哪儿网"成功购得意向机票，趣拿公司履行了服务义务，李某屹也未主张趣拿公司在该环节存在服务瑕疵；其次，从退票环节来看，李某屹因个人原因申请退票，趣拿公司第一时间告知其案涉机票不能自愿退票，并积极协助李某屹申请因病退票，作为平台经营者，趣拿公司已经尽到了保障和维护消费者合法权益的义务；再次，不能仅因"去哪儿网"提供了支付结算服务，趣拿公司就要承担退票责任，此种意见有违常识；最后，李某屹对其罗列的法律依据存在理解错误，案涉承运人为外国航空公司，根据《中华人民共和国民用航空法》关于涉外关系法律适用的规定，李某屹所列规定并不当然适用于涉外关系。

（4）"去哪儿网"系列案件（四）

【典型意义】

孙某与北京趣拿信息技术有限公司网络服务合同纠纷案①的判决书分析了旅客因不满而退改机票的平台责任。②

【案情概述】

旅客在购得机票后，其与承运人之间的运输合同即告成立，退票事宜也应由旅客和承运人按照约定或者法律规定进行。本案中，孙某主张应由"去哪儿网"的经营者趣拿公司返还其部分购票款及合理支出，其理由不能成立。首先，从购票环节来看，孙某通过"去哪儿网"成功购得意向机票，趣拿公司履行了服务义务，"去哪儿网"对退改签规则的提示并无不当，不会造成对消费者的误导，且该规则也不由趣拿公司制定。其次，从改签环节来看，孙某因个人原因申请改签，根据规则案涉机票不能改期，趣拿公司通过与代理商交涉，获准改期。作为平台经营者，趣拿公司已经尽到了保障和维护消费者合法权益的义务。最后，由于改签费用并不由趣

---

① 《北京互联网法院民事判决书》（2018）京0491民初1605号。
② 《"去哪儿网"系列案件宣判》，载微信公众号"北京互联网法院"，2018年12月29日。

拿公司决定，也不由趣拿公司收取，趣拿公司不应承担相应的法律责任。

（5）全国首例"暗刷流量"案

【典型意义】

常某某与许某、第三人马某某网络服务合同纠纷案①是全国首例"暗刷流量"案。本案开庭宣判的全过程进行了全网直播，并当庭宣判，成为全民的司法公开课，引发了公众的广泛关注，将互联网领域隐秘的潜规则以审判的方式呈现给公众，使涉"暗刷流量"技术浮出水面。本案从法律的层面上给互联网领域通过非法方式或技术手段提高网上浏览量等违法行为敲响了警钟。②

【案情概述】

此处仅针对争议焦点二进行认定，关于涉案合同是否有效以及相应的法律后果。

真实的流量能体现用户对网络产品的真实使用情况，能在一定程度上反映网络产品的用户数量和受欢迎程度。正因其客观、可量化的属性，随着互联网经济的繁荣和数字经济时代的到来，流量逐步成为衡量网络产品市场反应程度的一项可量化的指标，成为判断该产品的市场价值、市场影响力乃至市场潜能等的重要因素。从这个意义上说，流量往往附随着经济价值，甚至在一定层面上被认为是一种虚拟财产，成为网络产品财产价值的重要数据依据。

真实的流量商业转化过程应为：用户—流量—利益。该过程可激发产业创新、鼓励诚实劳动、增强投资信心、繁荣网络市场、惠及网络用户。虚假流量会阻碍创新价值的实现，降低诚实劳动者的信心，扭曲决策过程，干扰投资者对网络产品价值及市场前景的判断，影响网络用户的真实选择，扰乱公平有序的网络营商环境。

通过本案的审查，互联网上"暗刷流量"产业链暴露在公众视野中。通常"暗刷流量"有"JS暗刷"、雇佣点击和"机刷"等方式，无论是通

---

① 《北京互联网法院民事判决书》（2019）京0491民初2547号。

② 《全国首例"暗刷流量"案一审当庭宣判 合同无效获利全部收缴!》，载微信公众号"北京互联网法院"，2019年5月24日。

过"JS暗刷"实现点击或者进行雇佣点击、诱导点击，还是通过"机刷"模拟用户点击，均不属于真实的、基于用户对网络产品的喜好而自愿产生的点击行为，均属于欺诈性点击。

本案中，双方当事人在进行具有明显欺诈性质的"暗刷流量"的磋商交易时，均表示不关注或不必要知晓流量对应的被访问网站或产品，仅关注与己相关的利益获取，双方的交易行为置市场公平竞争环境和网络用户利益于不顾，谋取不当利益，违反商业道德底线，违背公序良俗。

同时，双方"暗刷流量"的行为，一方面使得同业竞争者的诚实劳动价值被减损，破坏正当的市场竞争秩序，侵害了不特定市场竞争者的利益；另一方面，会欺骗、误导网络用户选择与其预期不相符的网络产品，长此以往，会造成网络市场"劣币驱逐良币"的不良后果，最终减损广大网络用户的福祉，属于侵害广大不特定网络用户利益的行为。上述不特定主体的利益均为社会公共利益的体现。

《合同法》第五十二条第（四）项规定，当事人签订的合同损害社会公共利益的，合同无效。《民法总则》第一百五十三条第二款规定，违背公序良俗的民事法律行为无效。综上，双方订立合同进行"暗刷流量"交易，损害社会公共利益、违背公序良俗，应属绝对无效。

3. 信息网络传播权纠纷

（1）短视频是否构成作品

【典型意义】

"抖音短视频"诉"伙拍小视频"侵害作品信息网络传播权案[①]是2018年中国法院10大知识产权案件之一，确立了涉案短视频是否构成类电作品的认定规则，即视频的长短与创作性的判定没有必然联系，在给定主题和素材的情形下，其创作空间受到一定的限制，体现出创作性难度较高，短视频带给观众的精神享受可以作为短视频具有创作性的考虑因素。该案原告还采用了第三方平台的区块链取证、存证方式进行了举证，区块链具有难以篡改、删除的特点，其作为一种保持内容完整性的方法具有可

---

① 《北京互联网法院民事判决书》（2018）京0491民初1号。

靠性。被告亦认可通过第三方平台区块链取证、存证的方式。①

【案情概述】

一、关于"独立完成"的认定

本案中，制作者响应党媒平台和人民网的倡议，以"铭记劫难，致敬重生，以己之力，勇往直前"为主题，以党媒平台及人民网示范视频中的手势舞、伴音、明暗变化为基本元素，以网络下载图片为基础素材，结合软件技术制作了"我想对你说"短视频。

根据查明事实，党媒平台及人民网的示范视频和网络下载图片是原本没有任何关系的独立元素，"黑脸 V"将上述元素结合制作出的"我想对你说"短视频，与前两者存在能够被客观识别的差异。该短视频与抖音平台其他参与同一话题的用户制作的短视频亦存在较大区别，且没有证据证明该短视频在抖音平台上发布前，存在相同或近似的短视频内容，故"我想对你说"短视频由制作者独立创作完成。

二、关于"创作性"的认定

短视频具有创作门槛低、录影时间短、主题明确、社交性和互动性强、便于传播等特点，是一种新型的视频形式。上述特点一般会使短视频制作过程简化，制作者以个人或小团队居多。基于短视频的创作和传播有助于公众的多元化表达和文化的繁荣，故对于短视频是否符合创作性要求进行判断之时，对于创作高度不宜苛求，只要能体现出制作者的个性化表达，即可认定其有创作性。

首先，视频的长短与创作性的判定没有必然联系。客观而言，视频时间过短，有可能很难形成独创性表达，但有些视频虽然不长，却能较为完整地表达制作者的思想感情，则具备成为作品的可能性。在此情形下，视频越短，其创作难度越高，具备创作性的可能性越大。其次，"我想对你说"短视频体现出了创作性。该视频的制作者应党媒平台的倡议，在给定主题和素材的情形下，其创作空间受到一定的限制，体现出创作性难度较高。该短视频画面为一个蒙面黑脸帽衫男子站在灾后废墟中以手势舞方式

---

① 《短视频是否构成作品 北京互联网法院受理首案一审宣判》，载微信公众号"北京互联网法院"，2018 年 12 月 26 日。

进行祈福，手势舞将近结束时呈现生机勃勃景象，光线从阴沉灰暗变为阳光明媚，地面从沟壑不平到平整，电线杆从倾斜到立起，黑脸帽衫男子的衣袖也变为红色，最后做出比心的手势。该短视频构成了一个有机统一的视听整体，其中包含了制作者多方面的智力劳动，具有创作性。虽然该短视频是在已有素材的基础上进行创作的，但其编排、选择及呈现给观众的效果，与其他用户的短视频完全不同，体现了制作者的个性化表达。最后，"我想对你说"短视频唤起观众的共鸣。该短视频带给观众的精神享受亦是该短视频具有创作性的具体体现。抖音平台上其他用户对"我想对你说"短视频的分享行为，亦可作为该视频具有创作性的佐证。

综上，"我想对你说"短视频具备著作权法的独创性要求，构成类电作品。

（2）技术调查官首次协助法官审查可信时间戳案

【典型意义】

北京阅图科技有限公司诉上海东方网股份有限公司侵害信息网络传播权案[①]首次引入技术调查官对原告公司利用时间戳取证过程进行审查，并提出专业技术意见辅助审判。

可信时间戳是由权威可信时间戳服务中心签发的一个能证明数据电文在一个时间点是已经存在的、完整的、可验证的，具备法律效力的电子凭证，其主要用于电子文件防篡改和事后抵赖，确定电子文件产生的准确时间。《最高人民法院关于互联网法院审理案件若干问题的规定》第十一条第二款、第三款涉及"可信时间戳"，即当事人提交的电子数据，通过电子签名、可信时间戳、哈希值校验、区块链等证据收集、固定和防篡改的技术手段或者通过电子取证存证平台认证，能够证明其真实性的，互联网法院应当确认。当事人可以申请具有专门知识的人就电子数据技术问题提出意见。互联网法院可以根据当事人申请或者依职权，委托鉴定电子数据的真实性或者调取其他相关证据进行核对。[②]

---

① 《北京互联网法院民事判决书》（2019）京 0491 民初 1212 号。

② 《首次！技术调查官协助法官审查可信时间戳取证证据效力》，载微信公众号"北京互联网法院"，2019 年 4 月 24 日。

【案情概述】

原告主张被告在其在线经营的网站（www. eastday. com）上未经许可，通过信息网络，擅自使用、向公众传播原告享有著作权的涉案 20 张图片，并提交取证录像予以证明。被告对原告的主张和提交的证据均不认可。被告对取证录像中原告针对互联网连接真实性检查的操作流程效力有异议，因该操作流程效力对侵权行为认定有重要影响，故指定技术调查官参与本案庭审并出具专业意见。

《最高人民法院关于互联网法院审理案件若干问题的规定》以司法解释形式对哈希值校验、可信时间戳及区块链存证方式进行了法律确认。相较于传统的公证存证方式而言，可信时间戳等电子存证方式具有成本低廉、制作时间短等优势。电子数据证据不同于传统的证据形式，具有真伪的脆弱性、传递的技术性、极强的可复制性等特殊属性，并非只要采用上述技术手段所采集的电子证据就是真实可靠的，存在在抓取之前已因所处设备或网络环境存有问题而遭受"破坏"的可能性，导致存证下来的证据不具有可信力。这类"破坏"包括非真实的网络环境、定向虚假链接访问、时间来源不明等问题。因此，当事人在用可信时间戳等技术手段采集证据时，应当严格遵守操作流程，确保电子数据的真实性。《操作指引》系联合信任时间戳服务中心（即北京联合信任技术服务有限公司）出具，作为可信时间戳存证方式的操作规范，具有一定的指导作用，且本案原、被告双方均认可该《操作指引》，故参照该《操作指引》判定操作流程效力。

《操作指引》的"互联网连接真实性检查"中包括三个关键步骤：其一，在 IE 浏览器的"Internet"选项下的"连接"中点击"局域网"设置，以保证没有连接代理；其二，在命令窗口输入"ipconfig/all"命令，显示所有网络适配器（网卡、拨号连接等）的完整 TCP/IP 配置信息；其三，在命令窗口输入"tracert 目标网页域名"，以确认连接到目标页面网络服务器的路径，保证接入网站的真实性。以上三个关键步骤的缺失会导致如下问题：首先，没有点击"局域网"设置查看代理情况，存在设置虚拟代理网站的可能；其次，"ipconfig"没有加上"/all"，就不会显示 DNS 等关键信息，无法排除存在虚拟网站的可能；最后，没有执行"tracert 目标网页域名",就无法查看目标页面网络服务器的真实路径,进而无法确定接入网站的真实性。2017年9月12日的取证录像前置性检查步骤中上述三个关键步骤均缺失;2017年10月9日的取证录像前置性检查步骤缺失了第二个和第三个关键步骤。上述关键步骤的缺失,导致原告提供的可信时间戳证据存在重大缺陷,不足以取信。

(3)"图解电影"侵权案

【典型意义】

优酷网络技术(北京)有限公司诉深圳市蜀泰科技有限公司侵害作品信息网络传播权纠纷案[①]是全国首例涉及将影视作品制作成图片集方式侵权的案件,明确了影视市场商业化开发和合理使用的边界。

本案为全国首例"图解电影"侵权案,明确了将他人类电作品进行截图制作成图片集,实质呈现主要画面、具体情节等内容的行为,超出了介绍、评论的必要限度,在客观上起到了替代原作品的效果,不构成合理使用。本案判决界定了影视作品合理使用的边界,将假借创新之名通过新型技术手段不当利用作品的行为认定为侵权行为,有助于激励创新,推进影视产业健康发展。[②]

【案情概述】

以下仅就被告实施的被控侵权行为是否构成对原告信息网络传播权的侵犯进行认定

第一,关于将他人类电作品进行截图制作图片集的行为是否属于提供该类电作品的行为。

《著作权法》第十条第(十二)项规定的"以有线或者无线方式向公众提供作品"的行为,不应狭隘地理解为向公众提供的是完整的作品,因为著作权法保护的是独创性的表达,只要使用了作品具有独创性表达的部分,均在作品信息网络传播权的控制范围内。

类电作品是指摄制在一定介质上,由一系列有伴音或者无伴音的画面

---

① 《北京互联网法院民事判决书》(2019)京0491民初663号。

② 《北京互联网法院网络热点案件之知产案件》,载微信公众号"北京互联网法院",2019年9月3日。

组成，并且借助适当装置放映或者以其他方式传播的作品。类电作品通过连续的影像画面，产生流畅动态的表达效果，与图片静止的表达效果有所区别。涉案剧集是连续动态的影视画面，而涉案图片集是静态图片，虽然两者表现形式不同，但判断是否存在提供作品的行为，关键需要考察涉案图片集是否使用了涉案剧集具有独创性的表达。

类电作品动态影像画面的表达效果，系通过对视觉滞留原理的应用，将一系列独立的画面组合起来，让观众视觉感受到连续运动的视象。根据现有制作技术，流动画面的类电作品的实质是静止画面的集合和连续播放，类电作品中一帧帧的画面是该作品的组成部分。

本案中，涉案图片集过滤了涉案剧集的音效内容，截取了涉案剧集中的 382 幅画面，其截取的画面并非进入公有领域的创作元素，而为原涉案剧集中具有独创性表达的部分内容，因此，提供涉案图片集的行为构成提供作品的行为。被控侵权行为通过网络在线方式，使公众可以在其个人选定时间和地点获得涉案图片集，故该行为落入涉案剧集信息网络传播权的控制范围内。

第二，关于被告是否实施了提供作品的行为，或仅提供信息存储空间服务。

根据《最高人民法院关于审理侵害信息网络传播权民事纠纷案件适用法律若干问题的规定》第三条第二款的规定，提供作品的行为是指通过上传到网络服务器、设置共享文件或者利用文件分享软件等方式，将作品置于信息网络中，使公众能够在个人选定的时间和地点以下载、浏览或者其他方式获得的行为。

本案中，根据被告提交其对外公示的《版权与免责声明》显示，该软件或网站具有用户发布和存储信息的功能，有权删除侵害他人知识产权或其他合法权益的内容，并公布了通知删除的联系方式。但是，其提交的后台记录仅载明被控侵权内容上传者的用户名、注册邮箱、注册时间、上传终端手机 IMEI 号等信息，且显示的用户名为网络昵称，并非用户真实姓名；注册邮箱不确定为实名账户注册；手机 IMEI 号仅是手机序列编号，可用于识别移动设备，但不能据此锁定设备使用者。因此，被告提供的证据不足以证明涉案图片集为真实用户所上传，应承担举证不利的后果，即推定涉案图片集由被告直接上传。

第三，关于被控侵权行为是否构成合理使用。

首先，是否属于适当引用的问题。本案中，涉案图片集几乎全部为原有剧集已有的表达，或者说，虽改变了表现形式，但具体表达内容并未发生实质性变化，远远超出以评论为目的适当引用必要性的限度。

其次，是否影响该作品的正常使用。本案中，涉案图片集分散地从整部作品中采集图片，加之文字解说对动态剧情的描述，能够实质呈现整部剧集的具体表达，包括具体情节、主要画面、主要台词等，公众可通过浏览上述图片集快捷地获悉涉案剧集的关键画面、主要情节，提供图片集的行为对涉案剧集起到了实质性替代作用，影响了作品的正常使用。

最后，是否不合理地损害了著作权人的合法权益。由于涉案图片集替代效应的发生，本应由权利人享有的相应市场份额将被对图片集的访问行为所占据，提供图片集的行为将对原作品市场价值造成实质性影响。虽然被告认为涉案图片集部分提供的行为对原作品具有"宣传效果"，但从市场角度，以宣传为目的与以替代为目的的提供行为存在显著区别。就涉案图片集提供的主要功能来看，其并非向公众提供保留剧情悬念的推介、宣传信息，而是涵盖了涉案剧集的主要剧情和关键画面，在一般情况下，难以起到激发观众进一步观影兴趣的作用，不具备符合权利人利益需求的宣传效果，损害了权利人的合法权益。

（4）北京互联网法院首个涉天平链判决

【典型意义】

蓝牛仔影像（北京）有限公司（简称蓝牛仔公司）与华创汇才投资管理（北京）有限公司著作权权属、侵权纠纷案①是北京互联网法院首个涉天平链的判决案件。

【案情概述】

法院认为，蓝牛仔公司已就作品权属提交了作品原图、作品登记证书、登记样稿证书等证据，被告对此并无异议。可以认定蓝牛仔公司是涉案图片的著作权人，其享有的著作权受法律保护。蓝牛仔公司为证明被告存在侵权，就相关网页在与天平链跨链对接的第三方存证平台进行区块链

---

① 《北京互联网法院民事判决书》（2019）京 0491 民初 724 号。

存证，天平链的校验结果也证实存证网页相关证据材料自存证时起未经过篡改，且被告对校验结果不持异议。据此法院认定，被告在其注册的微信公众号内发表的文章中使用了蓝牛仔公司享有著作权的图片。

《著作权法》第三十三条第二款规定，作品刊登后，除著作权人声明不得转载、摘编的外，其他报刊可以转载或者作为文摘、资料刊登，但应当按照规定向著作权人支付报酬。可见《著作权法》将有权进行转载的主体限定为报刊。本案中被告在其运营的微信公众号中转发他人的文章，并不构成著作权法上的转载。且被告亦自认，其在微信公众号中发表包含有涉案图片的文章，是基于被告合作公司的要求，稿件也是由合作公司提供的，因此被告的行为不属于《著作权法》规定的转载。被告提出的其使用蓝牛仔公司图片的行为是转载，不应承担责任的答辩意见，没有法律依据，法院不予采纳。在未经蓝牛仔公司许可的情况下，被告在其微信公众号发表的文章中使用了蓝牛仔公司享有著作权的图片，构成对蓝牛仔公司享有的信息网络传播权的侵犯，应承担赔偿责任。

（5）涉嫌抄袭微信表情案

【典型意义】

深圳市腾讯计算机系统有限公司（简称腾讯科技公司）等与北京青曙网络科技有限公司著作权权属、侵权纠纷案①采用了全程在线审理模式。构成独创性表达的软件页面设计可作为美术作品予以保护。如果相关页面设计构成"有一定影响的装潢"，则可适用反不正当竞争法予以保护。本案判决旗帜鲜明地反对抄袭与可能误导消费者的"搭便车"行为，保护原创，鼓励创新，满足用户的多元化需求，体现了保护互联网领域新型客体的开放态度。②

【案情概述】

一、对原告主张的侵害信息网络传播权行为的认定

第一，关于涉案"微信红包聊天气泡和开启页"是否构成作品。

---

① 《北京互联网法院民事判决书》（2019）京0491民初1957号。
② 《北京互联网法院网络热点案件之知产案件》，载微信公众号"北京互联网法院"，2019年9月3日。

从整体上看，涉案"微信红包聊天气泡和开启页"的颜色与线条的搭配、比例，图形与文字的排列组合，均体现了创作者的选择、判断和取舍，展现了一定程度的美感，具有独创性，构成我国著作权法意义上的美术作品。

第二，关于原告是否对"微信红包聊天气泡和开启页"享有著作权。

腾讯科技公司提交的计算机软件著作权登记证书可以证明其为"微信"应用软件的著作权人。经查，用户可在"微信"应用软件中使用涉案美术作品，且腾讯公司还提交了创作底稿、微信更新日志截图及网络文章等予以佐证，在无相反证据的情况下，可以形成证据链证明腾讯科技公司系涉案美术作品的作者。

第三，关于被告是否侵犯了原告享有的信息网络传播权。

被告经营的"吹牛"应用软件中共有3款电子红包，分别为"吹牛红包"（即"零钱红包"）"支付宝红包"和"云红包"。将原告的"微信红包开启页"与被告上述3款电子红包开启页分别进行对比可知，原、被告各自的电子红包开启页在组合元素、结构与布局、呈现效果等方面基本相同，区别仅在于被告的"云红包开启页"未点开页的黄色圆形中系指纹图样，"微信红包开启页"未点开页的相应位置为"開"字，仅指纹与文字的区别尚不足以形成二者设计上的整体差异，故被告的3款电子红包开启页与原告主张的涉案"微信红包开启页"分别构成实质性相似。

再将原、被告各自的电子红包聊天气泡进行对比可知，二者的创作元素、结构与特征、呈现效果均基本相同，区别仅在于被告"电子红包聊天气泡"的白色框内载有"吹牛红包"字样，故原、被告各自的电子红包聊天气泡分别构成实质性相似。

被告未经许可，在其经营的"吹牛"应用软件中使用与涉案美术作品相近似的电子红包聊天气泡和开启页，使该软件用户可以在其选定的时间和地点获得与涉案美术作品相近似的页面，侵害了原告依法享有的信息网络传播权。

二、对原告主张的不正当竞争行为的认定

第一，关于原告是否可以就"微信红包"相关页面的使用寻求反不正当竞争法的保护。

131

著作权法是对于作品创作和传播中产生的专有权利的保护，而反不正当竞争法是对经营中产生的竞争利益的保护，两者保护的利益并不重合。原告主张"微信红包"相关页面构成有一定影响的装潢，有一定影响的装潢具有识别商品来源的作用，故原告上述主张是就"微信红包"相关页面寻求标记类经营成果的保护，与其主张著作权法保护的利益不同，原告可以在著作权法之外同时寻求反不正当竞争法的保护。

第二，关于腾讯科技公司是否为提起本案不正当竞争诉讼的适格原告。

根据查明的事实，腾讯科技公司系"微信"应用软件的著作权人，依照其授权，腾讯计算机公司运营"微信"应用软件。腾讯科技公司虽然是著作权人，但并非上述软件和服务的经营者。该公司既不经营，也未使用过其主张的商业标识，不能对其享有经营的利益。即便该公司对其主张的相关页面享有利益，也不是基于其经营中的劳动行为产生的。故腾讯科技公司无法就"微信"应用软件以及"微信红包"与被告进行市场资源的争夺，被控侵权行为不会给其造成竞争利益的损害。因此，腾讯科技公司与本案不正当竞争主张没有直接利害关系，不是不正当竞争诉由的适格原告。

第三，关于原告主张的"微信红包"相关页面及"微信"整体页面是否构成有"一定影响的装潢"。

本案中，腾讯计算机公司运营的"微信"应用软件，是社交服务平台，其中的"微信红包"功能进一步为用户提供了收发电子红包的服务。"微信红包"相关页面及"微信"整体页面，是上述服务的整体形象，其相关页面附加的文字、图案、色彩及其排列组合，具有美化服务的作用，应当属于装潢。

"微信红包"服务自推出以来，经过长期、持续、广泛的推广，被多家媒体进行报道，取得了良好的宣传效应，并得到用户的广泛欢迎和应用，连续多年在春节期间收发量达到数百亿。涉案"微信红包"相关页面的风格选择、整体布局、色彩搭配形成了独特的设计组合，相关公众能够将其与"微信红包"及其经营者联系起来，从而起到识别服务来源的作用。因此，涉案"微信红包"相关页面构成反不正当竞争法规定的"有一定影响的装潢"。

"微信"整体页面主要由搜索栏、好友聊天列表、功能栏（包括"微信""通讯录""发现""我"）、聊天页面、图标等组成，上述页面设计仅是为了实现必要功能、操作便利、满足用户习惯等功能性要求，仅是软件类产品的常规设计，没有体现出独特性，并未与"微信"应用软件及其经营者形成相对稳定的指向性联系，起到区分服务来源的作用。因此，涉案"微信"整体页面不构成"有一定影响的装潢"。

第四，关于被告是否实施了不正当竞争行为及是否应承担相应的法律责任。

虽然两个软件名称不同，被告的 3 款红包亦明确标注了"吹牛红包""支付宝红包""云红包"字样，但在"微信红包"具有相当知名度的情况下，被告的上述使用方式存在导致相关公众发生混淆和误认的可能性，易使相关公众误认为"吹牛"应用软件的提供者与"微信"应用软件的提供者存在某种特定联系。被告进行了高度模仿行为，在"吹牛"应用软件中运营电子红包服务时，不是主动对相关素材进行构思、创作，而是将"微信"应用软件的相关页面进行复制后稍加修改即用于自己的软件，这种不正当地利用他人的劳动成果攫取竞争优势并以此参与市场竞争活动的行为，不仅会导致相关公众的混淆误认，同时也损害了正常的市场竞争秩序。因此，被告的相关行为构成不正当竞争，被告对此应当承担民事责任。

4. 其他著作权纠纷

（1）中国音乐著作权协会与斗鱼直播平台案

【典型意义】

中国音乐著作权协会（简称音著协）诉武汉斗鱼网络科技有限公司（简称斗鱼公司）著作权权属、侵权案[1]分析了网络直播平台的著作权侵权问题。网络直播平台的兴起与蓬勃发展带来了互联网文化的新繁荣。对于网络直播平台和网络主播而言，平台注册用户及主播粉丝数量的增长意味

---

[1]《北京互联网法院民事判决书》（2018）京 0491 民初 935 号。

着其点击量与关注度的提升，也意味着其收益可能性的提高。北京互联网法院对本案的判决，强调了司法机关对互联网空间交易交往行为责任的裁判，应当坚持权利与义务相对等原则；提示网络直播平台在运营中获益的同时，必须对其他权利人的既有知识产权予以充分的尊重和保护。①

【案情概述】

第一，关于音著协是否有权提起本案诉讼的问题。

首先，无论从网易云音乐还是 QQ 音乐播放软件上都可以查询到《恋人心》一歌，可以确认音著协提供的网络截图的真实性。两个音乐平台上的查询，以及涉案视频中显示的《恋人心》歌曲播放画面，均表明涉案歌曲的词曲作者为张超。故虽然音著协没有提供版权登记证书，但在斗鱼公司未提供相反证据的情况下，上述证据亦能证明张超为《恋人心》的词曲作者。

其次，从合同的约定来看，合同虽然签订于 2010 年 8 月 23 日，并约定有效期为 3 年，但如果张超至期满前 60 日未以书面形式提出异议，则合同自动续展。因此，音著协所述与张超签订的《音乐著作权合同》仍在履行期内的情况属实。

根据《音乐著作权合同》的约定，张超是将其所有音乐作品的著作权以信托的方式授权音著协进行集体管理，音著协有权以自己的名义向侵权使用者提起诉讼。

第二，关于本案所诉侵权行为的主体是否为斗鱼公司的问题。

斗鱼直播平台上存放的涉案视频中存在未经权利人许可播放《恋人心》歌曲的内容，公众能够在个人选定的时间和地点通过登录斗鱼直播平台进行浏览、观看、分享。这种行为显然属于《最高人民法院关于审理侵害信息网络传播权民事纠纷案件适用法律若干问题的规定》第三条中规定的侵害信息网络传播权行为。

首先，斗鱼平台主播不应是本案被诉侵权行为的侵权主体。根据斗鱼公司提交的《斗鱼直播协议》，主播虽然与直播平台之间不存在劳动或劳

---

① 《北京互联网法院公开宣判中国音乐著作权协会诉斗鱼直播平台案》，载微信公众号"北京互联网法院"，2018 年 12 月 28 日。

务关系，但双方约定主播在直播期间产生的所有成果均由斗鱼公司享有全部知识产权、所有权和相关权益，这里面的"所有成果"当然包括涉案视频在内的上传并存放于斗鱼直播平台的视频。虽然主播是视频的制作者和上传者，但因为主播并不享有对这些视频的知识产权和所有权，所以根据权利义务相一致的原则，其不应对视频中存在的侵权内容承担侵权责任。而相应地，既然斗鱼公司是这些成果的权利人，享有相关权益，其自然应对因该成果产生的法律后果承担相应责任。

其次，斗鱼公司并不是通常意义上的网络服务提供者。一般情况下，网络服务提供者如果仅提供的是自动接入、自动传输、信息存储空间、搜索、链接、文件分享技术等网络服务，当网络用户利用网络服务实施侵权行为时，按照《侵权责任法》第三十六条的规定，在接到被侵权人通知后，网络服务提供者及时采取删除、屏蔽、断开链接等必要措施后，则可以免责。而斗鱼公司所有的斗鱼直播平台不同，凡在斗鱼直播平台上进行直播的主播均要与斗鱼公司签订《斗鱼直播协议》，在协议中详细约定双方的权利义务、服务费用结算以及直播方应承担的违约责任，最重要的是约定了斗鱼公司虽不参与创作，但直播方成果的权利属于斗鱼公司，这说明斗鱼公司不仅是网络服务的提供者，还是平台上音视频产品的所有者和提供者，并享有这些成果所带来的收益。在这种情况下，虽然其在获悉涉案视频存在侵权内容后及时删除了相关视频，但也不能就此免责。

最后，海量的注册用户及直播的即时性和随意性亦不能成为斗鱼公司的免责理由。既然斗鱼公司与每一位在平台上注册的直播方约定，直播方在直播期间所有成果的全部知识产权及相关权益均由斗鱼公司享有，那么其当然应对直播成果的合法性负有更高的注意义务和审核义务。况且，海量用户的存在还会带来巨大的影响和收益，斗鱼公司不应一方面享受利益，另一方面又以直播注册用户数量庞大及直播难以监管而逃避审核、放弃监管，放任侵权行为的发生，拒绝承担与其所享有的权利相匹配的义务。

（2）涉计算机软件智能生成内容著作权问题

【典型意义】

北京菲林律师事务所诉北京百度网讯科技有限公司（简称百度公司）

侵害署名权、保护作品完整权、信息网络传播权案①中，北京互联网法院首次回应了涉计算机软件的智能生成内容著作权问题。

首先，关于计算机软件智能生成内容是否构成作品。涉计算机软件智能生成内容已经进入实际场景应用，表达日趋成熟。但是，作品应由自然人创作完成。若在现行法律体系内可以对其智力、经济投入予以保护，则不宜突破民事主体的基本规范。在相关内容的生成过程中，软件研发者（所有者）和使用者的行为并非创作行为，相关内容并未传递二者的独创性表达。

其次，关于计算机软件智能生成内容的署名。软件研发者（所有者）和软件使用者均不能以作者身份进行署名。但是，从保护公众知情权、维护社会诚实信用和有利于文化传播的角度出发，应添加相应计算机软件的标识，标明相关内容系软件智能生成。

最后，虽然计算机软件智能生成内容不构成作品，但不意味着公众可以自由使用。涉计算机软件智能生成内容凝结了软件研发者（所有者）和软件使用者的投入，具备传播价值，应当赋予投入者一定的权益保护。②

【案情概述】

第一，关于原告是否为本案适格的主体。

首先，关于原告主张的图形是否构成图形作品。经勘验，涉案文章中北京各级法院审理电影行业案件数量分布图与大数据报告1中"法院"部分的图形均为柱状图，数据均体现出北京市朝阳区人民法院受理案件数量最多，其次为北京市海淀区人民法院。上述两个图形显示的法院数量、每个法院受理案件的数量有所不同。除上述两个图形的差异外，涉案文章中的其他图形和大数据报告1、2的其他图形在图形数据、图形类别上亦存在不同之处。但是，上述差异是不同的数据选择、软件选择或图形类别选择所致，不能体现原告的独创性表达。因此，涉案文章中的图形不构成图形作品。

---

① 《北京互联网法院民事判决书》（2018）京 0491 民初 239 号。
② 《菲林律所诉百度公司著作权案宣判，首次回应涉计算机软件智能生成内容著作权问题》，载微信公众号"北京互联网法院"，2019 年 4 月 26 日。

其次，关于原告主张的文字是否构成文字作品，即关于威科先行库自动生成的分析报告是否构成作品的问题。从分析报告生成过程看，选定相应关键词，使用"可视化"功能自动生成的分析报告，其内容涉及对电影娱乐行业的司法分析，符合文字作品的形式要求，涉及的内容体现出针对相关数据的选择、判断和分析，具有一定的独创性。但是，具备独创性并非构成文字作品的充分条件，根据现行法律规定，文字作品应由自然人创作完成。虽然随着科学技术的发展，计算机软件智能生成的此类"作品"在内容、形态，甚至表达方式上日趋接近自然人的创作，但根据现实的科技及产业发展水平，若在现行法律的权利保护体系内可以对此类软件的智力、经济投入予以充分保护，则不宜对民法主体的基本规范予以突破。故自然人创作完成仍应是著作权法意义上的作品的必要条件。上述分析报告的生成过程中有两个环节有自然人作为主体参与，一是软件开发环节，二是软件使用环节。软件开发者（所有者）没有根据其需求输入关键词进行检索，该分析报告并未传递软件研发者（所有者）的思想、感情的独创性表达，故不应认定该分析报告为软件研发者（所有者）创作完成。同理，软件用户仅提交了关键词进行搜索，应用"可视化"功能自动生成的分析报告亦非传递软件用户思想、感情的独创性表达，故该分析报告亦不宜认定为软件使用者创作完成。综上，软件研发者（所有者）和使用者均不应成为该分析报告的作者。由于分析报告不是自然人创作的，因此，即使威科先行库"创作"的分析报告具有独创性，该分析报告仍不是著作权法意义上的作品，依然不能认定威科先行库是作者并享有著作权法规定的相关权利。有关分析报告的署名问题，无论是软件研发者（所有者）还是使用者，非创作者都不能以作者身份署名，应从保护公众知情权、维护社会诚实信用和有利于文化传播的角度出发，在分析报告中添加生成软件的标识，标明系软件自动生成。

最后，关于涉案文章是否系法人作品。根据查明的事实，涉案文章在原告经营的微信公众号首次发表，发表时署名为原告，并未提及涉案文章还有其他参与创作的主体；涉案文章系原告策划的系列报告的首篇，在该系列报告的序言、预告部分亦说明涉案文章系原告已完成的工作成果，涉案文章的内容亦是以原告的视角进行的分析、评价。原告提交了创作过程中形成的多份文档，虽然部分文档保存时间在涉案文章发表之后，但从总体上看能够体现该律所对涉案文章的创作过程。故在无相反证据的情况下，涉案文章是原告主持创作的法人作品，原告是本案适格的主体。

第二，关于被告是否侵害原告享有的著作权。

首先，关于百家号平台是否存在被诉侵权文章。原告提交了被诉侵权文章的网页截图，显示被告经营的百家号平台上存在被诉侵权文章。为保证其取证步骤的真实性及相关网页的完整性，原告将相应网址的网页通过公证云平台"静态页面取证"功能进行证据固定，北京市国信公证处对此出具了相应的电子数据保管函。综上，在原告取证之时，被告经营的百家号平台上存在被诉侵权文章。

其次，关于被告向用户提供服务的性质。被告作为网络服务的提供者，持有并管理着相关用户信息及提供相关服务时留存的信息。被告通过信息网络向公众提供了被诉侵权文章。

最后，关于被告是否侵害原告享有的权利。被告未经许可，在其经营的百家号平台上向公众提供了被诉侵权文章内容，供公众在选定的时间、选定的地点获得，侵害了原告享有的信息网络传播权，应承担相应的民事责任。原告创作完成涉案文章后，在文章中标注了名称，并注明原创；而在被告提供的被诉侵权文章中，删除了其署名，且出现了"点金圣手"的字样，足以导致相关公众误认为"点金圣手"系作者，侵害了原告享有的署名权。

（3）百科词条是否属于作品

【典型意义】

百科词条相当于网络百科全书，是贡献者将包括但不限于个人学习、生活、工作等方面的知识、经验，通过百科平台进行创作并发布，分享给广大互联网用户。百科词条编写的原则是真实、可信、客观等。针对每一类词条的编写，百科平台均会给出一定的目录进行参考。任何一个贡献者均可以在百科平台上自由地创建、更正、删除和完善词条，前提是均需要有可查证的来源，并经过平台审核后发表。每一条词条都会有完整的历史版本记录，包括贡献人、进行何种修改、修改时间。并非所有的百科词条均是作品。不论是创造词条，还是修改词条，只有具有独创性的外在表达，才能称之为作品。百科词条的编写在体例上往往呈现固定的模板化，如果贡献者仅仅把各种素材进行了搬运和罗列，未进行创作性活动，则该百科词条不具备独创性，不属于作品。由于百科词条具有其自身特点，词条的版本处于随时变化的过程中，这就需要在判断某一词条作品的著作权归属时，除了标注的贡献者外，还应充分考虑该词条的历史版本以及其他贡献者的创作成果。[①]

【案情概述】

第一，关于百科词条是否属于作品。

并非所有的百科词条均是作品。不论是创造词条，还是修改词条，只有具有独创性的外在表达，才能称之为作品。百科词条的编写在体例上往往呈现固定的模板化，如果贡献者仅仅对各种素材进行了搬运和罗列，未进行创作性活动，则该百科词条不具备独创性，不属于作品。

结合本案来看，词条"仓鼠亚科"包括文字、图片等元素，根据刘某某的陈述，其对词条的创作是在查阅了若干生物数据库和外国文献关于仓鼠的资料后，在自己理解的基础上进行了编写，该词条可体现出一定的独创性，属于作品的范畴。

第二，关于百科词条的著作权归属问题。

如无相反证明，在作品上署名的公民、法人或者其他组织为作者。百科词条又具有其自身特点，词条的版本随时处于变化的过程中，应充分考虑该词条的历史版本以及其他贡献者的创作成果。虽然在刘某某发表之前还存在5个贡献者的历史版本，但是经过比对发现，刘某某的版本并非在上述5个历史版本的基础上进行的加工，而是重新进行创作所形成的作品。

综上所述，刘某某系该词条的作者，享有著作权。

第三，关于搜狗公司是否应该承担责任。

搜狗公司作为提供信息存储空间的网络服务提供者，对于其用户发布百科词条的行为，不具有主观过错，不构成侵权行为，不应承担侵权责任。2019年2月19日，搜狗百科于收到法院诉讼材料后删除了该词条。

[①]《百科词条是否属于作品？这个案件给出了答案》，载微信公众号"北京互联网法院"，2019年8月15日。

刘某某要求搜狗平台将贡献者名字由藤蔓改为本人，已经超出了条例所规定的"通知—删除"的义务。加之搜狗平台上的该词条已经被删除，刘某某的诉讼请求在客观上亦不能完成。如果涉及侵权，刘某某应向直接侵权人主张权利。①

（4）"共享"会员服务著作权侵权案

【典型意义】

优酷信息技术（北京）有限公司与北京蔓蓝科技有限公司著作权权属、侵权纠纷案②分析了共享会员服务带来的相关问题。"共享经济"作为互联网行业创新的现象级模式，曾经一时风光无限，然高热退却后，我们应进行必要的反思。对新业态、新模式应保持一定的司法宽容，给予创新以发展空间。鼓励应与规制并重，对于打着"共享"旗号，违背诚信原则和公认的商业道德、不正当地破坏商业经营秩序的行为，应坚决予以规制，为经营者提供良好的经营环境。③

【案情概述】

一、被告在其经营的 App 上提供涉案影片播放的行为是否侵害原告享有的信息网络传播权

第一，关于涉案 App 如何提供涉案影片的播放。

原告举证证明涉案 App 提供了涉案影片的播放。经查首先从播放界面上看，涉案 App 播放涉案影片时播放框内的界面内容及正片内容与原告网站基本一致。其次被告购买了多个原告 VIP 会员，存在为用户登录原告 VIP 会员提供播放视频服务的条件；原告查询的登录记录亦显示被告所购 VIP 会员登录次数明显异常，且原告认为这不是会员个人正常使用造成的，虽双方对记录中次数代表的是登录还是访问的次数存在分歧，但对次数本身无异议；虽然被告认为原告所称平台数据保存规则不合理及原告提供的后台播放记录不完整，但实际对原告提供的后台播放记录本身并无异议，

---

① 《百科词条是否属于作品？这个案件给出了答案》，载微信公众号"北京互联网法院"，2019 年 8 月 15 日。

② 《北京互联网法院民事判决书》（2018）京 0491 民初 429 号。

③ 《共享有界、行为有度 蔓蔓看 App"共享"优酷会员被判赔 200 万》，载微信公众号"北京互联网法院"，2019 年 8 月 28 日。

该记录显示被告所购 VIP 账号在侵权取证当天通过网页端观看涉案影片，虽已没有具体取证时的记录，但符合原告所称平台数据保存规则；经确认原告 PC 网页端最多可同时登录 10 个用户，存在被告所称为用户登录原告网页端的操作空间。最后，结合被告自认其涉案 App 系根据用户的搜索内容提供搜索结果，在用户选择相应播放源内容后，跳转至原视频播放源平台，同时登录原视频播放源平台的 VIP 会员，从而在涉案 App 上播放涉案影片。

第二，关于被告的涉案行为是否侵害原告享有的信息网络传播权。

本案中，涉案影片的播放系登录原告网站 VIP 会员账号，访问优酷网站涉案影片的链接地址后获取正版影片资源，因此将作品置于向公众开放的服务器中的直接行为人是原告，而并非被告，被告仅实施了提供作品链接的行为，被告不构成对原告信息网络传播权的直接侵害。同时，因原告享有涉案影片的信息网络传播权，故不存在直接侵权行为，被告的行为也不构成帮助侵权。

二、被告通过购买原告 VIP 会员向公众提供原告享有权利视频的行为是否构成不正当竞争

第一，关于互联网视频行业的特点和竞争关系。

竞争的本质是对经营资源和商业机会的争夺。对于互联网视频行业的经营者而言，竞争资源不仅是指需要投入大量成本获取的优质商业资源，而且包含了平台通过激烈竞争和长期经营所积累的用户和流量。一个正常经营正版视频资源的网站，须负担高额的著作权使用费，还须负担视频存储的服务器成本、带宽成本等，此外还有宣传推广等其他成本投入。为回收成本和获得收益，经营者逐步从提供免费视频服务加广告的模式转变为付费视频服务的模式。经营者只有提供更加多样化的视频播放方式，才能不断满足用户的不同需求，不断提升用户的观看体验，反过来才能增强用户的粘合度，从而获取更多的竞争优势。付费视频模式大致包括单片付费和会员付费两种，经营者根据成本和竞争策略制定具体的收费标准和会员规则，并结合技术手段对会员账号的使用范围予以明确限定。因为付费服务模式针对的对象是网络用户，而非提供互联网视频服务的其他经营者，所以限定为会员个人使用，具体使用数量通

常也会控制在会员本人及其周围少数人范围内，禁止被他人用于经营牟利。经营者上述通过诚实经营所争取到的竞争资源和竞争优势，不应被他人不当利用或破坏。

狭义的竞争关系，是指同业经营者之间的关系。所谓同业经营者，是指经营相同或者近似商品的经营者，而近似商品就是具有替代性的商品，即这些商品在功能或者用途上可以互相替代。本案中，原、被告的主要业务均是面向网络用户提供互联网视频服务。

第二，关于被告涉案行为是否违反了诚实信用原则和互联网行业公认的商业道德。

原告要投入巨大成本才能获得和维持现有的竞争资源和竞争优势，仅以本案涉案影片一部电影为例，原告光支付的年均使用费就达 1200 万元，为了能有效回收成本，原告展开各种方式的经营活动，包括对用户的付费视频服务，对其他经营者的分销、转授权合作等。原告针对网络用户制定了 VIP 会员的服务协议和定价标准，并为了获得更多的交易机会，将协议内容和订约机会开放给网络用户自由选择。被告作为互联网视频服务提供者，在明知互联网视频市场的经营方式和营利模式的情况下，却利用购买的原告 VIP 会员账号以极低的成本获取原告价格高昂的正版片源，并且违反原告 VIP 会员协议中仅限会员个人使用的限制，用于经营牟利，以会员服务协议之名行攫取原告正版片源之实，其实质是未经原告同意就以完全不对等的对价获取原告的竞争资源和竞争优势，具有明显的"搭便车"和"食人而肥"的特点，主观上存在明显恶意。

第三，关于原告利益是否受到损害。

被告涉案行为为其攫取了与其投入完全不对等的正版视频资源，取得了本不应享有的竞争优势，致使原告遭受了"劳而不获"的损害后果，原告本应获取的收益包括 VIP 会员服务收益和分销收益等均难以实现，依靠其竞争资源和竞争优势争取到的用户注意力和与此相关的交易机会也面临减少或丧失。

综上，被告涉案行为不符合诚实信用原则和互联网行业的商业道德，且损害了原告的合法权益，造成了原告交易机会的减少，构成不正当竞争。

（5）网盘资源分享链接搜索服务纠纷

【典型意义】

湖南快乐阳光互动娱乐传媒有限公司与上海内聚网络科技有限公司（简称内聚公司）等案①是关于网盘分享链接搜索服务的著作权侵权案件。盘多多此类的搜索引擎，对发布在各个第三方平台的网盘资源分享链接及标题进行全网抓取，汇总后供公众搜索，扩大了侵权的范围。如果对盘多多这种搜索链接服务不予以制止，将会使百度网盘成为侵权作品存储和分享的"乐园"，极大地损害著作权人的合法权利。②

【案情概述】

一、百度公司是否构成帮助侵权及是否应承担侵权责任

第一，关于百度公司提供的百度网盘服务性质及法律适用。

本案涉及的百度网盘主要用于个人文件存储与备份，并未设立统一的公共分享空间，亦未设站内搜索。在不知道链接或者账号信息的情况下，登录百度网盘并不能浏览和观看用户上传至其个人账号空间内的文件内容。因此，百度网盘的本质特征是私密性和封闭性，该网络服务的主要目的不是公开和分享。故百度网盘不具备《信息网络传播权保护条例》第二十二条规定的信息存储空间服务的本质特征，在认定百度公司是否侵犯信息网络传播权时，不应适用该法律规定。

在《信息网络传播权保护条例》第二十二条不能适用的情况下，应当根据《侵权责任法》第三十六条的规定对百度网盘进行责任判定。

第二，关于百度公司提供百度网盘服务的行为是否构成侵权以及相应的法律责任。

由于百度网盘主要用于个人文件的存储和备份，并不直接向公众提供用户所存储的文件，其作为这一相对私密信息存储空间的网络服务提供者，对用户在个人账户空间存储的文件是否侵犯他人著作权不应负有主动审查的义务。且百度网盘网页公开了网盘服务提供者百度

---

① 《北京互联网法院民事判决书》（2019）京 0491 民初 2826 号。
② 《盘多多提供网盘资源分享链接的搜索服务 一审被判赔》，载微信公众号"北京互联网法院"，2019 年 8 月 28 日。

公司的信息，明确不对用户上传的作品进行任何形式的更改。虽然网盘用户可以设置分享链接，但多仅用于与亲友进行分享。与此同时，百度网盘为保护网盘用户隐私，保护包括著作权在内的知识产权，设置了robots协议，禁止任何搜索引擎包括百度搜索引擎抓取百度网盘分享页面的内容。百度网盘采取的上述措施，已经尽到了网络服务提供者的义务。如果相关权利人发现了侵权行为，可以按照公开的网盘服务提供者信息发出通知，则百度公司负有采取及时删除、屏蔽等必要措施的义务。本案中，原告向百度公司发出的预警函中并没有具体侵权的事实和相应的用户账号信息，不构成有效通知。百度公司在接到本案应诉通知后，删除了涉案侵权作品的分享链接，履行了"通知—删除"义务，不应承担赔偿责任。

二、内聚公司是否构成帮助侵权及是否应承担侵权责任

内聚公司运营的盘多多网站系针对百度网盘及微盘的资源分享链接提供搜索服务的网站，根据《信息网络传播权保护条例》第二十三条规定，如果其明知或者应知所链接的作品侵权，应当承担共同侵权责任。盘多多的搜索范围并非直接针对百度网盘的内容，而是针对百度网盘用户在互联网上分享的网盘文件链接进行的搜索。百度网盘为封闭性私人空间，并非用于公共分享。虽然网盘用户可以分享链接，但出于保护知识产权和网络用户隐私的考量，包括百度搜索引擎在内的通用搜索引擎并不对网盘用户放置在第三方站点的分享链接提供信息定位服务。内聚公司作为从事相关搜索业务的从业者，对百度公司及其他通用搜索引擎不提供前述信息定位服务的原因应当知晓。其运营的盘多多网站，对发布在第三方平台的网盘资源链接及标题进行全网抓取，客观上汇总了侵权链接，并会导致侵权范围进一步扩大的法律后果。如果对内聚公司这种搜索链接服务不予以制止，将会使百度网盘成为侵权作品存储和分享的"乐园"，极大地损害著作权人的合法权利。因此，内聚公司作为搜索服务提供者具有过错，违反了《信息网络传播权保护条例》第二十三条的规定，构成帮助侵权，应当承担侵权责任。

5. 人格权侵权纠纷

（1）明星遭遇网络暴力维权案

【典型意义】

井某然与任某锟网络侵权责任纠纷案①是明星遭遇网络暴力的纠纷。"井某某名誉权案一审胜诉"引发网友热议，大量网友表示"拒绝恶意造谣、网络非法外之地""造谣犯法、不要以谣传谣""网络非法外之地，不要以为能为所欲为""造谣也需要负法律责任，网络也不是传播虚假消息的地方""网络上也要谨言慎行"……取得了良好的社会效果。②

【案情概述】

法院认为，名誉系指对特定人格价值的一种社会评价。公民享有名誉权，禁止用侮辱、诽谤等方式损害公民的名誉。网络用户利用网络侵害他人名誉权的，应当承担侵权责任。公民的名誉权受到侵害的，有权要求停止侵害，恢复名誉，消除影响，赔礼道歉，并可以要求赔偿损失。本案中任某锟发布的微博，"上周井某然不是和倪某分手了吗，但是被曝光是合约情人（井某然是 G 倪某据说是拉)""不像井某然签的 2 年"等内容，均没有事实依据，该言论系对井某然的诽谤，足以造成对井某然社会评价的降低。井某然系知名影视演员，具有"公众人物"的身份和地位。公众人物的容忍限度以公众人物的人格尊严为限，超出该范围，则言论人应承担侵权责任。

发布涉案文章时任某锟拥有上百万粉丝量，其应当预料到涉案文章的发布会给井某然名誉及生活造成损害和影响，主观上存在过错，应承担名誉侵权的民事责任，井某然有权要求任某锟停止侵权、赔礼道歉、消除影响。

（2）舆论评价的正当界限

【典型意义】

车好多旧机动车经纪（北京）有限公司（简称车好多公司）与王某等

---

① 《互联网法院民事判决书》（2019）京 0491 民初 14097 号。

② 《网络并非法外之地 明星遭遇网络暴力维权求赔偿》，载微信公众号"北京互联网法院"，2019 年 7 月 8 日。

网络侵权责任纠纷案①分析了舆论评价的正当界限问题。公民、法人依法享有名誉权，因此在面对社会侵权行为时，公众可以依法进行维权。互联网时代，在此特别提醒广大网友应理性评论。网络媒介更要加强自身职业道德和自我监督力量，遵守舆论评价的正当界限。②

【案情概述】

本案的争议焦点为：①王某撰写的《服务费比中间商"黑两倍"！这样的二手车电商还能走多远？》《郭德纲怼偷换概念，原来老郭也懂二手车？》《二手车市场的春天在哪里？》三篇文章相关内容是否侵害了车好多公司的名誉权；②王某是否应承担相应的民事侵权责任。

关于争议焦点①，言论包括事实陈述和意见表达。首先，从王某撰写的《服务费比中间商"黑两倍"！这样的二手车电商还能走多远？》文章中引用的截图来看，能够认定涉案文章指向的系车好多公司运营的"瓜子二手车"平台，而在文章标题中使用"黑"字，文章内容中使用"奸商"等用词系从评论性文章对事实的描述转入对"瓜子二手车"的定性评论。其次，从王某提交的证据来看，王某的评价性论断有偏颇，所指称的内容缺乏确凿证据支持。最后，王某在文章中的评论观点，从行为定性的程度、观点用语的修辞来看，基本属实，但上述标题及文章采用的辞藻带有贬损之意，用词有不当之处，超出了一般评论或批评的范围，使观者对车好多公司产生负面印象，对车好多公司及其运营的"瓜子二手车"名誉权有所影响，构成侵权。

关于争议焦点②，王某自称为自媒体，根据一般认知，自媒体又称为"公民媒体"或"个人媒体"，是指私人化、平民化、普泛化、自主化的传播者，以现代化、电子化的手段，向不特定的大多数或者特定的个人传递规范性及非规范性信息的新媒体的总称。2017年6月1日颁布的《互联网新闻信息服务管理规定》《互联网新闻信息服务许可管理实施细则》将各类新媒体纳入管理范畴：若需向社会公众提供互联网新闻信息服务，应当

---

① 《互联网法院民事判决书》（2018）京0491民初2586号。

② 《遵守舆论评价的正当界限 避免名誉权侵权》，载微信公众号"北京互联网法院"，2019年7月25日。

取得互联网新闻信息服务许可；限制有关社会突发事件的报道、评论。本案中王某未提供证据证明其已获得上述经营许可，故其自称作为自媒体于涉诉三篇文章中的评论均不合规。

王某发表上述文章，自称为消费者维权，但若作为媒体，评论应坚持全面听取各方当事人意见、客观反映事实的原则，而涉案文章均有明确征集"瓜子二手车系"纠纷之意，对消费者诉求予以着重描写甚至夸大，未考量消费者诉求的合理性和合法性，带有倾向性，对车好多公司经营业务进行不当点评，可能对车好多公司的社会评价造成不良影响。综上，王某应承担相应的民事责任。

（3）擅用明星肖像及姓名案

【典型意义】

林某玲诉日晶国际汽车科技（北京）有限公司（简称日晶公司）网络侵权案①对擅用明星肖像权、姓名权的侵权行为进行了分析认定。

日晶公司存在侵害原告肖像权、姓名权的过错行为，并因此给林某玲造成了不良影响和巨大经济损失。互联网具有传播快、覆盖广的特点，其影响力远超其他传统媒体，故利用互联网侵犯公民名誉权、肖像权、姓名权和隐私权等人身权所造成的损害后果更为严重。特别是当上述权益具有商业价值时，侵权行为给权利人造成的经济损失往往也是巨大的。本案确定赔偿数额为 50 万元，即依法可判处财产损失的上限。该裁判体现了法院严厉打击在互联网领域中侵犯公民人身权行为的决心和力度。②

【案情概述】

根据庭审中查明的事实，日晶公司在其微信公众号、微博、官网及其自认的视频网站中，发布了大量介绍自己公司、产品的文章和视频，其中使用了林某玲肖像和姓名。日晶公司认为其使用林某玲的肖像时，已获得合法授权。

首先，虽然日晶公司提供了其与中凯公司的《销售合同》，用于证明

---

① 《北京互联网法院民事判决书》（2018）京 0491 民初 681 号。

② 《林志玲肖像、姓名权纠纷等案件今日宣判》，载微信公众号"北京互联网法院"，2018 年 12 月 27 日。

其有权使用林某玲的肖像，但因林某玲对该证据的真实性予以否认，在日晶公司未进一步提供证据加以证明的情况下，无法认定该证据的真实性。其次，即使该证据真实，中凯公司也没有林某玲在电影《赤壁（下）》之外的肖像使用权。最后，在该《销售合同》中，仅约定日晶公司可以使用《赤壁（下）》宣传图片、海报，作为"车优美"品牌产品做随产品赠品碟宣传之用，并未允许日晶公司使用林某玲的现代装照片，更未允许其使用林某玲的照片为自己的产品做宣传。因此，日晶公司不能基于该《销售合同》取得林某玲肖像的使用权。据此，日晶公司上述行为已构成对林某玲肖像权的侵犯。

从现有证据看，日晶公司从 2016 年 8 月就开始使用林某玲的肖像和姓名，并一直持续到 2018 年 11 月，直到宣判前，侵权照片和视频仍未全部删除，日晶公司侵权行为具有长期性。

日晶公司在其多个官方网站、微博、微信公众号中大量使用林某玲的肖像、姓名，借以宣传其产品，并以同样目的在主要视频网站中发布包含林某玲肖像的视频，日晶公司侵犯林某玲的肖像权、姓名权的行为次数多、范围广。

在《群星点赞超级品牌车优美》视频中，日晶公司将林某玲的影像与其他演艺人士为"车优美"产品代言的视频进行拼接；特别是日晶公司在明知林某玲没有为其产品代言的情况下，公然捏造事实，上述行为明显较单纯使用林某玲肖像的行为更为恶劣。上述内容经由互联网传播，不但严重影响林某玲的形象，而且严重欺骗了广大消费者。特别是日晶公司在网站中还设有加盟合作版块，上述行为还会在一定程度上误导加盟商投资加盟，扰乱正常的市场竞争规则，从而破坏了健康、有序的营商环境。

综上所述，日晶公司应对其严重侵犯林某玲肖像权、姓名权的行为承担赔偿责任。

（4）网友编辑百度百科词条涉名誉侵权案

【典型意义】

赵某航与北京百度网讯科技有限公司网络侵权责任纠纷案①是由于网

---

① 《北京互联网法院民事判决书》（2019）京 0491 民初 2403 号。

友编辑百度百科造成的名誉权侵权案。网络百科不仅向互联网用户提供信息存储空间，基于词条侵权风险以及网络用户信赖，还应当对词条内容的真实性、客观性和权威性尽到主动审核义务。[①]

【案情概述】

第一，关于赵某航是否有权提起本案诉讼。

首先，我国法律、司法解释明确赋予死者近亲属提起名誉权侵权诉讼的权利。

其次，对死者进行负面的社会评价，不仅侵犯了死者的名誉，也影响其近亲属整体利益以及个人利益。因此，死者任一近亲属均有权请求法院对死者人格权进行保护，也可以同时基于其近亲属身份追究侵犯其本人人格权的责任。

因此，赵某航有权提起本案诉讼。

第二，关于赵某的名誉是否受到损害。

赵某航提供的大量证据，可充分证实赵某系歌剧《红珊瑚》的作者之一。"俏女佳人"系某百度平台用户注册的虚拟名称，其通过编辑"赵某"词条，将原词条中的代表作品，歌剧《红珊瑚》删除。尽管"俏女佳人"并未直接发表否认赵某代表作的言论，但此种掩盖事实的行为，将影响互联网用户真实、全面地了解赵某的生平及其代表作品，并形成对赵某的客观评价，一定程度上造成赵某的社会评价降低的后果。

"俏女佳人"在案涉词条中的"简介"末尾添加明显对赵某职业道德、人格加以侮辱、贬损的言论，基于百度百科的开放性，上述内容一经添加，将可被赵某的亲友，以及不特定的互联网用户获悉，且从内容发布至被百度公司删除，历时五年之久，严重损害了赵某的名誉。

第三，关于百度公司是否构成侵权。

首先，关于提供"俏女佳人"的信息。本案中，百度公司已披露"俏女佳人"的注册信息。"俏女佳人"这一账号注册时，我国尚未要求互联网信息服务提供者在网络用户注册时进行实名认证，因此百度公司无法提

[①] 《网友编辑百度百科词条涉名誉侵权 百度被判承担民事责任》，载微信公众号"北京互联网法院"，2019 年 8 月 21 日。

供该用户姓名、身份证号等信息不存在过错。

其次，关于对百科词条的审核义务。

一方面，关于百度公司应当具备的管理信息的能力，以及所提供服务的性质、方式及其引发侵权的可能性大小。客观上，在用户所创造、编辑词条过程中涉及的知识共享以及观点表达，存在引发侵权的风险。作为百度百科的管理者，百度公司应当具备预防上述风险发生的意识，并应当根据其能力采取必要、合理的措施加以规制。尤其是对于人物类词条的编辑，因涉及对人物的评价，加之人人可以编辑的运行机制，极易出现主观化、情绪化以及特殊针对性的表达。因此，百度公司对于百度百科人物类词条编辑的监管力度无疑需要提升。

另一方面，关于百度公司采取预防侵权措施的技术可能性及其是否采取了相应的合理措施。在本案诉讼中，百度公司始终未向本院提供案涉词条被"俏女佳人"编辑时所适用的用户协议。作为百度百科的管理者，百度公司应当具备保存其历次更新用户协议的意识和能力。因此对于案涉词条被"俏女佳人"编辑时百度百科的内容发布规则，百度公司并未提供证据，应当承担举证不能的不利后果。

即便根据百度公司所能提供的最早版本的用户协议，即2015年7月经公证的《百度百科协议》进行对照，其中对于禁止发布含有侮辱、诽谤、虚假性的内容均进行了提示，也不能说明百度公司采取了预防侵权的合理措施。分析如下：其一，百度公司称，案涉词条被"俏女佳人"编辑时并不需要审核通过，但无法提供当时的编审规则，百度公司应当对其主张承担举证不能的不利后果。其二，本案中"俏女佳人"对案涉词条进行的两次编辑，均未提供任何参考资料，且在添加侵权字句时修改原因为"赵某品质不好，应该揭露！"，没有任何客观依据，百度百科完全可以对不当编辑进行阻止，但是两次编辑均短时间获得通过，说明百度公司并未通过有效措施对不当编辑行为加以预防和控制。

以上分析足以说明，百度公司在应当知悉网络用户利用其网络服务侵害他人民事权益之时，未采取必要措施，未尽到网络服务提供者的管理义务。百度公司应当向赵某航承担民事侵权责任。

（5）淘宝买家给差评案

【典型意义】

某商贸公司诉李某侵犯名誉权案是一起由产品纠纷引起的名誉权纠纷。目前，网购已成为消费者主流的消费方式。淘宝评论机制是淘宝网建立的一种信用机制，是消费者对产品质量或者服务质量行使评论、批评权利的平台。在厘清消费者正确表达诉求与侵犯法人名誉权边界的过程中，应充分考量特定场景下行为人的过错程度和行为的违法程度，以及实施的行为是否符合社会公认的价值观。当产品纠纷产生时，经营者应先以完善自身产品质量、提升服务水平为根本出发点，对消费者的批评与评论应具有一定的宽容度。对于消费者来说，淘宝评论机制不是发泄个人情绪的工具。虽然对产品质量或者服务质量进行批评、评论是消费者的法定权利，但是消费者应注意分清诉求表达与侵权的界限，避免人身攻击或者不文明用语出现在网络环境中，理性行使权利、化解纠纷。①

【案情概述】

第一，侵犯法人名誉权的构成要件及表现形式。

本案纠纷原告系法人，因此有必要明确侵犯法人名誉权的构成要件及表现形式。与公民名誉权相比较而言，侵犯法人名誉权的表现形式多为捏造、散布虚假事实，损害企业法人的商誉，在公开的媒体上发表内容不实的文章或者进行有失公允的评论等。《名誉权案件解释》第九条规定："消费者对生产者、经营者、销售者的产品质量或者服务质量进行批评、评论，不应当认定为侵害他人名誉权。但借机诽谤、诋毁，损害其名誉的，应当认定为侵害名誉权。"

判定侵犯法人名誉权的构成要件包括：行为人实施了诽谤、诋毁等违法行为；法人有名誉被损害的后果；侵权行为与损害后果之间存在着因果关系；行为人主观上有过错。另外，对法人名誉权侵权的判定要同时考量行为人实施的行为是否符合社会公认的价值观。

---

① 《淘宝买家给差评被诉侵犯名誉权 法院一审：未侵权》，载微信公众号"北京互联网法院"，2019 年 9 月 11 日。

第二，被告发表淘宝差评未损害原告名誉权。

经本案查明事实，目前没有充分的证据表明涉案产品存在质量问题，但是，产品包装盒的生产日期极易给消费者造成混淆和误解。在此种情况下，原告并未积极地给被告提供合理的解决方案，先是解释该日期是保质期，之后又始终强调让被告去鉴定产品质量，还拒绝被告退货退款的要求，特别是被告购买产品的目的是儿童食用。通过上述情形综合判定，被告添加差评并非为了故意贬损卖家的名誉，不存在主观过错，对原告不构成诽谤、诋毁。但是，被告在与客服沟通过程中使用的言辞确有不当，加剧了双方矛盾的升级，并不可取。和客服的聊天内容并不直接侵犯法人名誉权，在对商品评论过程中也未直接使用侮辱性言论，但是将聊天内容中的过激言论放置在评论中公之于众，将存在侵权风险。鉴于目前该评论处于屏蔽状态无法显示，被告也同意删除全部内容，故被告不承担侵权责任。[①]

6. 其他网络侵权纠纷

（1）退机票被诈骗案

【典型意义】

付某贵与北京三快信息科技有限公司（简称三快科技公司）等网络侵权责任纠纷案[②]对网络运营者所负保护信息安全义务的具体内容进行了充分阐述，强调网络运营者应当按照《网络安全法》的要求，履行相应的安全保护义务，保障网络免受干扰、破坏或者未经授权的访问，防止网络数据泄露或者被窃取、篡改。应履行的安全保护义务包括：①制定内部安全管理制度和操作规程，确定网络安全负责人，落实网络安全保护责任；②采取防范计算机病毒和网络攻击、网络侵入等危害网络安全行为的技术措施；③采取监测、记录网络运行状态、网络安全事件的技术措施，并按照规定留存相关的网络日志不少于六个月；④采取数据分类、重要数据备份

---

① 《淘宝买家给差评被诉侵犯名誉权 法院一审：未侵权》，载微信公众号"北京互联网法院"，2019 年 9 月 11 日。
② 《北京互联网法院民事判决书》（2018）京 0491 民初 1905 号。

和加密等措施；⑤法律、行政法规规定的其他义务。并且，网络运营者在收集、使用个人信息时，还应当遵循合法、正当、必要的原则，公开收集、使用规则，明示收集、使用信息的目的、方式和范围，并经被收集者同意。另外，在网络诈骗时有发生、个人信息安全不容忽视的情况下，法院指出用户也应尽到审慎的注意义务，在进行网络交易行为时提高警惕性。①

【案情概述】

第一，关于本案三被告是否对涉案信息负有安全保护义务。

本案中，三快科技公司作为美团 App 的开发者，通过美团 App 为用户提供服务，为美团 App 的所有者、管理者和网络服务提供者，即美团 App 的网络运营者，应对其收集的个人信息负有确保安全的义务，应当防止信息泄露、毁损、丢失。

三快在线公司和三快信息公司并非美团 App 的网络运营者，原告提供的证据亦不能证明该二被告知晓涉案信息，故三快在线公司和三快信息公司对涉案信息并不负有上述义务。

第二，关于三快科技公司所负保护信息安全义务的具体内容及其是否尽到了相应义务。

首先，内部使用时的义务内容。本案中，三快科技公司主张其在信息安全管理上不存在漏洞。虽然其提供的证据可以证明其采取了一定的安全保护措施，如将可识别的信息去标识化处理，对用户姓名、手机号和证件信息都进行了部分隐藏，相关信息的管理需要经过授权许可等，但对其内部安全管理制度和操作规程、具体访问涉案信息的授权规则、授权人员范围、监控情况等，三快科技公司均未清楚、准确地予以说明。三快科技公司所称系统自动发送的风险提示短信包含完整的涉案信息，在其系统平台上所保存的记录亦未进行去标识化处理，该短信在发送之后相关记录会留存在美团平台的数据库中，可以再次访问。综上，三快科技公司在其信息安全管理无漏洞方面举证并不充分。

其次，提供给第三方时的义务内容。一方面，从现有证据看，三快科

① 《退机票被诈骗 APP 平台是否担责》，载微信公众号"北京互联网法院"，2019 年 6 月 5 日。

技公司并未提供充分证据证明涉案信息由其他主体泄露，其提供的商家导出订单报表等证据反而显示在商家处已将旅客手机号码进行了加密处理。另一方面，在因交易必要需将个人信息提供给第三方的情况下，网络运营者作为信息采集方，同样负有采取相应措施保护信息安全的义务。在其提供过程中，至少应做到三点：一是同样遵循合法、正当、必要的原则，将提供信息的范围严格限制在订票所必需的范围内；二是应当采取技术措施确保信息传输过程中的安全，如采用技术手段进行匿名化处理；三是作为交易模式的设计者，三快科技公司应清楚知晓其采集信息的流向、范围及可能有泄露风险的环节。

综上，三快科技公司未充分证明其已经尽到了保护涉案信息安全的义务。

第三，关于原告遭受损害事实的认定。

首先，在原告委托其同事订票后两日内，订票预留手机号码即收到包含涉案信息的诈骗短信，涉案信息被泄露是明显事实。其次，在原告将涉案信息提供给美团 App 后，相关数据的保存、传输和利用等信息资料都由网络经营者掌握，原告不具备收集证据的条件与手段，无法对涉案信息在网络经营者处的使用情况进行举证，如要求其进一步举证证明信息泄露的具体环节和主体，显然超出其举证能力，有违公平原则。三快科技公司应举证证明其尽到了对涉案信息的安全保护义务，来推翻其泄露涉案信息的高度盖然性。结合第二部分的分析，三快科技公司并未能够提供相反证据，故可以认定涉案信息由售票渠道泄露。

虽然相关刑事案件并未处理完毕，但民事案件和刑事案件具有不同的证明标准，民事案件以"高度盖然性"为证明标准，人民法院经对证据审查并结合相关事实，确信待证事实的存在具有高度可能性的，应当认定该事实存在。

第四，关于三快科技公司未履行保护信息安全的义务与原告遭受损害事实之间是否存在因果关系。

被告作为网络运营者、涉案信息采集者以及信息可能被泄露的风险开启者，其未履行保护信息安全的义务与涉案信息在售票渠道被泄露具有直接的因果关系。原告主张被诈骗导致的财产损失虽非三快科技公司直接侵权造成，但确实是由于涉案信息泄露并被非法利用，使得原告相信诈骗短信的真实性进而被骗所造成，故，被告未履行保护信息安全的义务与该信息被非法利用后导致原告经济损失具有间接的因果关系。

第五，关于三快科技公司是否存在过错。

综合本案查明事实及三快科技公司的陈述，其主观认为已采取的措施能够避免信息泄露的发生，但事实证明相关措施并未确保其收集的个人信息安全，可见三快科技公司在履行保护信息安全义务方面存在过失，其应就未尽到保护涉案信息安全的义务，进而使涉案信息泄露并被非法利用，导致原告被诈骗产生的财产损失承担相应的赔偿责任。

（2）网络服务提供者安全保障义务的认定

【典型意义】

何某飞与北京微梦创科网络技术有限公司网络侵权责任纠纷案[1]分析了网络服务提供者安全保障义务的认定。网络空间同样存在公共空间或群众性活动，而网络服务提供者经营的网络平台是网络公共空间常见的一种表现形式。网络空间与实体空间具有紧密联系，网络空间的行为间接影响线下生活并引发损害的事件并不少见。当网络行为具有开启危险、引发损害等因素时，网络服务提供者作为网络平台的管理者、经营者和组织者，应当对网络行为可能产生的危险进行防范。同时，考虑到网络空间的虚拟性，网络服务提供者作为网络公共空间管理人所负有的安全保障义务应与传统实体空间中的安全保障义务在具体的义务内容和履行方式上有所区别。[2]

【案情概述】

被告为微博平台的网络运营者及网络服务提供者，案外人吴某宁注册账号成为该平台的网络用户并上传危险动作视频至微博平台。吴某宁在拍摄危险动作视频过程中坠亡，是本案所涉的损害结果。

第一，关于网络服务提供者是否应对网络用户承担安全保障义务。

---

① 《北京互联网法院民事判决书》（2018）京 0491 民初 2466 号。

② 《微博、快手发布危险性视频被诉网络侵权 因平台已尽到安全保障义务被驳回》，载微信公众号"北京互联网法院"，2019 年 6 月 11 日。

网络空间与实体空间具有紧密联系，网络空间的行为虽然未必会对人身及有形财产造成直接损害，但其间接影响线下生活并引发损害的事件并不少见。当网络行为具有开启危险、引发损害等因素时，网络服务提供者作为网络平台的管理者、经营者和组织者应当对网络行为可能产生的危险进行防范，应当对网络用户负有一定的安全保障义务。

同时，考虑到网络空间的虚拟性，网络服务提供者作为网络公共空间管理人所负有的安全保障义务应与传统实体空间中的安全保障义务在具体的义务内容和履行方式上有所区别，应当结合其网络公共空间的特点、提供服务的内容、因此获得的收益、所具有的技术能力等进行具体分析。

第二，关于被告是否构成侵权。

首先，关于被告是否对吴某宁负有安全保障义务及具体义务内容。被告作为微博的运营者亦为微博平台公共网络空间的管理人，吴某宁作为微博的注册用户，被告对吴某宁应当负有安全保障义务。

被告所负安全保障义务的具体内容方面，就安全保障义务的范围来说，其对于全部的微博用户，包括接受免费服务的用户，都负有最基本的安全保障义务，即遵守相关法律法规的规定及行政监管的要求，在明知或应知用户发布的信息含有违法、违规的内容时，采取包括但不限于审核、告知、删除、屏蔽、断开链接等相应措施。需要注意的是，结合现有技术的发展水平，面对海量的上传内容，被告所负有的安全保障义务中对于相关内容的审查应为被动的审查义务，而非主动的审查义务。这是因为，即便目前技术上能做到主动、全面审查，也可能会极大增加网络服务者的运营成本，进而阻碍行业发展，牺牲社会的整体福祉。

其次，关于被告是否存在过错。现有证据无法证明，亦无法推定被告明知或应知吴某宁发布了危险动作视频，其对吴某宁所发布的危险动作视频未予审查不存在主观过错。进一步，被告更无法预知、防范吴某宁拍摄相关视频时可能遭遇的危险。被告在吴某宁坠亡一事上不具有过错，不应对吴某宁的死亡承担侵权责任。

（三）广州互联网法院典型案例综述

1. 网络购物合同纠纷

（1）标价"乌龙"的赔偿责任问题

【典型意义】

王某丰与杭州鼎发贸易有限公司（简称杭州鼎发公司）网络购物合同纠纷案①是一起因标价错误产生的案件。消费者权益保护一直是电子商务市场中广受关注的焦点，不过经营者与消费者作为市场交易的平等主体，纠纷发生后只有对双方给予平等的司法保护，才能实现电子商务活动中的利益平衡，促进电子商务市场的健康有序发展。法院行使裁判权应当遵循诚实信用原则，善良、合理地理解和解释消费者的诉讼请求，应当坚持互联网思维，充分考虑网络环境下电商经营者的经营风险和权益保障问题。在网络购物环境下，由于经营者与消费者信息不对称，双方在缔约过程中一般未经磋商，消费者也无法现场查验商品，所以《中华人民共和国消费者权益保护法》规定消费者享有七天无理由退货的权利，为消费者提供了一种对商品外形、质量等作出错误判断的"容错保护"。②

【案情概述】

以下仅讨论被告杭州鼎发公司的行为是否构成欺诈。

《最高人民法院关于贯彻执行〈中华人民共和国民法通则〉若干问题的意见（试行）》第 68 条规定：一方当事人故意告知对方虚假情况，或者故意隐瞒真实情况，诱使对方当事人作出错误意思表示的，可以认定为欺诈行为。本案中，被告于 2018 年 8 月 1 日才开始在京东平台销售商品，原告于 2018 年 8 月 16 日下单时被告尚处于初运营阶段，GQ - 230 制冰机实际销售价格远超 2788 元，且双方确认原告系被告的首单客户，被告在原告下单当晚即向原告表明标价错误，故对于被告辩称因疏忽大意标错涉案商

---

① 《广州互联网法院民事判决书》（2018）粤 0192 民初 565 号。

② 《标价"乌龙"，经营者是否应该承担三倍赔偿责任?》，载微信公众号"广州互联网法院"，2019 年 4 月 9 日。

品价格的意见，法院予以采纳。该行为属于意思表示错误，并非故意告知原告虚假情况，不构成欺诈。

对于被告辩称商品无货的事实，由于涉案商品目前仍在京东出售，未显示"缺货或者预订中"的状态，且原告所提交的证据证明被告客服与原告通话时表示"货，我们可以发给你"，故在被告无相反证据的情况下，法院不予采纳。但是，法院认为被告关于无货的虚假陈述亦不构成欺诈。首先，原告在下单时的真实意思表示是"以 2788 元购买 GQ‑230 制冰机"，与其作出的意思表示一致，故原告并未因被告的虚假陈述陷于错误认知并作出意思表示。其次，《中华人民共和国消费者权益保护法》第五十五条规定对欺诈行为处以三倍的惩罚性赔偿，目的是对可以获取不正当利益的欺诈行为施以惩戒，让欺诈者无利可图。本案中，被告作为经营者，履行合同赚取商品的利润是其获利的方式，拒绝发货的行为只是为了利益不受损害，并非想因此获取非法利益，故不属于《消费者权益保护法》惩戒的"欺诈"行为。

（2）"标价错误"拒绝发货、撤销合同纠纷

【典型意义】

重大误解，是指一方因自己的过错而对合同内容等发生误解，进而订立了合同。误解直接影响当事人所应享有的权利和承担义务。误解既可以是单方面的误解（如出卖人误将某一标的物当作另一物），也可以是双方的误解（如买卖双方误将本为复制品的油画当成真品买卖）。

在实际交易中，对于合同虽已经成立，但商家、消费者基于自身利益的考虑，或基于其他原因主张合同存在效力欠缺、履行不能、不愿履行等情形，从而拒绝履行合同义务的争议，首先，应审查合同是否存在无效、可撤销等情形；其次，在合同依法成立并生效的情况下，审查商家、消费者拒绝履行合同义务的理由是否成立，如不成立，除了守约方要求解除合同、不要求继续履行合同或者依法不宜强制履行等情形以外，法院应依当事人所请判决继续履行，以维护合同的稳定性和诚实信用原则。[①]

[①] 《一句"标价错误"，商家就想拒绝发货、撤销合同?》，载微信公众号"广州互联网法院"，2019 年 10 月 10 日。

【案情概述】

某莎公司于 2019 年 1 月 14 日向京东客服反映订单异常情况，可以认定某莎公司已经知悉案涉订单的情况，其撤销权的撤销期限自 2019 年 1 月 14 日起算。撤销权属于形成权，该意思表示到达对方即为生效。某莎公司于 2019 年 3 月 11 日在答辩状中提出撤销案涉合同的主张，即为行使撤销权的权利，并未超过三个月的行使期限，该意思表示到达王某时即为生效。合同当事人双方对于合同能否被撤销发生争议时，一方当事人提起诉讼属于解决争议的方式，而非行使撤销权的必要条件。

某莎公司主张的事由不符合行使撤销权的条件。《合同法》第五十四条规定，因重大误解订立的合同，当事人一方有权请求人民法院或者仲裁机构撤销。《最高人民法院关于贯彻执行〈中华人民共和国民法通则〉若干问题的意见（试行)》第 71 条规定，行为人因对行为的性质，对方当事人，标的物的品种、质量、规格和数量等的错误认识，使行为的后果与自己的意思相悖，并造成较大损失的，可以认定为重大误解。根据某莎公司陈述的意见和本案证据，造成王某低价购买到案涉商品的原因是某莎公司错误理解京东平台的促销活动规则，该误解并非对买卖合同的行为性质，对方当事人，标的物的品种、质量、规格和数量等的错误认识，不构成买卖合同中的误解。

因某莎公司主张撤销合同的理由不成立，且当事人双方签订的买卖合同意思表示真实、合法有效，故该合同对双方具有约束力。《合同法》第一百三十条规定，买卖合同是出卖人转移标的物的所有权于买受人，买受人支付价款的合同。第一百零七条规定，当事人一方不履行合同义务或者履行合同义务不符合约定的，应当承担继续履行、采取补救措施或者赔偿损失等违约责任。王某向某莎公司支付货款后，某莎公司至今未向王某发货，故王某请求某莎公司履行双方买卖合同的义务依法有据，法院予以支持。①

---

① 《一句"标价错误"，商家就想拒绝发货、撤销合同?》，载微信公众号"广州互联网法院"，2019 年 10 月 10 日。

（3）网购"七天无理由退换货"规则纠纷

【典型意义】

电子商务平台经营者通过用户协议制定平台规则是网络空间治理的重要方式。《电子商务法》第三十二条对电子商务平台经营者制定平台自治规则的权利予以确定。平台通过与用户签订用户协议，获得用户知情同意的方式，实现了整个平台内的管理与自治。用户协议也得以成为平台内的自治规则，在平台内具有普遍约束力，并实际具有了规则的效力和功能。在电子商务活动中，诚实信用原则同样须得到恪守和尊重。《消费者权益保护法》虽将"七天无理由退货"确立为网络购物方式下消费者行使"后悔权"的依据，但其并未赋予消费者滥用退货规则的权利。

同时，电子商务平台在用户协议中约定的修改、中止、停止服务格式条款并非当然无效。对于网络平台在用户协议中单方赋予自己随时修改服务协议权利的条款，应认定为无效条款。对于中断、终止服务协议的条款，需要看用户是否有不当行为。特别在社交网络、游戏网站等涉及虚拟财产、人格权保护的领域，用户协议中约定中止、终止服务条款如是基于维护用户利益、网络秩序与安全的原因而约定，那么，此类条款应认为符合诚实信用原则和实质公平而有效；如是单方面维护网络运营商自身利益而任意中断服务的条款，因其实际上赋予网络运营商单方解除合同的权利，应归于无效。①

【案情概述】

本案为网络服务合同纠纷，唯品会公司作为网络购物平台应当依法、依约提供服务，李某作为用户也应遵守合同约定和法律规定，不应滥用自身权利。

李某作为唯品会商城的会员，虽然购买了"超级 VIP"服务，但从权利的名称和规则来看，"超级 VIP"享有的"免费退货"权利只是对部分商品可以由唯品会公司免费上门取件，但不等于"无限退货"。李某于2015 年 5 月 1 日至 2018 年 4 月 12 日在该商城共购买 537 件商品，其中退

---

① 《"超级 VIP"账户因退货遭冻结？网购"七天无理由退换货"规则不可滥用!》，载微信公众号"广州互联网法院"，2019 年 7 月 4 日。

货、拒收共 454 件，退货、拒收率高达 84.54%，结合日常生活经验判断，此确属不合常理的高退货率。

网络购物的用户虽然依法享有退货的权利，但李某较长时期内如此高的退货率反映其在购物时未能尽到起码的谨慎义务，在行使退货权利时又过于随意，这种做法不合理地增加了企业和社会的成本，有悖于诚实信用原则，是对自身权利的滥用。唯品会公司根据用户注册会员时须同意的《唯品会服务条款》中"经唯品会判定认为存在恶意退货或不合常理的高退货率等情形……唯品会有可能……永久冻结……您的个人账户或者采取其他处理措施"的约定，冻结了李某的唯品会账户，有合同依据。李某认为此系不合理的格式条款，经审查，该条款虽为格式条款，但并无提供格式条款一方免除其责任、加重对方责任、排除对方主要权利的情形，也无其他违反法律规定的情形，故属于有效条款。唯品会公司依此约定行使管理权利，维护该平台的合理交易秩序并无不当。[①]

(4)"刷单"案件

【典型意义】

电子商务经营者以虚构交易为目的与他人通谋订立网络购物合同，双方系以虚假的网络购物意思掩盖真实的'刷销量、赚报酬'意思，该民事法律行为无效。不论刷手是以未收到货款、报酬为理由，还是以商品未实际发货为理由起诉，主张退还货款、支付报酬，都不应得到人民法院的支持。此外，电子商务经营者通过虚构交易获得不当信用利益，不但违反了法律的强制性规定，需自行承担相应损失，还将受到市场监督主管部门的行政处罚。[②]

【案情概述】

何某昆与漫漫公司订立网络购物合同，意在以虚假网络购物意思掩盖"刷销量、赚报酬"的真实意思，属于《民法总则》第一百四十六条规定的通谋虚伪行为。对于双方以虚假的意思表示实施的民事法律行为，即网

---

① 《"超级 VIP"账户因退货遭冻结？网购"七天无理由退换货"规则不可滥用！》，载微信公众号"广州互联网法院"，2019 年 7 月 4 日。

② 《刷单"投入"有去无回？法律不保护网络黑产交易！》，载微信公众号"广州互联网法院"，2019 年 12 月 20 日。

络购物合同的效力，因双方缺乏真实的意思表示而无效。

对于隐藏的民事法律行为的效力，即双方以何某昆为漫漫公司"刷销量"，漫漫公司向何某昆支付一定费用为合同内容的行为效力，法院认为法律行为因违反《电子商务法》第十七条有关"电子商务经营者不得以虚构交易、编造用户评价等方式进行虚假或者引人误解的商业宣传，欺骗、误导消费者"的规定而无效。

何某昆通过阿里巴巴平台支付给漫漫公司的 20000 元款项，既是基于双方虚假意思表示订立网络购物合同所支付的"货款"，又是何某昆欲通过为他人"刷销量"从而赚取相应比例报酬"投入"的款项。对于何某昆基于与漫漫公司虚假意思表示订立网络购物合同所支付的"货款"，因双方缺乏买卖的真实意思，故不存在何某昆期待漫漫公司履行商品交付义务的可能，何某昆现以案涉商品未实际发货为由主张退还，有悖双方真实意思。

对于何某昆基于"刷销量"赚取报酬的"投入"，何某昆现以该民事法律行为无效为由主张退还。对此，法院认为，网络交易因其虚拟性催生了网络信用评价体系的建立，而网络信用评价对电子商务经营者的生存发展影响极大，刷单炒信等虚假交易产业亦随之产生。该产业有独立的"规则""行情"，一般表现为：电子商务经营者根据自身需求，自行或者委托他人（自然人或刷单炒信企业）组织刷手，通过虚假交易获得不当信用利益，再向刷手、刷手组织者支付报酬。在虚假交易的各个环节中，上、下游行业分工明确，运作精细。此种通过虚假交易增加交易量的行为，不仅侵害了消费者的知情权，还攫取了其他电子商务经营者的交易机会，扰乱了正常的网络交易秩序，是明显违反法律规定的行为。互联网法院不但要表明不保护网络黑产交易的立场，还应担负起推动网络空间治理法治化的使命。本案中，双方通谋共同实施了"刷销量"行为，致使案涉合同因违反法律规定被认定无效，客观上已产生了虚假订单，造成了网络营商环境的损害，且何某昆系自行决定"投入"款项的数额，并自认非首次为他人"刷销量"，故对于何某昆基于赚取刷单报酬目的"投入"的款项，依法不予保护。①

---

① 《刷单"投入"有去无回？法律不保护网络黑产交易!》，载微信公众号"广州互联网法院"，2019 年 12 月 20 日。

（5）"羊毛党"不当获利案件

【典型意义】

钱某与广州华多网络科技有限公司（简称华多公司）悬赏广告纠纷案①是典型的"薅羊毛"行为导致的。在互联网语境下，"羊毛党"是指关注与热衷于"薅羊毛"的群体，即专门选择互联网公司的营销活动，以低成本甚至零成本换取高额奖励的人。他们最初从对互联网优惠活动的关注和操作中零星获利，其后逐渐向组织化、集群化发展，参与人员日益庞大，操作方法日渐多样，发展出了完整、成熟的产业利益链，其中不少与网络黑、灰产存在关联，对互联网企业的影响明显，成为互联网经济中不可忽视的一类群体。

"技术刷量"和"人工刷量"是"羊毛党"们提高用户量、流量等通常采用的两种手段。对于"技术刷量"，即利用计算机软、硬件如"Xposed"工具、"猫池"设备等伪造用户信息的方法，因所得数据明显虚假，且可能涉嫌刑事犯罪，此类行为不符合互联网企业的悬赏目的和活动规则，通常没有争议。但是，对于"人工刷量"，即用户采用额外的金钱、物质等利诱手段聚集大量专待领取奖励和额外奖励的人群，以他们完成特定任务为条件支付奖励的操作手段是否符合活动规则的问题，其答案并非一目了然。

本案判决对"人工刷量"明确表明了态度，即该类操作不符合悬赏目的，实际上是采用欺骗方法制造完成特定行为的假象，进而利用悬赏活动牟利，违反了诚实信用原则。此种行为扰乱了电子商务活动的正常秩序，损害了互联网企业和其他用户的合法权益，且容易滋生和助长犯罪行为，不应得到支持和鼓励。②

【案情概述】

第一，关于钱某的行为是否属于"刷量"操作。钱某组建或参与专为获得邀请者的奖励而组建的众多微信群，采用另行给被邀请者金钱等物质

---

① 《广州互联网法院民事判决书》（2019）粤0192民初790号。

② 《女孩为YY拉来上万用户，4万元赏金却"冻过水"？"羊毛党"不当获利需打击！》，载微信公众号"广州互联网法院"，2019年7月16日。

奖励的方式邀请了近万名涉案 App 新用户。上述微信群成员注册成为新用户的目的是获取相应的奖励，而非真正使用涉案 App。华多公司通过专业公司监测到钱某邀请的新用户中，有的使用"猫池"手机号注册涉案 App，此类通过技术手段伪造手机号、伪造新用户的行为属于"刷量"操作。对于被邀请用户使用真实手机号码的情形，表面上看，钱某为涉案 App 邀请了大量新用户，但这些用户属专门赚取网络红包等利益的群体，通常不能形成真正意义上的用户，钱某邀请其注册涉案 App 的目的，是刷高"拉新"的数量，以从华多公司获取更多的红包奖励。

第二，关于钱某的行为是否符合华多公司"邀请好友立赚"活动的规则。"好友"属社交概念，"邀请好友"应当理解为邀请好朋友或邀请与邀请人有一定社交联系的人，在电子商务交易习惯中，常被商家用作挖掘用户社交资源发展新用户的营销手段，本案"邀请好友立赚"活动亦不例外。华多公司开展该活动的目的是挖掘用户的社交资源，吸引更多的用户使用"YY 极速版"App，以提供更多的消费，进而增加营收。也就是说，华多公司将用户的好友作为可能使用涉案 App 的群体予以开发。但钱某通过"刷量"邀请的"好友"，属于专门以赚取商家营销活动奖励为目的的群体，其注册并完成可获得红包的使用行为后一般不会再继续使用相关 App，将之纳入"邀请好友立赚"中的"好友"范围，显然不符合华多公司的真实意思表示，这在华多公司提现页面关于对刷量操作将冻结提现的说明中也得到印证。因此，钱某通过"刷量"邀请的所谓"好友"，不应当认定为属于"邀请好友立赚"活动中"好友"的范围，否则，就会违背"邀请好友立赚"活动的目的。

第三，关于钱某是否有权要求华多公司支付"拉新"报酬。本案所涉"邀请好友立赚"属悬赏活动，钱某只有在完成活动规则要求的"邀请好友"这一特定行为后才能要求支付报酬。因钱某"刷量"不符合活动规则，故其没有完成上述特定行为。尽管钱某的 App 账户"我的零钱"显示了奖励金额，但在没有提现前，该奖励金额仍属华多公司的财产，其有权禁止提现。

综上，钱某的"刷量"行为看似完成了华多公司悬赏广告活动中的特定行为，但实际上是采用欺骗方法制造完成特定行为的假象，进而利用悬赏活动牟利，违反了诚实信用原则。"刷量"行为扰乱了电子商务活动的正常秩序，损害了互联网企业的合法权益，不应得到支持和鼓励。

2. 网络服务合同纠纷

（1）主播"打赏款"无法退回纠纷

【典型意义】

俞某华与广州华多网络科技有限公司、王某戎网络服务合同纠纷案[①]是"打赏"网络主播的"打赏款"无法退回导致的。在此类案件审理中，应当首先对"打赏"的法律性质作出明确认定。网络直播中，用户的"打赏"是直播平台、直播发布者（俗称"主播"）获得收入的重要途径。"打赏"后，用户要求退回"打赏"款项而诉至法院的案件时有发生。以往的司法实践较少直接对此作出认定，学术界对此也存在广泛争议，而本案判决对此作出正面回应，具有典型意义。[②]

【案情概述】

一、俞某华与各被告之间的法律关系

关于俞某华与华多公司之间的法律关系。华多公司是提供网络直播服务的平台，俞某华通过华多公司提供的 YY 直播平台观看直播、进行充值和"打赏"，俞某华与华多公司之间成立网络服务合同关系。

关于俞某华与刘某琪之间的法律关系。任何浏览该直播平台的人均可观看该频道号为 24064 直播间的全部直播内容，刘某琪的直播表演不需要支付对价。俞某华基于观看直播后对刘某琪表演的满意、赞赏，向刘某琪以"打赏"的方式赠与金钱，在"打赏"的同时没有向刘某琪设定义务，是无偿、单务的合同，由此形成的是赠与法律关系。

VP 是一种管理身份，据以行使的是一定的管理权限，刘某琪向俞某华授予 VP 身份，形成的是委托合同法律关系。

刘某琪向俞某华授予 VP 身份虽然发生在俞某华向刘某琪赠与礼物之

---

① 《广州互联网法院民事判决书》（2018）粤 0192 民初 3 号。

② 《用户状告 YY 主播！管理权限被撤销，4 万余元"打赏"款却无法退回？》，载微信公众号"广州互联网法院"，2019 年 5 月 30 日。

后，但在俞某华赠与之前，刘某琪或俞某华均未向对方发出"赠送礼物换取永久VP"的要约或承诺，俞某华赠与礼物与刘某琪授予VP不是同一合同关系中的对价，而是各自在履行赠与合同和委托合同的义务，两个合同的权利义务之间没有对应的关系。

二、俞某华各项具体诉讼请求是否具有事实和法律依据

俞某华诉请撤销其在频道号为24064直播间消费的合同。如上所述，俞某华与华多公司之间形成服务合同关系，俞某华与刘某琪之间形成赠与合同关系。在这两个合同关系订立前或订立时，没有证据表明俞某华对该服务合同或赠与合同的内容存在重大误解，或者该合同显失公平，或者华多公司、刘某琪对俞某华进行了欺诈、胁迫或乘人之危，且如上所述，没有证据表明该赠与合同附有义务。由于俞某华向刘某琪赠与礼物与刘某琪向俞某华授予VP身份分属不同的法律关系，故俞某华VP身份的获得或失去与俞某华向刘某琪赠与礼物的赠与合同没有关系，俞某华不能因其被刘某琪撤销VP身份而要求撤销该赠与合同。

俞某华称其因刘某琪使用他人账号直播、该直播间观众数据作假而受到欺诈，但刘某琪系用自己的网名"慢热7"、自己的形象和声音在该直播间直播，俞某华的"打赏"行为显然是基于对刘某琪本人直播表演的评价而不是因其对刘某琪直播账号的实名认证人的认识而作出的，直播平台数据显然也不是俞某华"打赏"的主要因素，即俞某华并不是基于这些原因而陷入错误认识，进而作出"打赏"的行为的，俞某华称刘某琪因这些行为而构成欺诈，不符合法律规定的欺诈的构成要件。

（2）《梦幻西游》账号纠纷

【典型意义】

崔某波与广州网易计算机系统有限公司（本案中简称网易公司）网络服务合同纠纷案[①]是涉网络游戏协议的合同纠纷案。游戏装备是网络游戏用户在网络游戏过程中，其游戏虚拟人物所使用的物品，在游戏运行过程中表现为宝物、武器、工具等，实际是存储在计算机服务器中的数据在网络游戏中的表现形式。网络游戏账号和装备均依附于虚拟、特定的网络游

---

① 《广州互联网法院民事判决书》（2019）粤0192民初271号。

戏而存在，具有一定的使用价值和交换价值，属于虚拟财产的范畴。在立法尚不明确的情况下，司法实践对于涉及网络游戏账号、装备纠纷的处理应遵循私法尊重意思自治的原则，根据用户与游戏运营商之间签订的网络游戏服务协议确定彼此的权利义务范围，基于合同法的规定调整双方的法律关系。

鉴于用户与游戏运营商之间的基础法律关系为合同关系，因账号丢失、被盗现象引发的纠纷，用户首先可基于运营商负有的保障网络游戏环境安全的义务要求其承担违约责任。如果游戏运营商对于其他用户的侵权行为未采取必要措施，存在过错的，被侵权用户也可向运营商主张侵权责任。具体来说，游戏运营商可能因以下三种情形需要承担民事责任：一是因技术安全措施不到位导致的用户虚拟财产丢失、被盗的；二是监测到用户账户异常但怠于通知，导致用户无法及时防损、止损的；三是用户履行账户异常报告义务后，游戏运营商怠于采取保护性措施，导致用户虚拟财产无法被追回或损失扩大的。①

【案情概述】

首先，网易公司在客户端设置《〈梦幻西游〉电脑版服务条款》和《玩家守则》，在注册账号时设置了《网易邮箱账号服务条款》，上述条款、守则并未违反强制性法律规定，且崔某波对此表示认可，故对双方均具有约束力，可以作为裁判的依据。

其次，网易公司已经证明其将验证码短信发送给崔某波，崔某波主张未收到10月6日的验证码短信，应提供证据予以反驳。崔某波提交的短信记录与其发送短信扣费记录不相符，未能提供合理解释，也未能提交移动运营商的短信收发清单，应承担举证不能的不利后果。

再次，根据网易公司绑定将军令的流程，需要通过用户的账号和密码登录账号，然后向绑定的安全手机发送第二次验证码，并使用该验证码绑定将军令。盗号者能通过崔某波的账号密码登录账户，并能知悉崔某波手机号收取验证码，进而绑定将军令。如前所述，并无证据能够证明是网易

---

① 《追回〈梦幻西游〉账号后，网易让我交2000多元赎回装备……》，载微信公众号"广州互联网法院"，2019年9月11日。

公司存在漏洞所致。至于第一次验证码可以用任意手机获取的问题，虽然该步骤可能被他人恶意使用，但是该步骤属于整个验证程序的一环，结合输入账号密码、输入第二次验证码两步程序，并不会因此步骤而对账号的安全问题产生实质性影响。而在绑定将军令的过程中，网易公司向崔某波发送了验证码短信，并在绑定将军令后发送了信息，可以认定网易公司及时通知崔某波其账号存在异常情况。综上，可以认定网易公司采取了合理措施保障用户账号的安全。

从崔某波首次告知网易公司其账号和物品被盗，到网易公司查证并帮崔某波追回涉案的网络游戏道具，时间不足 10 小时，且帮崔某波追回了涉案网络游戏道具，可以认定网易公司及时采取了必要措施。

根据盗号者的盗号过程可知，盗号者知晓崔某波两个账号和密码。因账号的密码由崔某波保管，推定崔某波账号被盗系其未妥善保管其账号及密码所致，因此，因盗号造成损害，崔某波应当承担由此产生的法律责任。对于第三方玩家购买的涉案网络游戏道具，网易公司收回该道具后，须返还第三方玩家为购买该道具而支付的合理对价，故网易公司要求崔某波支付与游戏道具交易时数额相同的游戏币，具有合同依据。

综上所述，网易公司在履行网络服务合同中不存在违约行为。

（3）"打赏"主播后求法院批评案件

【典型意义】

本案中，因阿俊未提交充分的证据证明其基于小美涉嫌低俗的直播内容进行了"打赏"，故阿俊请求法院判令其"打赏"行为因违反公序良俗而导致无效缺乏事实基础，法院不予支持。训诫属于法院对当事人采取的措施，而不属于民事责任的承担方式。故阿俊该项请求不属于本案民事纠纷处理的范畴。①

【案情概述】

阿俊称，自己在主播小美的直播间里曾先后"打赏"6.3 万余元，后小美被政府部门列入网络主播黑名单。经阿俊整理，小美在直播中涉

---

① 《打赏女主播 6 万多后，男子诉至法院：我看了她的低俗直播，请法院批评我！》，载微信公众号"广州互联网法院"，2020 年 1 月 10 日。

及性、色情、低俗价值观等的内容达到上千段。他认为，针对低俗直播内容的"打赏"，违反公序良俗，在法律上应属于无效。于是阿俊将小美和某直播平台诉至广州互联网法院，请求法院判令"打赏"行为无效。

法院认为，阿俊完全基于其自身的意思表示作出无偿转让财产的行为，不需要小美支付任何对价，这与赠与行为的法律构成要件相符合，且本案亦不具备撤销赠与的条件。故阿俊以其与小美达成服务合同，且小美构成消费欺诈为由，要求小美、某影视文化工作室退还"打赏款"和三倍赔偿的诉讼请求，于法无据，法院不予支持。①

3. 消费者权益纠纷

（1）被行政机关认定广告内容违法是否需要对消费者进行民事赔偿

【典型意义】

在行政机关对违法行为予以处理，尤其是认定经营者存在违法行为后，此类买家又据此向法院提起民事诉讼，要求经营者对其进行赔偿，本案即是其中一例。

《消费者权益保护法》规定了消费者对经营者享有的监督权，消费者就经营者的违法行为向行政机关进行举报，是依法行使监督权的行为，值得肯定。行政机关对经营者产品和服务情况的查证和认定结论，也可以作为民事诉讼中的证据之一。但是，行政机关认定经营者存在违法行为或者进行行政处罚，并不必然意味着消费者可以向经营者索取赔偿。经营者是否需要向消费者进行民事赔偿，取决于消费者与经营者之间民事权利义务的行使和履行情况，经营者对消费者承担民事责任的前提是符合违约责任或者侵权责任的相关构成要件。②

【案情概述】

李某在 2018 年 6 月 23 日于某扬公司在京东网开设的店铺"某扬传统

---

① 《打赏女主播 6 万多后，男子诉至法院：我看了她的低俗直播，请法院批评我！》，载微信公众号"广州互联网法院"，2020 年 1 月 10 日。

② 《这家网店被行政机关认定广告内容违法，为何不用对消费者进行民事赔偿?》，载微信公众号"广州互联网法院"，2019 年 1 月 22 日。

滋补专营店"购买了"参能达高丽人参味饮品 韩国进口 人参滋补人参皂苷100ml＊10 瓶" 11 盒。

李某在 2018 年 6 月 26 日收到上述商品后，因认为某扬公司存在虚假宣传，向工商部门投诉，武汉市江汉区工商行政管理局于 2018 年 8 月 7 日出具《行政处理告知书》。该告知书主要内容为：①广告内容存在违法情形；②当事人在案件调查中主动将其文字删除，违法行为轻微，未造成不良后果；③对举报中涉及《食品安全法》的有关线索转食品药品监督管理部门处理。处理意见是依法对湖北某扬医药有限公司作出不予行政处罚的决定。

广州互联网法院认为，本案属网络购物合同纠纷，李某因向某扬公司购买"参能达高丽人参味饮品"而与该公司成立买卖合同关系。本案的争议焦点是某扬公司在李某购买案涉商品的过程中对其是否构成欺诈。

某扬公司因违反原国家工商行政管理局颁布的《食品广告发布暂行规定》第十三条"普通食品、新资源食品、特殊营养食品广告不得宣传保健功能，也不得借助宣传某些成分的作用明示或者暗示其保健作用"的规定，在李某投诉后被工商部门认定其广告内容违法。李某向行政机关进行举报，是依法行使其监督权的行为，但行政机关认定经营者存在违法行为或者进行行政处罚，并不必然意味着消费者可以向经营者索取赔偿。经营者是否需要向消费者进行民事赔偿，取决于消费者与经营者之间民事权利义务的行使和履行情况。

本案所涉"参能达高丽人参味饮品"有人参作为配料，某扬公司宣传称该商品具有补元气、抗疲劳、改善亚健康的功能，没有充分证据证明该宣传内容为虚假，工商部门的上述《行政处理告知书》也未明确认定该宣传内容属虚假宣传；同时，亦没有证据证明李某系因某扬公司的上述宣传内容才作出购买案涉商品的意思表示。因此，李某主张其在购买案涉商品过程中受到欺诈，与法律规定不符。①

---

① 《这家网店被行政机关认定广告内容违法，为何不用对消费者进行民事赔偿?》，载微信公众号"广州互联网法院"，2019 年 1 月 22 日。

（2）"消费者保护指引"案例（一）

【典型意义】

曾某与杭州贝店科技有限公司（简称贝店公司）网络购物合同纠纷案①分析了消费者遇到涉嫌虚假宣传情况的处理方法。生鲜农产品的口感因个体主观体验差异较大，一般很难认定为虚假宣传。消费者不能仅凭个人感受对一些主观性的描述主张虚假宣传，但对于商品客观的虚假功能性宣传或者外观巨大差异（货不对板），可以主张商家涉嫌虚假宣传。②

【案情概述】

本案的争议焦点是贝店公司向曾某销售涉案苹果时是否存在欺诈行为及是否需要承担赔偿责任。根据《最高人民法院关于贯彻执行〈中华人民共和国民法通则〉若干问题的意见（试行）》第68条的规定，一方当事人故意告知对方虚假情况，或者故意隐瞒真实情况，诱使对方当事人作出错误意思表示的，可以认定为欺诈行为。根据曾某提交的证据及法院认定的事实，贝店公司在向曾某销售涉案苹果时进行宣传所使用的字眼为"酸甜可口""有一定比例的冰糖心苹果""部分成熟苹果会在表皮出现'冰裂纹'"，曾某亦未能举证证明涉案苹果存在与贝店公司宣传不符的情形；即使曾某所述的关于切开部分苹果均未发现冰糖心和冰裂纹的事实足以认定，也不能证实贝店公司存在虚假宣传，因此曾某以贝店公司虚假宣传，销售以假充真、以次充好的商品为由认为贝店公司构成欺诈，缺乏事实依据。涉案产品属于生鲜农产品，口感因个体主观体验不同而存在较大差异，曾某以收到的苹果酸而不爽口为由认为贝店公司存在虚假宣传，亦不妥当。

（3）"消费者保护指引"案例（二）

【典型意义】

龚某与深圳市艾立美贸易有限公司网络购物合同纠纷案③分析了商品质量存在问题，涉嫌欺诈时的消费者权益保护问题。商品存在质量问题，

---

① 《广州互联网法院民事判决书》（2018）粤0192民初1480号。

② 《网购苹果不够甜，汤鸽变"过期老鸽"……这几位消费者的诉请法院为啥不支持?》，载微信公众号"广州互联网法院"，2019年3月14日。

③ 《广州互联网法院民事判决书》（2018）粤0192民初595号。

消费者可以依照法律规定或双方约定更换商品或者解除合同，要求商家承担违约责任。但是，质量问题是否构成欺诈还需要结合欺诈的构成要件进行认定，在商家并非隐瞒真实情况或有意将有质量问题的商品包装成"质优"产品销售给消费者的情况下（如批量产品中部分出现了质量问题，商家在不知情情况下对外销售），直接以欺诈为由要求商家赔偿三倍损失，缺乏法律依据。[①]

【案情概述】

关于涉案产品是否由被告销售的问题。涉案车辆的视频和照片所展示出的车辆外观与交易订单中展示的车辆外观一致，且在本案起诉前的处理过程中，被告均未对涉案车辆是否系被告销售的车辆提出过异议，故在被告未能提出证据予以反驳且放弃查验的情况下，认定涉案产品即为被告所销售的产品。

关于原告能否退货的问题。结合本案实际确定被告需要履行维修义务还是退货义务：①涉案产品质量状况方面。对于原告主张的电池续航、后轮漏气、低电时无法电动的问题，因原告提交的证据未能反映出相关问题，不予确认存在上述问题。对于锈迹问题，根据原告提交的视频和照片，该问题并未影响涉案车辆的实际使用，并非必须通过退货进行解决。对于刹车声音刺耳、电子显示表的问题，根据现有证据，无法判断是否可通过维修予以解决。对于涉案电动自行车车速的问题，根据原告提交的视频，可以认定车速超过 25km/h，超过被告宣传的限速，亦与国标《电动自行车通用技术条件》规定不符。②被告的维修意愿及能力方面。被告虽然当庭表示涉案产品与被告所销售车辆系同一产品且存在质量问题的前提下同意维修，但同时又否认涉案产品系其销售，也不愿意查验车辆，可见并无检查车辆问题及修理涉案车辆的意愿。对于刹车声音刺耳、电子显示表的问题，被告在起诉前提供的解决方案实际是提供方法或配件让原告自行维修，与其宣称的能提供售后服务维修点或上门维修服务不符。对于其他方面问题，被告未提供实质性的检查或修理方案。综上两方面，被告销

---

① 《网购苹果不够甜，汤鸽变"过期老鸽"……这几位消费者的诉请法院为啥不支持？》，载微信公众号"广州互联网法院"，2019 年 3 月 14 日。

售的涉案车辆确实存在质量问题，且被告并无按其宣传方案履行修理义务的能力和检查、维修意愿，故原告要求退货退款，法院予以支持。

关于欺诈的问题。《最高人民法院关于贯彻执行〈中华人民共和国民法通则〉若干问题的意见（试行）第68条规定，一方当事人故意告知对方虚假情况，或者故意隐瞒真实情况，诱使对方当事人作出错误意思表示的，可以认定为欺诈行为。根据上述规定，认定构成欺诈，需认定被告存在过错，原告作出错误意思表示，且原告的错误意思表示与被告的过错存在因果关系。原告未能举证证明涉案产品的续航能力、注册信息与被告宣传不符，亦未能举证证明被告承诺的"买贵返差"涵盖交易行为完成后的价格差异，故原告据此认为被告构成欺诈，法院不予采纳。涉案产品的发货地址与被告宣称不符，被告的行为确有不妥，但根据原告的陈述，该问题并非影响其购买产品的决定性因素，故原告据此认为被告构成欺诈，法院不予采纳。"好评"问题、锈迹问题等属于交易完成后发生或由原告发现，与原告作出购买涉案产品的意思表示不存在因果关系。在问题发生或被发现后，原告也没有因此作出错误的意思表示。原告据上述问题认为被告构成欺诈，法院亦不予采纳。

4. 著作权纠纷

（1）网址链接侵权行为
【典型意义】

周某海与中国南方航空股份有限公司（简称南航公司）侵害作品信息网络传播权纠纷案[①]分析了网络链接的相关侵权行为。从目前摄影作品侵权纠纷案例来看，将涉案图片直接用于微信公众号的文章插图或者网站文章用图最为普遍。在商业竞争日益激烈的今天，越来越多的摄影人意识到运用法律武器积极保护自己的劳动成果与应有权利的必要性。互联网上信息的复制传播具有速度快、操作简便和覆盖面广等特点，而随着知识产权保护意识普及，越来越多的著作权人开始运用法律武器维护自身的合法权益，但基于对互联网技术的不了解，往往未能通过互联网上发生的表象看

---

① 《广州互联网法院民事判决书》（2019）粤0192民初144号。

到这些行为的本质。类似本案，著作权人在未充分认识侵权事实性质的情况下，选择与其他一方侵权人和解后，再次起诉共同侵权人，一方面未能全面保障自身的合法权益，另一方面浪费了司法资源。本案的判决有利于引导当事人合理行使诉权，平衡著作权人与侵权人的利益。①

【案情概述】

法院认为，本案的争议焦点是周某海在本案中主张南航公司实施的侵权行为与其在深白云案中主张的深白云公司实施的侵权行为是否是同一个侵权行为。虽然周某海在对上述两个侵权行为分别进行保全时，两份公证书记载的进行网页登录操作时输入的网址不同，但是出现涉案图片的所在网页域名是一致的，均为 http：××，不同网址实际均跳转至南航官网的南航假期栏目，指向同一篇文章；由此可见，使用涉案图片的侵权行为只有一个。周某海此前已经就该侵权行为起诉深白云公司，后又通过与对方达成和解协议的方式获得足额的赔偿，侵权使用的涉案图片也已经被删除。那么，周某海就涉诉侵权行为已经获得充分的权利救济后，则不存在侵权损害的事实，现就同一侵权行为提起本案诉讼，要求南航公司承担侵权赔偿责任，缺乏事实及法律依据，不予支持。

（2）作品登记成功不代表实际享有著作权

【典型意义】

随着互联网的发展特别是全民媒体时代的到来，图片逐渐成为人们表达和获取网络信息的重要载体，图片著作权保护相关问题日益凸显。司法机关在处理图片类著作权侵权纠纷时，首先要解决的问题就是原告是否真正享有图片的著作权，而认定著作权权属主要涉及举证责任的分配和证明标准问题。本案在对涉案作品正确归类的基础上，明确了权利主张人的举证责任，要求其必须提供较为完整、可信的初步权属证据链条，否则将承担不利后果，旨在通过结合网络图片著作权特性，合理分配举证责任，审慎认定图片著作权权属，有效遏制个别图片公司利用司法手段拓展权利边界、恶意维权的行为，进一步平衡著作权保护与图片作品合理合法使用之

---

① 《不一样的网址链接出相同的文章和图片，是否认定为不一样的侵权行为?》，载微信公众号"广州互联网法院"，2019 年 7 月 23 日。

间的关系，推动构建图片合法维权与合理使用新秩序。

法院在审理图片著作权侵权纠纷案件时，应适当加大对著作权归属的审查力度，结合著作权权利归属特性及网络图片特性进行审查。著作权登记证书不能作为认定摄影作品著作权归属的唯一证据，权利主张人应当进一步明确图片的实际拍摄者并提交 RAW 格式原图或高精度原图、图片信息、拍摄花絮、作品发表的时间和方式，以及同时期拍摄的同系列图片等证据加以佐证，达到通过待证事实的高度盖然性综合判断证明效力的目的。这样的审查标准更能彰显人民法院审慎认定著作权权属的态度，防止非权利人借助司法手段损害真正著作权人的合法利益或者加重图片使用者的经济赔偿负担，从而更有效地保护创作创新，推动图片市场健康有序地发展。[1]

【案情概述】

涉案图片是使用数码相机等设备对男子微笑着单手托物的特定动作进行的拍摄，在人物、构图和创意方面，具有一定的独创性，应当认定为摄影作品。因此，本案为侵害作品信息网络传播权纠纷，争议的焦点问题为尤某公司是否享有涉案图片的著作权。

本案中，尤某公司仅提供了某市版权局出具的《作品登记证书》以证明其为涉案图片的著作权人。我国著作权登记制度采取自愿登记方式，著作权登记证书的功能主要表现在登记的公示效力上，作品登记机关在进行作品登记时，其并未对作品的权属作实质性审查，对于作品属性、创作时间等事项，仅采取备案制度，均系"自愿登记"。著作权登记证书仅是登记事项属实的初步证明，仅能起到公示和初步证据的作用，并非获得著作权的法定依据。尤某公司提交的《作品登记证书》可以作为判定涉案图片权属的证据，但因登记证书仅能起到初步证明效力，在金某公司不认可其证明力的情况下，尤某公司仅出具《作品登记证书》不能视为其已经完成了举证证明责任。现尤某公司并未提交涉案图片的原件及具体信息、涉案图片实际创作者的相关情况、拍摄的过程等相关证据予以佐证，且其无法

---

① 《持有著作权登记证书却败诉？作品登记成功不代表实际享有著作权!》，载微信公众号"广州互联网法院"，2019 年 8 月 6 日。

提交相应的证据证明涉案图片发表的具体时间和方式，其网站主页上亦无法获取涉案图片的展示情况，故尤某公司提交的《作品登记证书》这一初步证据尚不足以证实其为涉案图片的著作权人的主张，理应承担举证不能的不利后果。[①]

(3) 阴阳合同案件

【典型意义】

当前，在著作权维权案件中，出现了一些商业维权公司通过与权利人签订协议，受让作品的信息网络传播权，向侵权人起诉索赔获取利益的案件。此类案件中商业维权公司是否真正享有诉权，成为法院首先要核查的问题。本案通过依法审查阴阳合同的效力，明确了著作权权属流转规则，表明了法院严禁商业维权公司以阴阳合同隐瞒真实权属、借助司法手段维权获利的态度。同时，法院通过裁定原告不准撤诉的方式，对明知未实际获取授权但仍然提起诉讼、滥用司法资源的行为予以警戒，对维护正常的司法秩序、推动构建良好的知识产权交易与流通秩序具有积极意义。[②]

【案情概述】

2018 年 2 月 4 日，林某某出具《版权声明书》，声明其拥有包括案涉作品在内的 4 篇原创作品的著作权，其将该作品的信息网络传播权及相关权利转让给某诺公司，并授权某诺公司对侵权行为以自己名义起诉，获得赔偿或补偿等。

同日，林某某和某诺公司签订《信息网络传播权转让协议》，将前述 4 篇原创作品的信息网络传播权及相关权利转让给某诺公司，由其向侵犯签约作品信息网络传播权的行为主张维权并获取赔偿的权利；该协议约定未尽事项，通过补充协议形式进行调整，补充协议与该协议具有同等法律效力。同日，林某某和某诺公司又签订了《补充协议》，约定双方签订的上述《信息网络传播权转让协议》仅为某诺公司维权目的签订和使用，林某某对签约作品仍然享有包括信息网络传播权在内的完整著作权；转让协议

---

① 《持有著作权登记证书却败诉？作品登记成功不代表实际享有著作权！》，载微信公众号"广州互联网法院"，2019 年 8 月 6 日。

② 《假借阴阳合同受让诉权"糊弄"法院，想一撤了之？没那么容易》，载微信公众号"广州互联网法院"，2019 年 8 月 23 日。

与补充协议约定不一致的，以补充协议为准。

2019年1月10日，某诺公司与某宝公司签订《信息网络传播权转让协议》约定某诺公司将案涉作品的信息网络传播权及相关权利转让给某宝公司等。

2019年4月26日，某宝公司向法院申请撤回起诉。2019年5月9日，某骏公司以某宝公司撤诉目的不正当、不合法为由，不同意某宝公司撤回起诉。

法院生效裁定认为，某宝公司是否具备原告的主体资格为本案的争议焦点问题，现被告某骏公司明确不同意其申请撤诉，依照相关法律规定，对某宝公司提出的撤诉申请，不予准许。

某宝公司主张其对案涉作品享有的信息网络传播权来源于某诺公司，而某诺公司的权利则来源于作者林某某。从林某某和某诺公司签订的《信息网络传播权转让协议》及《补充协议》来看，转让信息网络传播权及相关权利的约定并非双方真实意思表示，林某某一直享有包括信息网络传播权在内的完整著作权，其仅仅是将信息网络传播权这一实体权利受到侵害时的程序性诉权转让于某诺公司。而程序性诉权与实体性权利密不可分，不可单独转让。某诺公司在未取得案涉作品信息网络传播权的情况下，无权提起诉讼，某宝公司亦无法通过与其签订的《合作协议》取得案涉作品的信息网络传播权及相应诉权。综上所述，某宝公司无权作为原告提起本案诉讼，其诉讼主体不适格。[①]

（4）《王者荣耀》游戏视频案

【典型意义】

当前，随着互联网技术的发展，知识产权侵权日益呈现出实施成本低、侵权获利速度快、影响范围广等特点。互联网的开放性和交互性使得权利人的作品极易被他人获取和传播，一旦被侵权，就会在网络上快速扩散，给权利人造成难以弥补的损害，对这些侵权行为进行保全，也有一定难度。法院考虑某文化公司传播《王者荣耀》游戏短视频的行为在本质上

---

① 《假借阴阳合同受让诉权"糊弄"法院，想一撤了之？没那么容易》，载微信公众号"广州互联网法院"，2019年8月23日。

具有同一性，因此，坚持以互联网思维为导向，支持申请人通过以小见大的方式维护其合法利益，以适应互联网时代权利救济的需求。本案禁令无论在保全范围还是保全方式上，都充分考虑了互联网环境下如何有效制止侵权行为问题，从而支持了申请人针对某文化公司提出的保全范围和保全方式。①

【案情概述】

一、申请人的行为保全申请是否有事实基础和法律依据

第一，关于《王者荣耀》游戏整体画面的著作权权利的稳定性。

首先，《王者荣耀》作为多人在线竞技类游戏，其游戏整体画面符合作品构成要件。

其次，本案申请人深圳腾讯提交了涉案游戏《王者荣耀》的计算机软件著作权登记证书，《王者荣耀》游戏部分 logo、地图、角色等游戏主要元素美术作品的作品登记证书以及《王者荣耀》游戏代理和维权授权书。深圳腾讯享有对《王者荣耀》游戏整体画面的著作权。

第二，关于被申请人行为构成侵权的可能性。

首先，某文化公司侵害著作权的可能性。某文化公司未经著作权人的许可，在其运营的某视频平台中的"游戏"专栏下设《王者荣耀》专区，在显著位置主动推荐《王者荣耀》游戏短视频，并与数名游戏用户签订《游戏类视频节目合作协议》共享收益。这些视频中均包含《王者荣耀》游戏的连续画面，使公众可以在其个人选定的时间和地点获得《王者荣耀》游戏的相关画面，可以初步判断某文化公司侵害涉案游戏画面著作权的可能性较大。

其次，某文化公司构成不正当竞争的可能性。某文化公司在其关联公司北京某科技公司与腾讯成都公司签订《活动合同执行书》期限届满后，违背诚实信用原则，未获得著作权人许可，在其视频平台上传播《王者荣耀》游戏短视频，吸引用户和流量，以获取商业利益，有可能构成不正当竞争。

最后，某网络公司侵害著作权及不正当竞争的可能性。某网络公司作

---

① 《〈王者荣耀〉游戏视频"惨遭"下架？腾讯 5500 万元担保维权》，载微信公众号"广州互联网法院"，2019 年 9 月 4 日。

为网络服务提供者，在其运营的应用助手上仅提供下载"某视频平台"App 的服务，没有证据显示其共同参与《王者荣耀》游戏短视频的传播，故其侵害申请人著作权及构成不正当竞争的可能性均较低。

二、不采取行为保全措施是否会使申请人的合法权益受到难以弥补的损害

某文化公司在其"某视频平台"上大量传播《王者荣耀》游戏短视频，劫持了申请人作为著作权人本应当享有的流量收益和广告收益，增加了申请人自己开拓、扩大《王者荣耀》短视频市场的难度，导致申请人《王者荣耀》游戏短视频市场份额的严重流失。在游戏短视频传播速度快、传播面广、传播周期短的情况下，如果任由某文化公司的侵权行为继续，将使《王者荣耀》游戏短视频受众被不可控地分流，因此而丧失的市场份额也将不可逆，会给申请人造成难以弥补的损害。

三、采取行为保全措施是否会造成申请人与被申请人间的利益失衡

被申请人某文化公司对《王者荣耀》游戏的研发、运营没有投入，其在游戏短视频中获取商业利益时，也没有获得著作权人的许可并支付对价。申请人所申请采取的行为保全措施仅涉及被申请人某文化公司停止通过其经营的"某视频平台"App 传播《王者荣耀》游戏内容，并不涉及"某视频平台"App 中其他无关内容的播放，不会影响被申请人某文化公司经营的"某视频平台"App 其他业务的正常开展，亦不会造成申请人与被申请人间的利益失衡。

四、采取行为保全措施是否损害社会公共利益

对未经许可传播相关游戏画面的行为采取保全措施，有利于保护著作权人的利益，建立合理的利益分配机制，促进游戏开发商、主播和短视频平台等多方发展，既能鼓励游戏企业自主研发，促进更多更好的游戏的创作，以增加整个游戏玩家以及游戏作品上下游企业的利益，也能规范游戏短视频市场，有利于推动通过著作权人的授权形成良好的竞争秩序和创新的市场机制。[①]

---

① 《〈王者荣耀〉游戏视频"惨遭"下架？腾讯 5500 万元担保维权》，载微信公众号"广州互联网法院"，2019 年 9 月 4 日。

5. 人格权侵权纠纷

（1）大众点评差评案

【典型意义】

本案是消费者在消费服务后，于网络平台上就接受的服务给予差评引发的名誉权纠纷案。作为向消费者提供商品或服务的经营者，尤其重视消费者对其商品或服务作出的"差评"。虽然消费者作为网络用户对于商品质量和服务进行批评、评论，是消费者的法定权利，但言论自由不是绝对的，应以不违反法律、不侵害其他个体的合法权益以及公共利益为限。网络差评应以"不虚构事实、不恶意诋毁"为底线，经营者亦应允许消费者对其服务本身进行批评，并予以必要的容忍，如差评不存在虚构事实、恶意诋毁等情形，网络服务提供者未应经营者要求删除评论，不能认定构成侵权。①

【案情概述】

第一，关于王某、陈某在大众点评网发布评论是否侵犯某家政服务公司名誉权。

某家政服务公司主张王某、陈某有关"公共场所空间太小""我见过的公用窗户从来没开过""潮湿""蚊子太多""管理不规范""和护士近距离直接接触，我小孩存在被感染病毒高危风险""发现月子餐菜单和实际给我们的菜不符，有偷工减料嫌疑""现在他们请了水军猛给自己好评"等评论内容构成诽谤，缺乏事实依据。

理由如下：①陈某作为涉案服务合同的一方当事人，与其子实际接受了某家政服务公司提供的护理、医疗、餐饮、客房等服务。王某与陈某系夫妻，亦是某家政服务公司服务行为的受益者，且王某对陈某接受服务的情况亦具有直观感受，故亦属于涉案服务的消费者。某家政服务公司对消费者的批评、评论应予以必要的容忍。②从评论的具体内容来看，首先，"公共场所空间太小""我见过的公用窗户从来没开过""潮湿""蚊子太

---

① 《在大众点评上给差评也会被告？月子中心和这对小夫妻"杠上"了》，载微信公众号"广州互联网法院"，2019 年 7 月 31 日。

多""管理不规范"等属于陈某、王某的个人感受，鉴于消费者对服务感受的主观差异性，难以认定该评论内容为虚假。其次，王某、陈某提供的照片显示某家政服务公司服务人员确实存在不规范佩戴口罩护理婴儿的现象，陈某之子亦确实在入住会所期间患上支气管肺炎，客观上不能排除某家政服务公司的服务行为与陈某之子患支气管肺炎之间存在因果关系的可能性，故王某、陈某在评论中称"和护士近距离直接接触，我小孩存在被感染病毒高危风险"不应视为失实诽谤。最后，某家政服务公司虽主张有关"发现月子餐菜单和实际给我们的菜不符，有偷工减料嫌疑""现在他们请了水军猛给自己好评"等评论与事实不符，但并未举证证明其月子餐的供餐标准及实际供餐情况，且是否存在"请水军猛给自己好评"的行为，与某家政服务公司提供的服务质量及水平并无直接关联，不影响他人对某家政服务公司服务的评价。因此，从本案当事人提供的证据看，不能认定王某、陈某借在大众点评网发布评论之机实施了诽谤、诋毁等损害某家政服务公司名誉的行为。

第二，关于某咨询公司未应某家政服务公司的要求删除涉案评论是否构成侵权。

某咨询公司经营大众点评网，属于为注册用户提供对商户产品及服务进行评价的网络服务提供者。根据前述规定，网络用户利用网络服务实施侵权行为是网络服务提供者承担责任的前提条件。因涉案评论无法被认定为侵权，故某咨询公司未应某家政服务公司的要求采取删除评论措施不违反法律规定，亦不构成侵权。[①]

（2）微信侵权证据锁定案件

【典型意义】

近年来，随着互联网的发展和各类网络社交平台的兴起，公民利用网络滥用言论自由权利、发布不实不良信息的问题越来越突出。本案通过对微信证据的提取和依法采信，正确认定侵权主体，依法制裁了侵害他人名誉权、隐私权行为，有利于促进网络信息的真实、健康传播。在本案中，

---

① 《在大众点评上给差评也会被告？月子中心和这对小夫妻"杠上"了》，载微信公众号"广州互联网法院"，2019 年 7 月 31 日。

法院从财付通公司调取的证据发挥了重要的作用，其证明效力较之当事人微信截图证据的效力也更强。建议此类纠纷的当事人增强存证意识，在权益可能受损的情况下，第一时间通过权威机构保存原始的电子数据，也可以借助网络服务平台的信息披露义务核查电子证据的变更痕迹，对原始数据进行追溯，最大限度地确保电子数据的真实性、完整性，锁定侵权人的真实身份信息。①

【案情概述】

第一，关于是否确有侵权行为发生的问题。

陈某提供的微信截图证据显示，2018 年 9 月 13 日下午 7∶15 分，微信号为"a×××"、昵称为"天空"（化名）的微信用户在某楼盘微信群中发布三张相同的彩色图片，该图片附有陈某本人照片、身份证照片、电话号码，并在图片上写有"下流贱格""认清楚这个淫娃荡妇"等侮辱性文字。截图显示，涉案微信发布时，该微信群有用户 472 人。

陈某提交的公证书显示，2018 年 9 月 13 日下午 7∶15 分，微信号为"b×××"、微信昵称为"开心"（化名）的微信用户在某楼盘微信群中发布了三张相同的彩色图片，图片内容如前述一致。公证时该微信群有用户 483 人。

法院认为，2018 年 9 月 13 日某楼盘微信群聊记录经广州市公证处公证，被告何某红对证据真实性予以认可，故法院对该证据的证明效力依法予以确认。

第二，关于侵权行为的责任主体问题。

法院认为，财付通公司出具的函件可以证明微信号"a×××"（微信昵称"天空"）和微信号"b×××"（微信昵称"开心"）实际为同一用户，且该微信用户的实名认证信息姓名均为被告何某红。何某红是案涉微信号的所有人和实际控制者，理应对微信号发布的内容负责。

综上，2018 年 9 月 13 日下午 7∶15 分，何某红使用微信号为"b××"在某楼盘微信群中发布附有陈某本人照片、身份证照片、电话号码及

---

① 《微信侵权后换个"马甲"就完事？巧用证据锁定你!》，载微信公众号"广州互联网法院"，2019 年 10 月 31 日。

侮辱内容的图片，该行为对陈某的工作和生活造成一定程度的影响。

本案中，依据微信截图、公证书和财付通公司向广州互联网法院出具的复函证据，根据民事证据优势证据原则，可以认定何某红是案涉微信号的实名认证人，是该微信号的所有人和实际控制者，理应对其微信发布的内容负责。侵害名誉权是指行为人因为故意或者过失对他人实施侮辱、诽谤等行为并造成受害人社会评价降低的行为。侵害隐私权是指未经权利人同意，故意向不特定的群体披露权利人的私人信息，造成一定的影响。

在主观过错上，何某红在用户达数百人的微信群内发布有陈某的照片、身份证号和电话等个人信息的图片，并配有侮辱性文字，主观恶意明显。在损害后果上，陈某的照片、电话等个人信息被散布到多个微信群，传播面广，陈某亦多次遭到陌生人的电话和短信骚扰，较为严重地影响了自己的工作和生活。①

（3）微信群发言"吐槽"案件

【典型意义】

业主出于维权目的，在业主微信群内对开发商实施的特定行为发表批评言论，如该言论未恶意歪曲事实，即使对开发商实施的行为存在误解，也不构成对开发商的名誉侵权。如业主在评价过程中恶意歪曲事实、制造谣言，并足以使微信群内其他业主对开发商的经济实力、经营状况等经济能力产生错误认识，则该批评不宜认定为善意。开发商实施的商业行为如关乎业主切身利益，更应充分接纳业主的质疑和批评，并采取妥善措施消除其疑虑。法院不鼓励开发商通过对个别"言辞尖锐"的业主提起侵权损害赔偿之诉的方式限制业主提出合理质疑、进行批评的权利。②

【案情概述】

第一，关于如何判断网络用户是否构成利用信息网络侵害法人名誉权。

法人名誉权受法律保护，网络用户是否构成利用信息网络侵害法人名

---

① 《微信侵权后换个"马甲"就完事？巧用证据锁定你!》，载微信公众号"广州互联网法院"，2019 年 10 月 31 日。

② 《开发商向业主索赔 50 万？业主群内"吐槽"惹风波!》，载微信公众号"广州互联网法院"，2020 年 1 月 8 日。

誉权，应当从网络用户是否采取诽谤、诋毁等手段，是否造成法人名誉被损害，违法行为与损害后果之间是否存在因果关系，以及网络用户主观上是否存在过错四个方面予以认定。高飞公司主张陈某、张某、郑某丰在"佳园团结群"发表案涉言论的行为侵犯其名誉权，缺乏事实及法律依据。

第二，关于三位业主在案涉微信群内发表言论的目的、影响为何。

首先，"佳园团结群"由佳园小区业主自发组建而成，该群设立的主要目的是实现小区业主之间就物业服务相关信息的即时共享与交流。三名被告作为佳园小区业主，系案涉《车位租售方案》的公示对象，《车位租售方案》的具体内容关乎包括三名被告在内的全体业主的利益。因此，三名业主在案涉微信群内对《车位租售方案》相关内容提出异议，进行评价，并与群内其他小区业主展开讨论，主观上是出于维护业主自身权益的目的，不存在恶意。况且，案涉《车位租售方案》亦允许小区业主在公示期间向高飞公司或所在区的住房和建设局反映异议内容。

其次，从三名被告发表的言论内容来看，均系针对案涉《车位租售方案》有关车位数量、租售比例、租金价格等具体内容提出，未有明显的侮辱、贬损性用语，言论内容亦不涉及对高飞公司经济实力、经营状况等经济能力的贬损、误导。此外，未有证据显示三名被告将案涉言论发表于其他公共场合。因此，三名被告在高飞公司拟对小区车位进行租售的事实基础上，以维护业主权益的目的，在业主微信群内开展评价的行为本身，难以认定具有违法性。

高飞公司作为佳园项目的开发商以及小区车位租售活动的实施者，应当采取必要且适当的方式及时解答、澄清小区业主就《车位租售方案》具体内容提出的异议，消除小区业主对《车位租售方案》有关内容的疑虑，并对小区业主的评价予以必要容忍。①

6. 行政管理案件

【典型意义】

广州聚贤信息科技有限公司（简称聚贤公司）与广州市市场监督管理

---

① 《开发商向业主索赔50万？业主群内"吐槽"惹风波！》，载微信公众号"广州互联网法院"，2020年1月8日。

局（简称广州市市场监管局）、广州市人民政府（简称广州市政府）质量监督检验检疫行政管理案①是全国首例采用 5G 技术在线审理的涉网络传销案件。通过本案的审理，依法明晰了网络合法销售与违法传销的法律边界，向社会公众传递了诚信经营、守法经营的理念，具有积极的警示教育意义，也将助力政府进一步规范利用现代化信息技术手段从事生产经营的行为，严厉打击任何形式的网络传销活动，共同构建互联网时代的社会治理新格局。②

【案情概述】

原告广州聚贤信息科技有限公司不服被告广州市市场监督管理局行政处罚决定及被告广州市人民政府行政复议决定，于 2019 年 3 月 20 日向法院提起行政诉讼。法院立案受理后，依法组成合议庭，于 2019 年 5 月 14 日组织各方当事人在线召开庭前会议，于 2019 年 6 月 13 日公开开庭审理了本案。原告聚贤公司的委托代理人向军，被告广州市市场监管局局长姚某明及委托代理人张云珠、李忠，被告广州市政府副秘书长、出庭负责人邢某及委托代理人廖荣辉、刘昭辰在线参加了诉讼。本案现已审理终结。

原广州市工商行政管理局于 2018 年 10 月 10 日作出涉案穗工商处字 [2018] 151 号《行政处罚决定书》，认为原告行为符合《禁止传销条例》第七条第一款第（二）、（三）项规定的传销行为，依据该条例第二十四条第一款规定，对原告作出罚款人民币 50 万元的行政处罚。原告不服，向被告广州市政府申请行政复议，请求撤销该行政处罚决定书。广州市政府受理行政复议后，经审查，作出穗府行复 [2018] 2812 号《行政复议决定书》，决定维持该行政处罚决定书。原告仍不服，遂向法院提起行政诉讼。

第一，关于被告广州市市场监管局作出的穗工商处字 [2018] 151 号《行政处罚决定书》认定事实是否清楚、适用法律是否正确、罚款金额是否适当的问题。

首先，原告设立运营"爱易加"网上商城，销售普通产品和礼包产

---

① 《广州互联网法院民事判决书》（2019）粤 0192 行初 5 号。
② 《推荐会员有奖励？警惕披着外衣的网络传销！全国首例采用 5G 技术全程在线审理行政案件今日开庭》，载微信公众号"广州互联网法院"，2019 年 6 月 13 日。

品,消费者通过关注原告微信公众号、扫描网站主界面的"微信扫一扫进入商城"或他人分享的"专属二维码"进入该商城。消费者在该商城购买520元及以上一定金额的礼包产品即可以成为原告相应级别的会员,获得推荐他人以同样方式成为原告新会员的资格。原告的会员数量以此种方式不断发展,会员根据其发展的下面一代或二代会员购买商品金额的不同,从原告处获取相应奖励。原告上述行为符合《禁止传销条例》第七条第一款第(二)、(三)项规定的传销行为。原广州市工商行政管理局接到群众举报,对原告涉嫌传销的行为进行立案调查。经现场检查、询问调查等行政执法程序,根据现场调查记录、询问笔录及原告提供的《2.0 管理系统表》等证据材料,认定原告存在《禁止传销条例》第七条第一款第(二)、(三)项规定的传销行为,根据《禁止传销条例》第二十四条第一款规定,对原告作出罚款人民币50万元的行政处罚,认定事实清楚,适用法律、法规正确,程序合法。

其次,关于涉案行政处罚决定的罚款金额是否适当的问题。《禁止传销条例》第二十四条第一款规定,对行政相对人具有该条例第七条规定情形的组织策划传销行为,根据其违法行为的不同情况,工商行政管理部门依法享有自由裁量权,可在50万元至200万元的罚款幅度范围内作出处罚。

第二,关于被告广州市政府作出的穗府行复〔2018〕2812 号《行政复议决定书》是否合法的问题。

本案中,被告广州市政府在收到原告向其提出的行政复议申请后,要求被申请人原广州市工商行政管理局提出行政复议答复书及证据材料,在法定期限内办理了延长行政复议审查期限并通知原告。广州市政府经审查,认为原告违法事实清楚,原广州市工商行政管理局作出的行政处罚决定适用法律正确,程序合法,遂作出涉案穗府行复〔2018〕2812 号《行政复议决定书》,决定维持穗工商处字〔2018〕151 号《行政处罚决定书》,符合《行政复议法》第十七条、第二十三条第一款、第二十八条第一款、第三十一条第一款的规定,程序合法,并无不当。

本案中,原告利用微信公众号、二维码分享等网络技术手段,在短短八个月内发展了近3000名会员。消费者通过在原告商城上购买礼包获得会员资格，购买礼包的行为与购买普通商品的行为表面上并无明显区别。原告以微信支付的方式将奖励发放至会员的微信账户，会员可以直接使用或提现奖励金额。由上可见，原告的上述行为与传统线下传销活动相比，具有发展会员速度快、隐蔽性和欺骗性强等特点，若任其发展，将对互联网经济与市场秩序造成严重危害。本案被告广州市市场监管局对原告的网络传销行为依法进行查处，本案被告广州市政府依法作出维持的《行政复议决定书》，对有效规范互联网市场经济秩序、营造法治化互联网营商环境发挥了积极作用。

第二篇

互联网法院学术研究进展

一、互联网法院探索建立阶段研究

（一）互联网发展带来案件解决新需求

1. 互联网发展对不正当竞争案件的影响

（1）《反不正当竞争法》在案件中的适用。王艳芳[①]通过对 3Q 大战、3B 大战、3S 大战等互联网企业之间的不正当竞争纠纷的分析，提出"互联网良性竞争秩序的建立除需相关企业履行社会责任行为自律外，更加有赖于《反不正当竞争法》的正确实施和执行"。《反不正当竞争法》在互联网领域的正确适用需要看到事物的本质，创造性和创新性地适用，既要依据原则条款，又要把握具体的适用条件。学者对互联网不正当竞争案件以及相关规范的新解读，展示出互联网发展在相关领域的影响。

（2）"互联网专条"存废之争。《反不正当竞争法》修订中，"互联网专条"经过了历次修改，张璇和曹丽萍[②]在文章中指出，"互联网专条"在 2017 年 11 月 4 日全国人大法工委公布的《反不正当竞争法（修订草案）》二次审议稿中得到了保留并进行了调整。其在文章中分析了"互联网专条"存在的必要性，并且对其规范模式进行了限定和选择。"互联网专条"没有必要规范网络环境下的传统不正当竞争行为，应当具有"网络特色"，并不必然挤压《反不正当竞争法》原则条款的适用空间。互联网产业的技术和商业模式具有快速更新的特点，需要调整好市场自我调控的空间。"互联网专条"的作用便在于，在涉网不正当竞争行为日益严重的情况下，调整法律规范与市场作用之间的关系，为新型案件提供适当的解决途径。其试图在立法上解决互联网技术发展带来的司法领域的新需求。

---

① 王艳芳：《〈反不正当竞争法〉在互联网不正当竞争案件中的适用》，载《法律适用》2014 年第 7 期。

② 张璇、曹丽萍：《"互联网专条"存废之争与规范模式的思考》，载《法学杂志》2017 年第 12 期。

2. 互联网发展带来的商事审判疑难

广东省广州市中级人民法院电子商务课题组[1]指出，"网络商品交易的法律关系界定区分不同交易模式和主体，网络交易平台提供者与经营者、消费者分别成立网络服务合同关系；新型纠纷中，'秒杀'的效力认定着重考察双方真实合意，团购中组织者角色的区别导致法律关系的不同，涉域名纠纷中对重大误解应予综合认定；在电子数据证据的审查上，应以'电子记录系统的可靠性'作为审查认定电子数据真实性的方法"。其分析了电子商务的审判概况，电子商务案件类型日趋多样化，而立法的不完善与电子商务在社会经济生活中的重要地位不相匹配，不能满足审理需要。电子商务司法实践中也存在着裁判标准不统一、审判管理模式分散等问题。而电子商务的发展导致衍生出更多新类型纠纷，如网络"秒杀"、网络团购、网络域名带来的纠纷，因此也带来了"电子数据"证据在审判中的应用难题。总之，商事审判领域的新型纠纷与新困境同样为互联网法院制度的构建提供了部分思路参考。

3. 互联网发展与知识产权纠纷

（1）《侵权责任法》第三十六条"互联网专条"。《侵权责任法》第三十六条是侵权法的"互联网专条"，是著作权法中"避风港"原则的扩大。刘晓海[2]认为，对网络服务提供者间接侵犯著作权，著作权法上的"避风港"规则可以作为免除损害赔偿责任的抗辩理由，承担停止侵权等其他形式的民事法律责任按《侵权责任法》第三十六条规定处理。《侵权责任法》第三十六条对有关网络服务提供者侵犯著作权的立法和司法实践会产生重要影响，这不仅涉及立法和司法如何认定网络服务提供者侵犯著作权，而且关系到未来如何认定网络服务提供者侵犯知识产权的问题。

（2）信息网络传播权的动态演进。互联网络技术与信息网络传播权

---

[1] 广东省广州市中级人民法院电子商务课题组：《"互联网＋"语境下之商事审判疑难问题研究》，载《法律适用》2017 年第 1 期。

[2] 刘晓海：《〈侵权责任法〉"互联网专条"对网络服务提供者侵犯著作权责任的影响》，载《知识产权》2011 年第 9 期。

是技术发展、法律规定和司法裁判的典型分析样本。孙海龙在其文章中指出，从《著作权法》没有规定信息网络传播权，到2001年规定了信息网络传播权，再到国务院2006年制定《信息网络传播权保护条例》，又到最高人民法院2012年出台《最高人民法院关于审理侵害信息网络传播权民事纠纷案件适用法律若干问题的规定》，我国对信息网络传播权的立法不断完善。但是立法也有滞后性，信息网络传播权的案件类型、法律规定都是在不断发展变化的，信息网络传播权的司法应对又给法官提出了挑战。

从控制角度看，杨勇[①]认为，"信息网络传播权的核心是通过信息网络的交互式传播，即控制要素，其与提供行为的提供要素、获得传播结果的结果要素，共同形成信息网络传播权的'三要素'。狭义地认定直接上传作品至向公众开放的服务器是唯一的提供方式，否定其他形式的间接提供方式，将导致我国在执行WCT国际公约时，走向狭义的向公众传播权，违背了WCT增加保护权利人在信息技术时代应当获得作品专有权利保护的公约本意。信息网络传播权的主张必须是在域名控制下的可控制的传播行为，即向公众提供作品的控制范围是获得信息网络传播权授权的域名，向公众提供信息网络传播行为的对象是访问该网站的特定公众。由于无法认定未经许可的深度链接、盗链的信息网络传播行为，只能在现有法律框架下用其他变通的办法试图规制上述行为"。

（3）互联网电视著作权侵权问题。从互联网电视出现开始，产生了诸多著作权侵权风险和纠纷。冯晓青和费瘁[②]对其进行了分析，提出新技术的发展涉及互联网电视著作权案的类型、模式，著作权侵权的认定，以及不同利益主体，尤其是互联网设备生产销售者与播放软件的生产销售者在著作权侵权纠纷中所处的地位等重要问题。探讨这些问题，有助于推动我国互联网电视的法律保护问题研究，为我国互联网电视的发展提供法律防范机制，促进我国新传媒产业的发展，丰富人们的文化生活。

---

① 杨勇：《从控制角度看信息网络传播权定义的是与非》，载《知识产权》2017年第2期。
② 冯晓青、费瘁：《互联网电视著作权侵权问题研究》，载《知识产权》2016年第2期。

4. 互联网发展与 P2P 网络借贷

赖丽华[①]认为，"P2P 网络借贷平台法律地位的合理定性，是制订科学的监管法律规则的前提，更是制订公平审判 P2P 网络借贷案件规则的核心。现行的行政政策和最高人民法院的司法解释，对 P2P 网络借贷平台的'信息中介'和'媒介服务机构'的定位，不符合法学规范的精准要求。单纯地将 P2P 网络借贷平台定位为'中介'或者'媒介'，不但有失偏颇，还导致 P2P 网络借贷司法解释错误。网络借贷平台在民商法上是居间人，必须承担商事居间人的义务和责任。同时，网络借贷的自然属性决定了网络借贷平台还兼具出借方代理人的身份。网络借贷平台不得以任何方式免除其代理人应尽的义务和责任。网络借贷平台违反代理人应尽的义务而造成出借人损失时，应承担民事赔偿责任"。

5. 互联网发展对被遗忘权的影响

刘文杰[②]认为，被遗忘权的理念体现出对新媒介技术及其催生的互联网社会的法律应对。一方面，这些权利具有绝对权的某些特征，另一方面，它们并非放之四海而皆准，其最佳适用场合为当事人为平等主体的民事交易交往语境，包括 21 世纪新兴的社交网络。于此，是否以及在多大程度上利用公民个人信息，取决于当事人的意思。而当被遗忘权指向对互联网上旧闻及其搜索链接的删除时，则进入了新的语境，即新闻报道和信息自由对人格利益的侵入。此时，是否以及在多大程度上披露个人信息，取决于公共利益的需要，须考虑所报道事件的公共属性、信息的时效性和报道对当事人将会造成的影响。将旧报道置于互联网存档具有重大公共价值，且不属于对当事人进行新闻聚焦，故个体人格保护原则上应让位于信息自由。基于类似的利益衡量，应当认为，如果源网址的公开不构成侵权，只有在极特殊的情况下才允许发生移除姓名搜索链接的后果。

---

① 赖丽华：《P2P 网络借贷平台的复合民事法律地位》，载《法学论坛》2016 年第 3 期。
② 刘文杰：《被遗忘权：传统元素、新语境与利益衡量》，载《法学研究》2018 年第 2 期。

6. 互联网发展对传统国际私法的挑战

早在 2001 年，肖永平和李臣①就分析了国际私法在互联网环境下面临的挑战。其提出，互联网与国际私法有着天然的密切联系；在具体分析跨国侵权、知识产权和电子商务等三个常见的网上法律冲突的基础上，从国际私法的视角解析了两种不同的网上法律关系，即与互联网有关的法律关系和互联网法律关系；详细探讨了互联网对于连接点、法律选择方法、准据法、管辖权、国外送达和取证等国际私法问题的挑战，并提出应对策略，即一方面不可割裂网络空间与物理空间的交互、共生关系，另一方面需要正视不足，调整出发点，以开放的态度促进网络空间法的发展。

2002 年，袁泉②从若干案例的角度分析了网络发展对传统国际私法的挑战。网络的全球性、跨国性、虚拟性、多元性、自由性和新颖性对传统国际私法的很多方面产生了冲击，动摇了传统国际私法的管辖权基础，使国际私法的法律适用原则陷入了困境，进而困扰各国法院和网络服务提供商，为此不得不制定新的规则。由于法律的地域性与互联网全球性的冲突，对当事人的国籍与住所、外国法人认许、国际民商事活动中的公共秩序保留原则以及传统国际民事管辖权的基础都产生了挑战，因此在互联网背景下，应当坚持合理的旧规则与可能的新规则并存，如结合最密切联系原则和当事人意思自治原则，重视和加强国际立法以及建立新的网络习惯法。

（二）互联网司法信息公开的铺垫与探索

1. 最高人民法院"司法公开示范法院"制度

《最高人民法院关于人民法院在互联网公布裁判文书的规定》（法释〔2013〕26 号）是司法信息网络公开成为"互联网＋"时代潮流的标志。

---

① 肖永平、李臣：《国际私法在互联网环境下面临的挑战》，载《中国社会科学》2001 年第 1 期。

② 袁泉：《从若干案例看网络发展对传统国际私法的挑战》，载《法商研究（中南政法学院学报）》2002 年第 2 期。

温泽彬、李劭申认为，司法公开是宪法和法律规定的一项基本原则，是实现公民基本权利、增强司法公信力的重要举措。该制度中，最高人民法院确定了示范法院的网络信息平台建设情况，当时的司法信息公开制度建设配套了一系列统一的网络平台，包括案件流程查询平台、执行案件流程查询平台、被执行人信息查询平台、失信被执行人查询平台、裁判文书公布平台、庭审直播平台，这些平台的建设或多或少地为后来互联网法院的一系列平台建设提供了思路与铺垫。温泽彬、李劭申还提出了当时的司法公开制度中存在的问题，如政务网站建设尚未实现全覆盖，微博等新兴网络平台功能未得到充分发挥，平台建设和使用存在功能重叠等。[①] 随着互联网司法的日益完善，很多当时存在的问题和提出的设想都已经在互联网法院及其周边制度建设中得到解决和实现。

2. 以阳光司法建设推动智慧法院建设

2017 年 4 月 20 日，《最高人民法院关于加快建设智慧法院的意见》颁布实施，在智慧法院建设中，阳光司法是一个重要维度。王小梅[②]探讨了信息化全方位塑造的司法公开，以及司法公开过程中遇到的发展瓶颈。中国法院的司法透明度借助法院的信息化应用和发展可以得到全方位的提升。第一，审务信息实现从上墙公示到上网公开；第二，裁判文书实现从送达当事人到社会共享；第三，流程信息实现从无处查询到主动推送；第四，法庭审理实现从剧场公开到远程可视；第五，执行信息实现从局部曝光到全程透明。同时，司法公开发展中也遇到了瓶颈。第一，案件办理的信息化程度不高；第二，多系统办案造成数据割据；第三，办案系统与司法公开平台对接不畅；第四，司法公开多平台运行造成资源浪费。为解决这些问题，王小梅提出应建立集约化的司法公开平台，发布公告应以网络为主要发布载体，并且应建立民享的司法大数据。

---

① 温泽彬、李劭申：《"互联网＋"背景下的司法信息公开研究——以最高人民法院"司法公开示范法院"为对象》，载《现代法学》2016 年第 4 期。
② 王小梅：《"互联网＋阳光司法"：智慧法院的重要维度》，载《中国党政干部论坛》2017 年第 10 期。

3. 裁判文书网上公开保障机制

　裁判文书网上公开保障机制包括公众查阅保障机制、当事人信息保障机制和法院组织保障机制三个方面。王阁通过以 H 省三级法院为样本的调研发现，实践中裁判文书网上公开保障机制存在文书查阅范围限缩、文书查阅时间延迟、当事人信息保护尺度不一、当事人信息保护措施不力和法院组织机构的设置不合理等问题。因此，有必要通过增强对文书上网积极意义的认识，提升公众查阅文书的效果，完善相关立法，采用科学、合理的考核方法和改革法院文书上网管理机构等举措，促进裁判文书网上公开保障机制的完善。①

（三）"互联网＋"司法的域外经验研究

1. 澳大利亚的电子法院和远程审判

　澳大利亚是全球第一个采用远程视频试验的国家，郑莉②对其进行了较为详细的介绍。1998 年澳大利亚的法律改革委员会便已经提出了建设虚拟网络法院的构想，法官理事会对《电子上诉项目》实施的可行性进行了考察并于夏季发布，澳大利亚的各级法院开始大规模运用专业的电子案件法院管理系统。之后，澳大利亚在案件诉讼程序多方面都采用了视频技术，如调取国外证据、举证庭前会议、听取专家证人作证和当事人申请等环节。借助网络信息技术开发的远程审判系统提高了证人出庭率，有利于查清案件真相，保障当事人权利，节省诉讼成本，提高诉讼效率。

2. 英国相关信息化改革及对我国的启示

　信息化的发展使得各个国家不得不提升法院的信息化水平。齐凯悦③

---

　①　王阁：《裁判文书网上公开保障机制研究——以 H 省三级法院为调研对象》，载《学习论坛》2017 年第 8 期。

　②　郑莉：《E-Court 模式下简易程序刑事案件远程审判研究》，载《西南民族大学学报（人文社会科学版）》2019 年第 10 期。

　③　齐凯悦：《"互联网＋"时代英国的家事审判改革及对我国的借鉴与启示》，载《四川理工学院学报（社会科学版）》2017 年第 2 期。

认为，21 世纪以来，信息化水平提升是各国家事审判改革面临的普遍性问题。英国于 2011 年进行了家事司法审查，并自 2014 年开始实行家事审判改革，通过数字化诉讼程序立法和试点提升了数字化应用水平。

英国家事司法系统的信息技术应用体现在诉讼程序数字化的法规修改、全数字化诉讼程序试点的运行以及在线法院建设三个方面。其中，全数字化诉讼通过试点的方式在英国家事法院中试行。2015 年 11 月，西伦敦家事法院成为实行全数字化诉讼程序的首个试点法院，计划在整个诉讼程序过程中通过平板计算机与电子材料处理案件，以提高法院的工作效率。2016 年 10 月，伦敦的萨瑟克区为伦敦中央家事法院成功地引入了无纸化电子法庭技术，确立了标准的运作方式。在线法院是英国探索的在线纠纷解决机制的重要组成部分，其可以提供在线评估服务、在线辅助服务及在线法官三个层级的法院服务。这三个层级放在同一平台上进行，受同一核心系统管理，帮助当事人尽快解决问题，避免诉讼成本的增加。

借鉴英国的经验，齐凯悦提出我国家事审判改革应注意如下方面：其一，借鉴智慧法院建设的有利成果，加强数字化建设；其二，正确认识信息技术在家事审判改革中的作用，判断信息技术更新的可行性；其三，恪守家事司法系统的原则，坚持家事审判改革的目标；其四，探索多元化信息技术更新方式，改良与创新相结合。

叶敏、张晔也介绍了欧洲的在线审判经验。[1] 爱尔兰的在线小额索赔（Small Claims Online）适用于 2000 欧元以下的消费者索赔、轻微财产损失、返还租赁财产等简单案件。不过这种索赔程序并非全程在线进行，仅仅是起诉、缴费和关注案件进展可以通过网络进行，一旦被告提出异议，就需要当事人亲自到达指定地点参加相关调解或庭审程序。英国的在线金钱索赔（Money Claim Online，MCOL）适用于索赔金额少于 10 万英镑的特定案件，与爱尔兰类似，也只有在被告无异议的情况下才能全部在线完成。但英国在数字化改革方面的决心显然更强，其司法部长和首席大法官预计"到 2020 年，民事法院财产诉讼的整个过程将自动化和数字化。这

---

① 叶敏、张晔：《互联网法院在电子商务领域的运行机制探讨》，载《中国社会科学院研究生院学报》2018 年第 6 期。

占了郡法院和高等法院每年 160 万件诉讼案件的 4/5 以上——占比绝大多数（83%）是毫无争议的"。根据 2007 年 7 月 11 日《欧洲议会和欧盟理事会建立欧洲小额索赔程序的条例》[（EC）第 861/2007 号]，欧洲小额索赔程序（European Small Claims Procedure，ESCP）自 2009 年 1 月 1 日起适用于除丹麦外的所有欧盟成员国。这一程序将网络化贯彻得更为彻底，即只有当口头审理看来必要或者当事人一方要求时，法院才进行口头审理。如果口头审理对诉讼程序的公平进行显然没有必要，则该要求可被拒绝。而且，口头审理可以通过视频会议或其他通信技术进行，并非一定要当事人亲自到庭。

3. 德国司法互联网技术应用的相关制度经验

周翠[①]指出，德国以"2022 年建成电子司法"为目标分步骤进行法律修订。2013 年，对民事诉讼中的电子送达、电子案卷和电子视听会议进行改革；2016 年，对消费者领域内的替代纠纷解决机制（ADR）和在线纠纷解决机制（ODR）进行规制；2017 年，对公证进行电子化改革。德国关于电子案卷的改革率先在刑事诉讼中展开，关于电子联络的改革率先在民事、行政和劳动诉讼等领域推行，并且对专业用户和非专业用户区别对待。就电子递交而言，非专业用户自 2018 年 1 月 1 日起可以通过电子途径向法院递交文书，而专业用户自 2022 年 1 月 1 日起必须通过安全的电子途径递交文书（《德国民事诉讼法典》第 130a 条第 1 款、第 130d 条）；就电子送达而言，法院无需征得专业用户的同意就可进行电子送达，但针对其他诉讼参与人进行电子送达时，需要其明确同意（《德国民事诉讼法典》第 174 条第 3 款）。

此外，德国学者还对电子准备程序提出了改革建议，该建议被纳入 2014 年举行的德国第 70 届法学家大会的决议。德国学者认为，提交结构化的主张，属于当事人促进诉讼义务的重要内容；促使当事人主张结构化，也属于法官实质指挥诉讼义务的核心内容。由于结构化主张具备极大的优点，德国学者又提出了包含 9 个法条在内的法律草案建议，包括：

---

① 周翠：《互联网法院建设及前景展望》，载《法律适用》2018 年第 3 期。

"民庭可以在双方当事人一致申请、或案情在事实或法律方面格外疑难、或亟待加快审理等情形，命令以结构化程序的形式继续进行诉讼。前述命令作成之后，关于结构化程序的规范，亦适用于包括上诉程序在内的全部程序。法院在前述裁定中，尤其可以命令当事人具体说明所依据的请求权基础或抗辩的前提要件，并围绕这些要件进行陈述，并可以命令对方当事人针对前述结构进行相应答辩，可以命令首先仅针对特定请求权、该请求权基础的要件构成或者权利消灭或阻碍的抗辩或法律问题进行陈述，也可以命令当事人仅围绕法院指定的纲要或关键词进行可机读的事实陈述或法律主张，也可以命令当事人仅在'新的事实陈述'和'新的法律衡量'项下阐述新的事实主张或此前未探讨的法律问题。如果法院作成如上命令，当事人仅应就属于命令对象的诉讼资料进行澄清，而且当事人的陈述应当完整，必须包含所有的攻击与防御手段以及希望利用的全部证据手段。法院应当在前述命令中为当事人指定提交期间，仅当超期提交的攻击与防御手段建立在期间届满后才发生的事实或才发生变化的法律状况的基础之上时，法院才会考虑这些新陈述。"

4. 美国网络法院建设的相关经验

叶敏和张晔[①]介绍了美国的在线审判经验。2002 年，密歇根州根据第 4014 号众议院法案成立美国第一个网络信息化环境下的法院——赛博法庭（Cyber Court），这是美国"第一个使用电子文件归档、网络会议及虚拟审判庭的完全在互联网上运作的法庭"。但新技术工具的成本、操作方法、潜在的风险和故障都使得当事人及其律师不愿"押注"于这一未经检验的制度。为此密歇根州采取了多项措施提升其吸引力。一方面，提高赛博法庭的强制性和可靠性。虽然赛博法庭是基于当事人自愿选择的，但如果当事人同意参与，他们和其他证人可以被传唤到法庭，法庭也可以要求其递交相关材料。此外，赛博法庭通过要求当事人宣誓提供真实的证词，通过使用交叉询问等方法提高证词的可靠性。另一方面，赋予判决强制执行

---

① 叶敏、张晔：《互联网法院在电子商务领域的运行机制探讨》，载《中国社会科学院研究生院学报》2018 年第 6 期。

力，以获取竞争力和吸引力。由于很少有当事方会选择把时间和精力放在无法执行自己的判决的争端解决系统中，因此赛博法庭确实有权执行自己的判决这一点对争议方来说可能更有吸引力。

但是该项目很快就停滞了，其直接原因是 2002 年密歇根州立法机构决定不拨出启动赛博法庭所需的资金。有学者认为，相比线下的普通法庭，赛博法庭简化法庭程序的一些努力只是技术上的噱头，这将增加成本而不会显著减少延误，但是并不代表否认网络法庭是一种可行的替代方案，它可以避免没完没了地拖延，但前提是它能成功地提高法院的效率。因此，资金的缺乏和对法庭性质与定位不可调和的分歧导致该项目被放弃。从社会背景上看，2001 年的 dot-com 泡沫破灭使密歇根州通过赛博法庭吸引更多的信息技术公司进入密歇根的目标变得不那么现实，并可能在一定程度上导致赛博法庭作为标准诉讼方法的可替代方案的崩溃。

周孜予、全荃及常柏①也对该美国模式进行了探讨。在密歇根州，法院审理一件案子平均需要 18 个月，而这已经是一些互联网公司创业的整个生命周期，如果它们不能及时得到法院的正面判决，那么整个公司就会面临坍塌。因此，现实商业的发展渴求法院加快审理进程。1993 年，美国的威廉玛丽法学院启动一项利用信息技术改革法院的研究项目 "courtroom 21"，提出利用信息网络科技来建构虚拟法院（Mc Glothlin Courtroom），这就是密歇根州网络法院的原型。

2000 年，密歇根州大约 70% 的法院和律师事务所可以在电子或虚拟环境中处理事务。因此，一个通过智能地运用新技术来简化司法程序的举措出现了，即设立网络法院。除了加快审判进程外，密歇根州成立网络法院的另一个目的是增强密歇根州的竞争力。密歇根州是一个以传统工业为支撑的州，但是当时密歇根州的经济已出现颓势，为提高其竞争力，吸引信息产业到密歇根州，于是密歇根州从美国另一个州——特拉华州得到启发，推陈出新，设立网络法院。

2001 年 2 月，美国密歇根州议会通过《网络法院法》（*The Cyber Court*

---

① 周孜予、全荃、常柏：《网络法院：互联网时代的审判模式》，载《法律适用》2014 年第 6 期。

Act）。随后，2001 年 3 月 28 日，密歇根州最高法院根据《网络法院法》，对《密歇根州法院规则》和《证据规则》进行了修订。其中最重要的变化是在《密歇根州法院规则》下增加第 2700 节 "电子操作"（electronic practice），作为网络法院审判实务操作的指导规则。2002 年 1 月，州长约翰·英格勒正式签署该法案。《网络法院法》是对《密歇根州法院组织与管辖权法》的修订，即增加一章（第 80 章），共计 18 个条文。2002 年 10 月，密歇根州网络法院正式成立并运转。

密歇根州网络法院是一个正式的州法院，它可以传唤证人、监视以及要求当事人出示相关证件。网络法院的所有事宜都由一名法官来安排进行，没有陪审团参与。虽然密歇根官方强调网络法院主要是处理信息技术纠纷，但是按照法律规定，网络法庭也可以处理其他商业事宜，如保险、银行、合同纠纷，以及合伙人、高级管理人员、所有权人、董事和公司股东之间的纠纷。同时，业主与租客、刑事和雇佣议题被明确排除在外。

密歇根州网络法院规定，原告可以选择网络法院审判作为审判模式，而被告可以在 14 天内选择将案件转至传统法院审理。如果被告不拒绝，那么法院就认为其不需要陪审团参与审判。任何一方都不会被强迫接受网络法院的审理。网络法院判决之后，任何一方都可以按照传统的上诉程序上诉至上级法院，但是不得质疑网络法院的管辖权。

周翠[1]指出，对于法律科技应用与法院领域的问题，美国主要将 "法律科技" 应用于法律咨询领域。第一，可以借助计算机程序对个别文件进行自动审查、搜索并识别具有法律关联的要素；第二，可以通过 "智能合同" 在线生成合同并借助数据库进行审查；第三，可以通过软件独立地解决小额纠纷，乃至进行法院外调停。

5. 韩国的电子法院和远程审判

韩国是亚洲最早设立 "电子诉讼" 的国家，郑莉[2]指出，韩国在 1995

---

[1]　周翠：《互联网法院建设及前景展望》，载《法律适用》2018 年第 3 期。
[2]　郑莉：《E-Court 模式下简易程序刑事案件远程审判研究》，载《西南民族大学学报（人文社会科学版）》2019 年第 10 期。

年就制定了电子法庭法案，施行《督促程序中对电子文件使用的法律》，建立督促案件的电子文件系统，颁布《远程视频审判规则》，规定远程视频审判的主要目的以及审判设备要求。2009 年，韩国研发了电子管理系统，并颁布了相关法律，明确电子法院的地位。2010 年，韩国进行了专利诉讼远程审判试点试验，制定了《民事诉讼中利用电子文书的相关法规实行时间相关规定》以及《远程审判法》。2011 年，开始在普通民事诉讼中采用远程审判。发展至今，韩国已经有 70% 的民事案件采用远程审判模式，在刑事领域也对远程视频审判进行了初步尝试。

（四）　互联网发展对管辖规则的影响

1. 传统管辖规则在网络背景下面临的挑战

早在 2008 年孙尚鸿[①]就指出，随着网络技术的应用发展，传统的管辖规则已经因为网络法律关系的超国界性和虚拟性等特征面临严峻的挑战。如何结合网络法律关系自身特性及其传统主权概念所面临的挑战，平衡多元价值需求，重构网络案件司法管辖规则，是当代理论研究和司法实践的时代性难题。对网络案件行使管辖权时，如何就争议所涉之国家利益、个人利益结合网络自身特性，在顾及多元价值需求基础上实现公平裁判，应当成为分析和解决问题的立足点。海牙国际私法会议、欧盟等国际组织和一些国家的实践都作了有益尝试。

2. 电子合同纠纷特别管辖权

李智[②]认为，电子合同以互联网为技术背景，在确定电子合同纠纷引起的诉讼管辖权时，其无纸化、电子化以及无物理履行的特点，给传统的管辖规则带来了困境。电子合同的特别管辖规则在互联网环境下有其适用的空间，重点在于根据合同交易对象的特征及其在交易中的作用确定交易

[①]　孙尚鸿：《传统管辖规则在网络背景下所面临的冲击与挑战》，载《法律科学（西北政法大学学报）》2008 年第 4 期。

[②]　李智：《电子合同纠纷特别管辖权的确定》，载《太平洋学报》2006 年第 12 期。

性质，兼顾各方诉讼利益，在网上信息传送地、接收地之间找到正确的连接点，以完成传统合同特别管辖规则在电子合同中的调适。这为互联网背景下新型审判方式中的管辖规则提供了借鉴。

3. 网络案件协议管辖原则

李智[①]提出，网络的虚拟性、超国界性等特点给涉网民商事纠纷的管辖权确定带来挑战，传统的以地域为连接因素的管辖权确定方法在网络案件中遇到了困难，被告所在地、合同履行地、侵权行为地等连接因素的确定在网络环境下变得不明确。而协议管辖这种充分体现当事人意思自治的管辖权选择方式在网络环境下更显现了其强大的适应能力，成为确立管辖权最有效和直接的方式，但在网络环境下，如何使协议管辖更加合法、合理，成为涉网案件中协议管辖研究的重心。

在协议管辖的有效性判断上，李智[②]提出，协议管辖以当事人自治为基础，将管辖权的确定权交由当事人来完成，从理论上讲应该是确立管辖权最有效和最直接的方式。在互联网案件中，面对互联网的无边界性所带来的传统属地和属人管辖规则难以确定的情况，协议管辖尽显其可确定性和可预见性的优势。但网络资源占有的不平等使协议管辖有效性的判断成为互联网案件协议管辖适用时需要考量的重点。

（五）技术发展对法院审判影响的探索

1. 大数据发展在事实认定中的作用机制

随着"互联网＋"时代信息技术的发展，大数据分析成为商业时代重要的分析手段，同时也是新型的知识分析工具，它能够基于大规模非结构化数据实时完成数据分析，对数据间的关联关系进行预测和决策。周蔚[③]认为，随着我国的互联网司法公开日益深入，司法权力运行的信息能够便

---

① 李智：《互联网案件中的协议管辖规则》，载《甘肃政法学院学报》2006 年第 3 期。
② 李智：《互联网案件中协议管辖有效性判断》，载《暨南学报（哲学社会科学版）》2007 年第 1 期。
③ 周蔚：《大数据在事实认定中作用机制分析》，载《中国政法大学学报》2015 年第 6 期。

捷获取，为法律大数据分析提供了原始的分析材料。周蔚通过对证据推理逻辑的分析，提出大数据相关性，强调数据间的关联；基于全量数据分析，认为规模化数据处理能力是人的经验和理性无法胜任的，而证据相关性则强调法律人的经验和逻辑理性。周蔚认为大数据分析可对案件事实的认定过程提供背景知识，其对上海各级法院合同诉讼当事人的组成类型进行大数据分析，从各类型当事人组合的视角展示了借款争议在上海的多发分布情况，并就证据相关性的贝叶斯理论进行了探讨，指出大数据分析能够回避主观概率赋值问题，在理想情形下能够解决贝叶斯理论的难题。

2. 电子化审判的初步探索

吴卫明、吴俐[①]探讨了当时环境下提出的电子审务民事诉讼程序的架构与程式，分析了电子审务的必要性与可行性，并提出了模型构建。其中，电子审务的模型构建包括三个重要的元素，即身份认证、系统提供以及用户终端。身份认证是民事诉讼活动电子化的基础，在电子审务系统中分为受理前的身份认证和受理后的身份认证。法院作为系统的提供者，为电子审务活动提供服务器支持和程序支持，并对案件审理中的电子档案进行保存。用户终端即当事人的计算机终端，通过互联网络与法院的系统连接。这一目的只有在当事人较普遍拥有计算机且习惯上网的情况下才能实现。除此之外，吴卫明和吴俐还提出了民事诉讼法修改中电子审务的立法模式，包括采取不同章节分散立法的方式、电子审务财物任意性规范为主的方式。

3. 互联网发展给人民法院工作带来的机遇和挑战

孙佑海[②]在文章中指出，互联网的兴起给人民法院自身管理、审判执行工作都带来了巨大的机遇和挑战。首先，互联网有助于提高工作效率，改进办案质量，改善法院与社会的沟通，建设司法公开的三大平台，还有

---

① 吴卫明、吴俐：《电子审务的架构与程式——基于民事诉讼程序的研究》，载《河北大学学报（哲学社会科学版）》2006 年第 6 期。

② 孙佑海：《互联网：人民法院工作面临的机遇和挑战》，载《法律适用》2014 年第 12 期。

助于反腐工作的展开。但是互联网也给人民法院的工作带来了许多挑战，如人民法院在工作中稍有差错就会被上网传播，有的被大肆炒作，互联网舆情应对不力也会引发新问题，还会使审判秘密受到严重威胁，在一定程度上加重了法官的工作负担等。为应对互联网法院带来的挑战，孙佑海指出人民法院要与时俱进，掌握信息工作的主动权，运用互联网改进人民法院自身工作，在互联网条件下进一步履行好国家审判机关职能。

（六）国内在线仲裁机制的经验与教训

叶敏和张晔[①]指出，互联网法院发展过程中在线仲裁机制提供了经验和教训。中国国际经济贸易仲裁委员会网上争议解决中心是国内目前运营比较成熟的在线争议解决网站，主要解决网址和域名方面的争议，且制定了比较完整的《中国国际经济贸易仲裁委员会网上仲裁规则》，其体系化的规则设计能够有效保障网上仲裁的依法有序进行，是值得借鉴和发扬之处。不过在线仲裁也有局限性，一方面争议解决必须受制于仲裁合意的达成，另一方面仲裁也并不完全在网上进行，仲裁庭可能会根据案件情况采取现场开庭方式，提交资料和文件传递方式也是线上和线下相结合。

但是，互联网发展引起的纠纷解决方式变革并非都是正面的。2017 年，广东湛江仲裁委员会以"互联网仲裁"创新为名进行了全国首创的"先予仲裁"行为，一年时间在没有产生实际纠纷的情况下就出具 100 多万份仲裁书，引起媒体的广泛关注。这种明显违反《民事诉讼法》和《仲裁法》的"创新"很快得到纠正，2018 年 6 月 7 日，最高人民法院作出批复，明确指出前述情形应认定为《民事诉讼法》第二百三十七条第二款第（三）项规定的"仲裁庭的组成或者仲裁的程序违反法定程序"，要求法院应当就先予仲裁裁定不予受理；已经受理的，裁定驳回执行申请。据报道，湛江仲裁委员会与玖富集团、团贷网等多家大型 P2P 网贷公司合作，以大规模"先予仲裁"的方式协助网贷公司催收借款是这一乱象产生的根源。

---

① 叶敏、张晔：《互联网法院在电子商务领域的运行机制探讨》，载《中国社会科学院研究生院学报》2018 年第 6 期。

（七）杭州互联网法院的设立原因研究

杭州互联网法院加挂在原有的杭州铁路运输法院之上。侯猛①分析，之所以要在杭州设立互联网法院，受理涉网案件，最重要的原因是中国最大的互联网企业阿里巴巴总部所在地就是杭州。阿里旗下淘宝、天猫、飞猪、支付宝、余额宝公司的所在地也是杭州。全中国甚至世界各地的人们，越来越多地在淘宝和天猫购物、使用支付宝消费、在余额宝上存储。作为公司所在地杭州市的法院，受理了来自杭州市以外的当事人的越来越多的相关诉讼。浙江省高级人民法院也因此于 2015 年在杭州市西湖区、滨江区、余杭区三个基层人民法院试点建立电子商务网上法庭。电子商务网上法院系统已经处理了上万件网上交易、支付和著作权等纠纷案件。也正是在这样的试点基础上，作为一审法院的杭州互联网法院成立了。

方帅②也指出，我国设置互联网法院有其必要性与可行性。互联网法院建设是推进审判能力现代化和诉讼服务便捷化的必然要求，也是推进司法公正可视化的必然要求。在可行性上，设立互联网法院既要顺应信息时代的发展要求，还要符合现行法律政策的要求。

互联网法院建设的缘由还在于传统法院解决多元化纠纷时遇到了困境。涂永前、于涵分析，传统法院在互联网时代下与现实的冲突主要表现在如下三个方面：一是案多人少的司法顽症；二是涉网纠纷与传统诉讼解决机制的背离；三是传统庭审模式与互联网时代下民众利益诉求相抵牾。随着经济飞速发展，多样化利益诉求导致矛盾频发，民众的维权意识和法制观念不断提高，而立案登记制的变革降低了诉讼门槛，由此导致人案增速不相匹配，案多人少的矛盾越发凸显。而线上纠纷的激增又与传统的地域管辖不相适应，网络中的空间定位规则与现实空间不同，因而旧的规范

---

① 侯猛：《互联网技术对司法的影响——以杭州互联网法院为分析样本》，载《法律适用》2018 年第 1 期。

② 方帅：《我国互联网法院设置问题研究》，载《电子知识产权》2017 年第 8 期。

在面对网络空间时便遇到了困境。[①]

（八）在线纠纷解决机制和智慧法院的研究与探索

1. 在线纠纷解决机制研究

梁平、陈焘[②]认为，互联网技术在司法领域的应用使在线网络平台成为司法公开的重要载体，法院信息化建设的持续升级则使纠纷在线解决中的网络技术从程序辅助迈向实质协助。在线纠纷解决是"互联网＋"催生的基层社会综合治理变革。随着电子商务的兴起，在商品购买活动中人们逐渐从线下的实体店转向线上交易。发生纠纷后，如果按照传统的协商、调解、仲裁或诉讼机制，不仅会出现纠纷解决成本高昂的现实尴尬，而且面临如何依法确定管辖的难题。为此，电子商务企业纷纷搭建内部的在线纠纷解决平台，消费者可通过线上投诉，采用与电子商务交易相同的"路径"解决纠纷，将之作为电子商务保持生机并持续发展的保障。电子商务领域的 ODR，包括电子商务交易当事人网上自行协商机制、商家或第三方电子商务交易平台的内部投诉机制、中立网上争议解决机制。电子商务领域 ODR 可归入多元化纠纷解决机制体系中的协商和解或调解，两者均是诉外纠纷解决机制，只不过从本源或传统意义上，前者产生并主要适用于虚拟空间的网络纠纷，后者则适用于现实空间的纠纷解决。而后，ODR 的适用范围从电子商务纠纷发展到一切纷争，只要是借助网站、网络交流工具、语音视频设备等信息技术进行的纠纷解决，均可称为在线纠纷解决，所采用的纠纷解决机制既包括本源意义上的 ODR，也包括 ADR、诉讼等多元纠纷解决机制。

叶强[③]指出，作为互联网时代的产物，在线纠纷解决机制逐渐成为一种新的化解矛盾的方式。浙江法院依据《最高人民法院关于人民法院进一

[①] 涂永前、于涵：《互联网法院：传统法院转型的一种可能性尝试》，载《互联网天地》2018 年第 4 期。

[②] 梁平、陈焘：《跨越时空的在线纠纷解决———以京津冀为例》，载《河北大学学报（哲学社会科学版）》2017 年第 2 期。

[③] 叶强：《论新时代网络综合治理法律体系的建立》，载《情报杂志》2018 年第 5 期。

步深化多元化纠纷解决机制改革的意见》（法发〔2016〕14 号）第 15 条的精神，试点电子商务网上法庭，分别审理网上交易、网上支付及网上著作权纠纷和相关上诉案件，取得了良好效果。但由于在线纠纷解决机制存在信任度不足的问题，需要在程序上进行有效改革。2017 年 8 月 18 日设立的杭州互联网法院契合了这一改革方向。它按照"网上案件网上审理"的思维，开创了网络综合治理的新时代。

程琥①认为，在线纠纷解决机制应当与我国矛盾纠纷多元化解机制衔接。衔接好在线纠纷解决机制与矛盾纠纷多元化解机制是推进国家治理现代化的必然要求，是推进我国电子商务健康、快速发展的重要保障，是破解在线纠纷解决发展难题的有效途径，也是完善我国矛盾纠纷多元化解机制的有益补充。

2. 智慧法院建设研究

随着信息化、数据化时代的到来，司法系统应当尽快对此作出有益尝试。郭烁②认为，在案多人少的司法现状之下，法官审判案件的效率很难令人满意。阻碍法官迅速完成判断的因素集中在两个方面：一是法官在承担判断任务之外，还承担着其他诸多事务性工作，分散了法官的精力；二是相关信息的搜集、整理与传递不够迅速，对任务的履行产生了负面影响。互联网技术的应用可以在一定程度上解决这两个方面的问题，一方面可以提高事务性工作的运行效率，另一方面可以实现快速搜集、整理和传输信息材料。

郭烁认为，互联网技术对于智慧法院建设既是一大机遇，又带来了挑战。首先，互联网技术给法院带来了显而易见的效率提升。以互联网替代传统信息产生、传播与存储的途径，以程序化、智能化的手段快速处理信息并作出决策，可以大量节约成本，提高工作效率。其次，技术应用可以帮助提高司法公信力。在互联网 2.0 时代，自媒体、网络媒体的大量出现

---

① 程琥：《在线纠纷解决机制与我国矛盾纠纷多元化解机制的衔接》，载《法律适用》2016 年第 2 期。

② 郭烁：《司法过程的信息化应对——互联网时代法院建设的初步研究》，载《暨南学报（哲学社会科学版）》2017 年第 10 期。

使信息传播速度加快，如果正确的信息不能被妥当发布，错误的信息将会产生大范围的影响。现阶段，包括裁判文书、审判流程、执行信息的网上公开，人民法院微博、微信公众号以及各类应用客户端的开通，其目的都在于以快速、精准的方式发布权威信息、公开相关资料，保证司法程序的透明化和公开化。

郭烁指出，经过 20 年的信息化发展，中国法院基本建成了以互联互通为主要特征的人民法院信息化 2.0 版，形成了以五大网络为纽带的信息基础设施和支持司法服务、审判执行和司法管理的十类应用。我国法院的信息化建设可以分为两个阶段。2011 年前，各级法院旨在通过数字化法庭、审判流程和质量管理系统、办公自动化系统、数据管理中心等内部管理平台的建设来完善和规范司法行为；之后，法院信息化建设主要以"天平工程"建设为基本载体，建设审判流程公开、裁判文书公开、执行信息公开三大平台。法院内部的信息化建设主要侧重于办公效率的提升，司法公开的需要则推进了法院外向型信息化建设。

同时，互联网发展又对完善法院建设提出了更高要求。为此，郭烁分析了"互联网＋"背景下"公正与效率"的再认识问题，以及"互联网＋"背景下审判公开需求倍增的要求。从世界范围看，新技术的应用与普及都对人权保障事业提出了更多要求。按照官方公布的设想，人民法院信息化建设的 1.0 阶段是内部基础建设阶段；2.0 阶段是推动建设外网网站并建设智慧法院阶段；3.0 阶段是进入嵌入式数字化管理和"互联网＋"阶段。因此我国人民法院目前正在"2.0＋3.0"阶段建设交叉并进的过程中。

3. 电子法院建设研究

电子法院与智慧法院的概念在严格意义上并没有清晰的区别界定，两者也有一定的交叉，但是在学术研究中有学者采用了不同的提法。王福华分析了电子法院内部到外部的构建问题。[①] 电子法院与电子诉讼制度的构建具有阶段性，在电子法院的基础设施建设方面，需要装备服务器、计算

---

① 王福华：《电子法院：由内部到外部的构建》，载《当代法学》2016 年第 5 期。

机、硬盘、高速扫描仪等硬件并连接网络，安装案件信息系统软件等。在电子法院业务功能的设计方面，应涵盖外部电子法院和内部电子法院的功能，完善电子法律交往，使当事人及其律师能够通过电子提交诉状、诉讼文书，法院能够电子送达，以及为法官在线审理及案件管理提供技术支持，如电子庭审笔录、视频庭审、案件排期及电子证据审查等。

在诉讼理念上，应当始终坚持以当事人为中心。电子法院的构建过程也是法院转型再造的过程，"以计算机及网络技术为基本手段进行司法管理、提供审判服务的制度，最直接的目标就是应用信息技术，将审判活动从简单的手工劳动发展到自动化办公，从强调审判流程、层级控制及以管制为中心的审判管理，发展到以信息技术促进程序公正与诉讼效率价值的实现上"。

在电子法律交往的法律化方面，王福华对诉讼文书的电子提交、线上线下的转换与程序选择权、电子法律交往的安全标准、电子诉讼中集中管辖的必要性、社交媒体的运用与诉权保障方面进行了分析。在审判管理的电子化方面，其从内部电子法院的构建理念、内部电子法院的功能方面进行了分析，如案件管理、电子卷宗、电子诉讼信息的共享与交换。现在来看，王福华当时提出的理念与功能已经有了实践中的落实。

王福华还讨论了电子诉讼制度的法律基础问题。[①]"在法本质上，电子诉讼中信息通讯技术的工具性虽然能够满足司法实用主义的需求，但不应在根本上改变诉讼的价值与结构。在立法论上，立法与法律解释构成了电子诉讼制度构建的两个进路，法律解释方法有利于兼顾诉讼法的完整性与开放性，立法路径则要求妥善处理诉讼原则与技术应用之间的关系。在功能论视角，电子诉讼的发展应在诉讼阶段细分的基础上引入相应技术措施，适应不同的程序保障需要；对小额诉讼程序和督促程序则可试行全程化电子诉讼。在技术保障层面，电子法律交往需要法律上的安全性及真实性保障，应通过立法明确技术规制的方法与限度。"

4. 网上法庭建设研究

一般认为，广义的 ODR 包括在线 ADR 与网上法庭。丁颖针对电子商

---

① 王福华：《电子诉讼制度构建的法律基础》，载《法学研究》2016 年第 6 期。

务小额纠纷分析了网上法庭的相关情况。[①] 与离线诉讼程序相比，网上法庭具有更加方便的优势；与其他 ODR 一样，网上法庭允许远距离沟通，为解决争议提供了更灵活的选择。与私人的在线 ADR 相比，使用网上法庭也具有许多优势。首先，协商和调解可能导致和解，也可能什么都达不成，法院诉讼则必然产生一份有强制力的判决。虽然传统仲裁也能产生具有拘束力的仲裁裁决，但仲裁要求当事人放弃权利，因此目前仍然面临一系列法律障碍。其次，在法院程序中存在法官的民主问责制，而在私人审判中缺乏此种元素。再次，在普通市民看来，法官享有很高的社会威望，或享有很高的象征资本，这就增加了对该程序正当性的认同。最后，网上法庭作为政府的一个部门，比私人争议解决服务提供商有更大的权力向企业问责。

5. "互联网 + 调解" 的发展情况

"互联网 + 调解" 是网络信息技术应用的一大领域。廖永安、吕宗澄[②]认为，"互联网 + 调解" 在我国形成了独特的模式、理念与特征，但是其也面临现实与虚拟之间、推广与使用之间、形式与实质之间的矛盾和困境。我国 "互联网 + 调解" 应在解纷渠道、解纷资源、解纷平台、解纷人员、解纷力量等方面实现了多元化、职业化、市场化、信息化和国际化发展。

穿行于现实与虚拟之间，"互联网 + 调解" 面临的困境具体表现在单行与并行、保存与保密、信任与方便这三对矛盾关系中。单行与并行体现了传统调解与 "互联网 + 调解" 之间的区别，传统调解模式是单行的，参与者只能按照时间次序分别参加联席会议、单方会谈，而 "互联网 + 调解" 中的参与者可以同时参加联席会议和单方会谈。在互联网虚拟环境下，保存与保密有时会形成一种悖论，要保存则面临保密的风险，而最佳的保密方式就是不保存。同时，如何在信任与方便这对关系中寻求平衡点

---

① 丁颖：《网上法庭：电子商务小额纠纷解决的新思路——国外主要实践及中国相关制度构建》，载《暨南学报（哲学社会科学版）》2015 年第 10 期。

② 廖永安、吕宗澄：《我国 "互联网 + 调解" 发展困境及其路径选择》，载《安徽大学学报（哲学社会科学版）》2017 年第 3 期。

是另一难题，当事人在刚开始使用"互联网＋调解"时难免存在疑虑和担心。一般而言，在第一次通电话时，法官和书记员需要用一定的时间来说明和解释，这样才能打消当事人的戒心，进而注册网上法庭账户。

而"互联网＋调解"在推广与使用之间的矛盾主要表现在高技术与低使用、口头语言使用与文本语言使用、同步即时与异步交互三对关系中。在"互联网＋调解"中，对技术和设备的要求因推动调解的主体不同而有差异，调解员既可以使用 QQ、微信等大众软件，也可以使用专门的系统。在口头与文本语言方面，使用文本语言有时会影响"互联网＋调解"的开展，这是因为文本语言的广泛使用难免丧失了口语、肢体语言生动、直观、感性的特点，使意思表达趋于隐晦、简洁，还容易产生歧义从而造成误解。另外，传统调解中的交流是即时发生的，当事人和调解员都需要对新情况立即作出回应；而在"互联网＋调解"中，当事人的交流是有时间间隔的，各方对新进展作出的情绪化回应会降低，异步交互也增加了调解员控制程序的难度。形式与实质间的矛盾在"互联网＋调解"中的集中体现就是其种种功能在实践中发挥不足，便捷性得不到充分体现。部分试点法院都存在形式上便利和实质上负担的矛盾。

为此，廖永安和吕宗澄提出构建多元化"互联网＋调解"的调解主体，以实现解纷平台的"共建"，包括培育民间"互联网＋调解"组织机构、建设一体化在线纠纷解决平台、吸收国际解纷力量以化解国际贸易纠纷等；建立线上线下互联互通的调解体系，以实现解纷资源的共享，推进调解职业化进程，从而满足"互联网＋调解"的专业性需要；注重加强调解文化建设，以营造"互联网＋调解"的文化氛围。

（九）在京津冀地区设立互联网法院的可行性

互联网法院产生的背景是由于跨域涉网纠纷对传统审判体制带来了挑战，刘毓筱分析了在京津冀地区设立互联网法院的可行性。①

---

① 刘毓筱：《在京津冀地区设立互联网法院的可行性研究》，载《厦门特区党校学报》2017年第 5 期。

互联网法院的产生有其及时性和必要性。首先，京津冀地区具有建立互联网法院的司法和技术条件。京津冀作为国家重点建设区域，拥有国家政策的大力支持、丰富的司法资源、高素质的法律人才以及高精尖的技术服务支持。其次，京津冀地区诉讼压力较大，对建立互联网法院从而缓解其压力的需求较为迫切，同时互联网法院的建设还可以帮助消除京津冀地区人口流动性强带来的诉讼不便。最后，也是最重要的，将京津冀作为建立互联网法院的"试点"符合司法改革的路径。

在京津冀建立互联网法院也具有可行性。首先，京津冀地区的互联网普及度比较高，网民的规模大，具有基础条件。其次，京津冀地区很早便开始在实践中为建立互联网法院做准备，不断探索如何将互联网与审判实践相结合，在互联网法院成立前就打造了审判信息网、微博平台、诉讼服务平台、手机 App 程序四大信息化公开渠道。最后，京津冀协同发展的战略目标也与互联网法院的建设相辅相成。互联网法院可以改善三地司法资源不平衡的现状，通过让司法资源丰富、司法能力强的地区审理司法资源短缺、司法能力弱的地区的案件，可以改善其现状，实现司法资源的平均分配，更快实现京津冀协同发展的战略目标。

为在京津冀地区建立互联网法院，刘敏筱提出了一些建议，如为互联网法院制定专门的法律法规，使其建设运行有法可依、明确受案范围；建立互联网法院专网专用机制，保障案件信息和当事人信息的安全；建立完备的互联网法院审判机制、严谨的审判程序，明确规定互联网法院法官遴选制度；建立案外人庭审旁听制度；建立适度的法官激励机制和当事人反馈机制；建立互联网法院当事人信息备案机制；建立审后回访体制等。

二、互联网法院特征及作用研究进展

（一）杭州互联网法院的历史意义和时代使命

互联网法院设立之后，理论界与实务界一直都存在对互联网法院定位上的误读，于志刚、李怀胜从杭州互联网法院设立的过程出发对其设立的历史意义、司法责任与时代使命进行了分析。① "矗立于司法改革潮头的杭州互联网法院，肩负着探索网络法治的中国样本的重任，应当逐步扩展案件管辖类型，从跨地域的约定管辖和跨国境的约定管辖两个维度入手，探索和确立网络管辖权的中国模式和中国规则，惟其如此，杭州互联网法院才能真正确立自己的时代坐标和历史定位。"

杭州互联网法院树立了中国司法改革史上的里程碑，是中国网络法治的典型样本。早在 2017 年 4 月底，最高人民法院就批复同意自 5 月 1 日起由杭州铁路运输法院集中管辖五类涉网一审民事案件。2017 年 6 月 26 日，中央全面深化改革领导小组审议通过了《关于设立杭州互联网法院的方案》。2017 年 8 月 18 日，杭州互联网法院正式揭牌成立。为考察杭州互联网法院发展的历史启示，于志刚和李怀胜分析了中国专门法院的发展历程。多年来，各专门法院在我国此消彼长，其建立一般有两个理由：一是管辖地域的特殊性，如铁路运输法院；二是管辖案件的专业性，如海事法院。但是随着司法实践的发展，专门法院设立的原因由管辖地位的特殊性逐渐让位于管辖事由的专业性，同时，弱化行政区域和管辖的跨地域性将成为今后法院司法改革的趋势。

杭州互联网法院的出现是一个重大的制度创新，是主动承接网络强国、依法治国战略的探索和成果，是建设法治网络的重要成果，也是司法主动对接信息时代挑战的成果。"杭州互联网法院开辟了全面依法治国与全面深化改革的新领域，构建网络强国战略与司法体制改革的新交集，这才是杭州互联网法院建立的真正时代价值。"

未来，杭州互联网法院应当在探索网络法治"中国样本"的重任中"居安思危"。杭州互联网法院的样本价值体现在两个方面：对内，它要为其他中国法院树立样本，探索互联网背景下新的司法规则、新的司法运行机制、新的审判运作流程；对外，杭州互联网法院代表中国的司法系统，作为中国法治网络的杰出代表和网络法治的创新典范，推介中国规则，为世界其他国家的法院树立样本。因此，杭州互联网法院面临的压力也来自

---

① 于志刚、李怀胜：《杭州互联网法院的历史意义、司法责任与时代使命》，载《比较法研究》2018 年第 3 期。

两个方面：一是能否充分体现杭州互联网法院的机制优越性，充分体现互联网法院的样本价值；二是在国内其他地方法院以及国外的模仿中，杭州互联网法院能否在制度探索中保持领先地位。此外，互联网法院最终要走上"道""器"一体、并进结合之路，案件管辖类型和管辖权将成为互联网法院的创新增长点，提出解决管辖权冲突的中国模式，是杭州互联网法院的真正责任与使命。

陈增宝也指出，互联网法院的设立是司法主动对接网络强国战略、服务互联网经济发展的时代需要，是全面落实依法治国要求、探索网络空间法治化的现实需要，是司法主动应对涉电商纠纷急剧增长的有益探索，也是推进司法供给侧改革、落实司法为民宗旨的有力抓手。[①]

（二）互联网法院的定位

互联网法院作为司法主动适应互联网发展的重大制度创新，自设立时起便引起了世人瞩目。杨秀清[②]提出，通过检索分析北京、广州与杭州互联网法院的全部裁判文书可以发现，在对互联网法院诉讼便捷、司法高效过多渲染之下，忽略了互联网法院发展的瓶颈。破解互联网法院审判受制于现行民事诉讼法所确立的诉讼制度与程序规则困境的关键，在于以"网上案件"超越物理空间地域的本质特征为基础，走出互联网法院是集中管辖"网上案件"特殊法院的误区，使互联网法院回归审判专业性案件专门法院的定位。

如果互联网法院诉讼的电子信息传递与电子法庭审理不能实现与传统法院诉讼在保障当事人诉讼权利行使方面的等价功能，互联网法院诉讼的正当性就会遭受挑战。因此在司法审判中运用互联网技术，在互联网法院审判涉网诉讼案件中不可避免地会产生互联网技术与传统诉讼法律制度和程序规则之间的冲突与融合问题。换言之，要实现互联网法院审判的专业

---

① 陈增宝：《构建网络法治时代的司法新形态——以杭州互联网法院为样本的分析》，载《中国法律评论》2018 年第 2 期。

② 杨秀清：《互联网法院定位之回归》，载《政法论丛》2019 年第 5 期。

化，涉网案件的诉讼审判必然面临传统诉讼法律制度与程序规则的挑战。杨秀清认为，互联网法院的审判困境来自涉网案件跨地域性与民事诉讼管辖制度相冲突，涉网案件范围与互联网法院专业化审判职能不相匹配。

破解互联网法院的审判困境，需要破解对互联网法院定位理解的偏差，要以"网上案件"超越物理空间地域的特殊性为基础回归互联网法院应有的专业性，将互联网法院定位于审判专业性案件的专门法院，而非审判特殊案件的跨行政区域法院。"互联网法院诉讼应当明确两个基本标准：一是互联网法院管辖的案件应当是所有案件事实和证据材料均发生在互联网上的案件；二是互联网法院的管辖由当事人选择，不受现实空间中物理地点的制约。因此，只有回归互联网法院专门法院的定位，才能使互联网法院诉讼突破现行民事诉讼法所确立的地域管辖制度的藩篱，跳出以现行民事诉讼法制度框架与互联网法院诉讼的匹配度为基础探索互联网诉讼特殊规则的逻辑怪圈，真正探索互联网法院专业化审判所需要的诉讼制度与程序规则。"

互联网法院成立之后，不少人认为互联网法院在性质上也是专门法院的一种。洪冬英在分析互联网、人工智能等技术革新带来的司法难题时也分析了互联网法院的专门法院性质相关问题。[1] 其认为，互联网法院属于广义上的法律机构专门化，即将由普通法院管辖的事务抽离归总，同时也是独立的法院。专门法院的设置在人民法院组织法中没有明确规定，而是由全国人大另行决定。从趋势看，专门法院设置正在因管辖地域的特殊性让位于管辖事由的专业性。互联网的时空特性也决定了该专门法院的设置应具备跨地域性。2014 年 12 月，中央深化改革领导小组审议通过《设立跨行政区划人民法院、人民检察院试点方案》，十八届三中全会提出"探索建立与行政区划适当分离的司法管辖制度"，四中全会进一步明确"探索设立跨行政区划的人民法院和人民检察院"，所以互联网法院不仅应是专门法院，还应当是立足于跨行政区划的专门法院。

专门法院视域下互联网法院的管辖范围也应当有所发展。杭州互联网

---

① 洪冬英：《司法如何面向"互联网＋"与人工智能等技术革新》，载《法学》2018 年第 1 期。

法院的管辖权由中央深化改革领导小组审议通过的试点方案确定，其只管辖杭州市范围内的涉网案件，洪冬英认为这些涉网案件应当是民商事案件，行政案件与刑事案件具有与民事诉讼显著差别的规则，暂时不宜纳入互联网法院管辖，若干年后或可发生改变。另外，在民商事案件中，人身权纠纷是否可以纳入互联网法院的管辖范围也是一个可以商讨的问题。互联网法院的专门法院特性强调了事物管辖，跨区域特点又要求互联网法院的地域管辖应当扩展互联网背景下的协议管辖。互联网法院还具有特殊的适用程序，包括保障当事人线上线下的程序选择权，涉网案件线上审理适用简易程序、电子督促程序的运用等。洪冬英认为，互联网法院由于具有专门法院的性质导致该适用程序应有更大突破。

（三）互联网技术对司法的重要影响

侯猛以杭州互联网法院为样本，分析了互联网技术对司法的积极影响。[①] 第一，当事人直接的诉讼成本大为减少。虽然当事人的诉讼费没有变，但是时间成本和其他金钱费用将会减少；除了立案成本降低以外，一旦进入诉讼程序，当事人可以在证据平台上一键推送证据，举证、质证在线提交，争议焦点在线推送；进入庭审环节，当事人也不需要亲自出庭。第二，法院的运行成本也会大大减少。法院引入了先进的人脸识别技术，通过刷脸与身份证信息完成认证一致，根据当事人事先在网上登记的诉讼信息迅速识别当事人的立案情况，对案件引导分流；进入法院后，当事人可以选择在诉讼服务自助终端上立案，自动生成诉状并打印；在法院立案之前，首先还要进行为期15天的诉前调解，当事人可通过互联网诉讼平台系统看到相关法律条文和类案推送，降低当事人的信息搜索成本；在庭审过程中，可以在立案时事先阅读相关材料，减去申请回避和宣读法庭纪律环节以及当庭宣读起诉状、答辩状环节，通过举证、质证在线提交可以帮助法院提前归纳争议焦点、固定证据等。

---

① 侯猛：《互联网技术对司法的影响——以杭州互联网法院为分析样本》，载《法律适用》2018年第1期。

　　互联网技术与传统的民事诉讼程序进行融合，在案件审理、证据制度、送达制度、庭审制度等方面都有着不同层面、不同程度的应用。袁圆、柴芳墨指出了互联网法院对民事诉讼程序改革的重要意义。[①] 互联网法院不仅是特定类型的专业性法院，还是全方位创新所设立的法院，是逐步向专门法院过渡的改革"试验田"。与传统法院相区别，互联网法院的特性在于其是以全程在线审理为基本原则，推行"网上纠纷网上审理"的法院。在互联网法院，案件的受理、送达、调解、证据交换、庭前准备、庭审、宣判等各诉讼环节都在互联网上进行。同时，互联网法院的管辖也具备专属性及集中性，在设有互联网法院的北京等地区，以集中管辖为原则，由互联网法院依法定或依当事人的约定受理辖区内包括网络购物、网络服务、互联网借贷、互联网侵权等特定类型案件。互联网法院是民事诉讼适应互联网时代需求的创新，传统的民事审判体系下较为烦琐的诉讼流程及规则，难以符合网络交易快捷便利的特性以及全面互联网化的新时代要求。例如在管辖方面，网络虚拟服务的买卖中，买卖双方的交易都可能在虚拟的空间内完成，从而难以确定交易的真实物理地址或者买卖双方的虚拟身份所在地以及相应的管辖法院，但互联网法院的专属管辖却能较好地对此予以规制。互联网法院的创立，是对包括互联网相关争议案件在内的纠纷解决的有益进步及尝试。

　　熊秋红[②]也认为，互联网法院可以以互联网为基础构建一种新的在线审判模式，优化甚至重塑网络场景下的诉讼程序和司法规则，更好地实现司法正义，其具有方便当事人诉讼、提高司法效率、规范互联网交易行为、提高涉网案件审判质量、完善涉网案件司法规则等优势。

　　互联网法院的建立也展现了司法新形态的发展。陈增宝[③]认为，互联网法院全面彰显了审判业务与技术创新深度融合、相互反哺的时代特征，体现出涉网案件审判管辖的专业化、审理方式的在线化、解纷能力的智能

---

　　① 袁圆、柴芳墨：《论网络信息技术与民事诉讼程序的新发展》，载《人民论坛·学术前沿》2019 年第 9 期。

　　② 熊秋红：《为什么要设立互联网法院》，载《人民论坛》2018 年第 5 期。

　　③ 陈增宝：《构建网络法治时代的司法新形态——以杭州互联网法院为样本的分析》，载《中国法律评论》2018 年第 2 期。

化、网上数据处理的一体化以及涉网纠纷化解的多元化，有力推动了我国互联网司法的技术进步、效率提升和动力变革，全面提升了互联网司法专业化水平，解放了传统的司法生产力。

（四）互联网法院对司法流程再造的影响

陈国猛①认为，我国当前的法院系统以智慧法院为目标开展信息化建设，但主要局限于司法电子化作业这一工具层面，还没有上升到方法论和价值层面。以严谨、烦琐、封闭、程式化为特征的传统司法，如何顺应公众对司法服务便利化、快捷化、开放化和个性化的新需求，进行流程的优化与改造，是这个时代司法所面临的新挑战。杭州互联网法院是网络法治时代的"智慧法院"，对传统审判方式而言，是彻底颠覆；在现代审判意义上，是流程再造，是司法创新。

第一，强前台和流程优化。杭州互联网法院实现了结构化起诉，系统引入了智能诉状生成系统，根据诉讼类型分别设置自动生成的起诉状，对诉讼请求的提出、赔偿数额的计算、法律依据的引用等诉讼事项进行了全面结构化、类型化的梳理。身份认证方面，当事人在线发起诉讼时，可以自主上传电子化的身份证件；起诉时，杭州互联网法院通过官方认可的实名认证软件等核实当事人身份；视频庭审时可在线再次审查，还可与公安机关的身份数据库比对核实；同时，杭州互联网法院还在开发人脸识别系统，关联公安身份数据库，实现自主身份验证。在线质证方面，当事人提交的证据全部在线呈现，其他当事人可随时随地查看，直接发表书面质证意见，系统留存的意见直接带入庭审，法官可主动掌握诉讼进程，随时跟进查看，质证不再受时空限制。同时，为了更好地指引当事人质证，系统对证据真实性、合法性和关联性设置了结构化选项，当事人直接勾选认可或不认可，并可就其证明力有无、大小等进行在线补充说明。第二，强前台和流程整合。杭州互联网法院的诉讼平台整合了举证和调解等功能。第

---

① 陈国猛：《互联网时代资讯科技的应用与司法流程再造——以浙江省法院的实践为例》，载《法律适用》2017 年第 21 期。

三，强后台和流程重构。杭州互联网法院结合网上办案实际，大幅简化或删减了不必要的诉讼环节，凸显互联网庭审的快捷性、简易性和高效性。同时增加了互联网审判的元素，突出网上审判的开放性、协同性、要素性和共时性。法官可在线实时核实案件事实，通过点击链接相关网站核实在线即时事实，如实时的网络著作权侵权状态。还可以对案件事实进行要素化、结构化处理，法官可以按照案件的相关要素确定庭审顺序，不区分"法庭调查"与"法庭辩论"。法官可在庭前由各方当事人在线勾选内容的基础上发问，着重查明有争议的内容，引导各方围绕争议焦点进行对抗，使庭审过程更加聚焦、紧凑，避免冗长且对解决争议毫无意义的重复性陈述与辩论，进而节省司法成本，提高司法效率。

（五）互联网法院的重要作用

冯洋①认为，互联网法院建设具有三大作用。第一，互联网法院是法院信息化建设的集大成者。互联网法院的内部信息化水平已经走在全国前列，具备将所有案件都采用电子方式审理的条件，将来互联网法院应当将改革重点放在外部信息化建设上，疏通互联网法院同其他诉讼交往主体的数据交换渠道，保障审判活动高效进行。第二，互联网法院是人工智能辅助审判的先行者。当前人工智能的司法应用处于起步阶段，互联网法院已经积极展开探索，打造了智能诉状自动生成、电子案卷随案生成、电子证据一键导入、语音识别、裁判文书智能生成等智能系统，以及类案关联系统、法律法规相关联系统等。第三，互联网法院是互联网和智能诉讼规则创新的发起者。对于网上审判和智能审判新规则，互联网法院应积极运用和试错，对于现行规则中不适应网上审判的部分应当在法律允许的范围内选择性适用。对于确有必要变通现有诉讼规则的情形，应当在于法有据的前提下进行制度实验。

---

① 冯洋：《探索互联网时代审判机制和诉讼规则》，载《杭州（周刊）》2018年第20期。

三、互联网法院立法研究进展

（一）《最高人民法院关于审理利用信息网络侵害人身权益民事纠纷案件适用法律若干问题的规定》

2014年6月23日，最高人民法院审判委员会第1621次会议通过了《最高人民法院关于审理利用信息网络侵害人身权益民事纠纷案件适用法律若干问题的规定》（法释〔2014〕11号），并于2014年10月10日起施行。其与《最高人民法院关于审理侵害信息网络传播权民事纠纷案件适用法律若干问题的规定》内容有所不同。《最高人民法院关于审理利用信息网络侵害人身权益民事纠纷案件适用法律若干问题的规定》共19条，对利用网络侵害人身权益案件的管辖、诉讼程序、《侵权责任法》第三十六条的适用、转载的过错认定、个人信息的保护、权威来源作为免责事由及其例外、删贴协议的效力、网络水军的连带责任以及损害计算方法等问题进行了规定。

杨临萍、姚辉、姜强分析了对该规定的理解与适用。[①] 在适用范围上，《最高人民法院关于审理利用信息网络侵害人身权益民事纠纷案件适用法律若干问题的规定》的名称和第一条明确了其适用范围，即适用于利用信息网络侵害人身权益纠纷案件。在管辖方面，利用信息网络实施侵权行为引发的民事诉讼在管辖上存在较多困难，该规定坚持在《民事诉讼法》第二十八条的原则下，探索解决管辖问题的有效方法，明确规定以实施侵权行为的计算机等终端设备所在地为侵权行为实施地，以被侵权人的住所地为侵权结果发生地。在诉讼程序上，《侵权责任法》第三十六条第二、三款都涉及网络服务提供者与网络用户的连带责任。但如果原告仅起诉网络用户或者网络服务提供者，人民法院是否应当追加另一方为共同被告？对此，《最高人民法院关于审理利用信息网络侵害人身权益民事纠纷案件适

---

① 杨临萍、姚辉、姜强：《〈最高人民法院关于审理利用信息网络侵害人身权益民事纠纷案件适用法律若干问题的规定〉的理解与适用》，载《法律适用》2014年第12期。

用法律若干问题的规定》规定，原告仅起诉网络用户，网络用户请求追加网络服务提供者为共同被告或者第三人的，人民法院应予准许；原告仅起诉网络服务提供者，网络服务提供者请求追加可以确定的网络用户为共同被告或者第三人的，人民法院应予准许。除此之外，杨临萍、姚辉、姜强还对避风港原则的适用、个人信息保护、非法删帖与网络水军的规制以及损害赔偿等问题进行了分析。

（二）《最高人民法院关于互联网法院审理案件若干问题的规定》

2018 年 9 月 6 日，最高人民法院印发了《关于互联网法院审理案件若干问题的规定》（法释〔2018〕16 号），内容包括互联网法院的管辖范围、上诉机制、诉讼平台建设要求，以及在线身份认证、立案、应诉、举证、庭审、送达、签名、归档等诉讼规则。

胡仕浩、何帆、李承运对该规定涉及的重点问题进行了解读。[①] 该规定出台的背景与目的如下：一是确定互联网法院的管辖范围和上诉机制，确保三家互联网法院管辖统一、运行规范；二是明确在线审理机制运行规则，针对身份认证、电子数据导入、在线举证质证、电子送达等问题进行规制，有利于推动互联网法院公正、高效地审理案件；三是适应互联网法院全程在线的诉讼模式，对互联网法院审理正确适用民事诉讼法作出规定。

（三）《最高人民法院关于互联网法院审理案件若干问题的规定》中在线审理机制的探讨

占善刚、王译围绕《最高人民法院关于互联网法院审理案件若干问题

---

① 胡仕浩、何帆、李承运：《〈关于互联网法院审理案件若干问题的规定〉的理解与适用》，载《人民司法（应用）》2018 年第 28 期。

的规定》，分析了互联网法院的在线审理机制。① 互联网法院集中管辖机制必须以尊重法定法官原则为前提，当下对互联网诉讼模式的过度关注容易遮蔽其作为专业性法院集中管辖涉互联网案件的首要功能认知。最高人民法院相关负责人在对《最高人民法院关于互联网法院审理案件若干问题的规定》进行官方解释时表示互联网法院设立的初衷并非"司法便民"与"远程审判"，而是"跨区域管辖"目标的实现。《最高人民法院关于互联网法院审理案件若干问题的规定》第三条明确了当事人可依法协议约定与争议有实际联系地点的互联网法院管辖。根据当事人的事前约定，协议管辖连接点不仅可涵盖原告住所地、被告住所地、签订或者履行合同的互联网平台经营者住所地在内，还涵盖了被诉侵权行为的网络服务器、计算机终端等设备所在地、被侵权人住所地，实际上借助约定或格式合同方式极大地扩张了选定管辖法院的范围。

在送达方面，《最高人民法院关于互联网法院审理案件若干问题的规定》第十五条至第十八条虽然规定了电子送达的方式、内容及其相关告知义务，但对于电子送达内容与形式的合法性尚未作更进一步的解释，对审判公开原则提出了挑战。根据文书送达理论，电子数据送达的方式存在阅读主义与到达主义之别，《最高人民法院关于互联网法院审理案件若干问题的规定》第十五条第二款规定采取以到达主义为原则、阅读主义为例外的送达标准。从对"同意"的识别方式来看，又存在明示与默示、个别与概括的标准划分。

在互联网法院在线审理机制的完善方面，占善刚和王译认为《最高人民法院关于互联网法院审理案件若干问题的规定》第六条要求以电子诉讼平台实施诉讼行为，这一基本运行模式预示着网络技术作为裁判辅助成为未来诉讼改革的必然方向。涉网案件诉讼规则应遵循传统诉讼程序运行的基本原理，如集中管辖原则，其并非意味着涉网纠纷管辖权的过度集中，而应依照《最高人民法院关于互联网法院审理案件若干问题的规定》第二条严格遵从法定法官原则。

---

① 占善刚、王译：《互联网法院在线审理机制之检讨》，载《江汉论坛》2019 年第 6 期。

（四）　智慧法院建设的相关规定

于志刚、李怀胜指出，"面对汹涌而来的互联网大潮，面对已经开启的新一轮司法改革，各地司法机关纷纷在抢夺互联网红利，高度重视运用互联网和信息技术对传统司法的改造与升级，目前最高人民法院、最高人民检察院和公安部都有各自明确的信息化发展战略。在公安机关推行公安科技信息化、最高人民检察院推行检察信息化的背景下，最高人民法院早在 2016 年年初就开始部署建设立足于时代发展前沿的'智慧法院'。《最高人民法院关于加快建设智慧法院的意见》《人民法院信息化项目建设管理办法》《最高人民法院信息化项目建设管理办法》《法院信息化基本术语》等文件随后出台。最高人民法院提出，要加快建设智慧法院，构建人力与科技深度融合的司法运行新模式，积极落实智慧法院'全业务网上办理、全流程依法公开、全方位智能服务'的具体要求。也就是说，推进信息技术与司法的融合作为全国法院系统的统一部署，是对所有法院的共同要求。"[①]

（五）　互联网法院民事诉讼管辖问题的相关规定

互联网法院建设发展给民事诉讼带来了许多挑战，首先一个便是对管辖问题的挑战。郑旭江梳理了互联网法院民事诉讼管辖问题的相关规定。[②]按照《民事诉讼法》《最高人民法院关于适用〈中华人民共和国民事诉讼法〉的解释》和《关于杭州互联网法院案件管辖范围的通知》的规定，互联网法院集中管辖杭州市基层人民法院有管辖权的六类涉网案件。①互联网购物、服务、小额金融借款等合同纠纷。根据《民事诉讼法》第二十三条和《民事诉讼法解释》第二十条的规定，因合同纠纷提起的诉讼，由被告住所地或者合同履行地人民法院管辖。以信息网络方式订立的买卖合

①　于志刚、李怀胜：《杭州互联网法院的历史意义、司法责任与时代使命》，载《比较法研究》2018 年第 3 期。

②　郑旭江：《互联网法院建设对民事诉讼制度的挑战及应对》，载《法律适用》2018 年第 3 期。

同,通过信息网络交付标的的,以买受人住所地为合同履行地。合同对履行地有约定的,从其约定。因此,以位于杭州的网络平台为被告的,原告可向互联网法院起诉。②互联网著作权和侵权纠纷。根据《民事诉讼法解释》第二十五条的规定,信息网络侵权行为实施地包括实施被诉侵权行为的计算机等信息设备所在地,侵权结果发生地包括被侵权人住所地。因此,信息设备所在地和被侵权人住所地在杭州的也可由互联网法院管辖。③利用互联网侵害他人人格权纠纷。根据《民事诉讼法》第二十八条和《民事诉讼法解释》第二十四、二十五条的规定,信息网络侵权行为实施地包括实施被诉侵权行为的计算机等信息设备所在地,侵权结果发生地包括被侵权人住所地。因此,原、被告其中一位在杭州或实施被诉侵权行为的信息设备位于杭州,原告便可选择互联网法院作为管辖法院。④互联网购物产品责任侵权纠纷。互联网法院公布的首批 10 个经典案例首次明确了职业打假人的概念,确定了职业打假人价格欺诈的判断标准;规定了网络交易平台的地位及责任纠纷案件,确立了"通过网络交易平台引发的产品责任纠纷案件,消费者仅起诉网络交易平台的,应追加店铺经营者为被告,否则不予支持"的裁判规则。⑤互联网域名纠纷。对于此类纠纷,虽可根据《中国互联网络信息中心域名争议解决办法》和《统一域名争议解决政策》进行域名争议仲裁,但选择诉讼仍是此类争议的重要解决方式。此前的域名纠纷由中级人民法院管辖,并由侵权行为地或被告住所地法院管辖。互联网法院专属管辖杭州辖区内的所有域名纠纷,可谓是一种突破和创新。⑥因互联网行政管理引发的行政纠纷。有关行政执法部门依据《网络安全法》等法律法规实施行政管理引发的一审行政诉讼案件,统一由互联网法院进行管辖,增强了统一性和便利性。

(六) 电子送达问题的相关规定

郑旭江梳理了互联网法院电子送达问题的相关规定。① 早在 2015 年 11

---

① 郑旭江:《互联网法院建设对民事诉讼制度的挑战及应对》,载《法律适用》2018年第 3 期。

月 24 日，浙江省高级人民法院就与阿里巴巴集团签订战略合作框架协议，拟通过淘宝平台的数据锁定当事人的常用电话、地址和其他信息。《民事诉讼法》第八十七条规定："经受送达人同意，人民法院可以采用传真、电子邮件等能够确认其收悉的方式送达诉讼文书……"《最高人民法院关于进一步加强民事送达工作的若干意见》规定："人民法院应当在登记立案时要求当事人确认送达地址"；"同意电子送达的，应当提供并确认接收民事诉讼文书的传真号、电子信箱、微信号等电子送达地址"。互联网法院对"同意"电子送达和电子送达的"成功标准"的理解决定了其送达效率和当事人权利保障问题。《民事诉讼法解释》第一百三十六条规定："受送达人同意电子送达方式的，应当在送达地址确认书中予以确认。"第八十七条规定："到达受送达人特定系统的日期，为人民法院对应系统显示发送成功的日期，但受送达人证明到达其特定系统的日期与人民法院对应系统显示发送日期不一致的，以受送达人证明到达特定系统的日期为准。"《杭州互联网法院诉讼平台审理规程》第十五条规定："如有证据证明被告已上网查阅了相关材料，但未按规定关联案件，视为已经完成送达。"

　　洪冬英也分析了互联网法院电子送达制度的运用与完善。①《民事诉讼法》第八十七条以及《民事诉讼法解释》第一百三十五条都体现了三点。一是尊重当事人的意愿，包括当事人可以约定送达地址；同时当法院系统与当事人的特定系统时间不一致时，以当事人的为准。二是电子送达具体媒介只要符合"能够确认其收悉的方式"即可。三是送达范围排除了判决书、裁定书和调解书。《杭州互联网法院诉讼平台审理规程》第十五条规定了被告参与诉讼的前提，即"被告关联"，第二款规定，"如有证据证明被告已上网查阅了法院发送的相关诉讼材料，但未按规定关联案件，视为已经完成送达"。这属于推定送达。关于当事人的送达地址，《杭州互联网法院诉讼平台审理规程》第二十一条规定了平台诉讼中的送达地址确认，当事人可以通过诉讼平台相应页面确认电子地址。第二十二条关于文书送达则规定了电子送达的推送方式和电话送达方式。

---

① 洪冬英：《司法如何面向"互联网＋"与人工智能等技术革新》，载《法学》2018 年第 11 期。

2018 年 7 月 2 日《浙江法院网上诉讼指南（试行）》发布并实施，规定了推定送达、送达地址，并且在其他方面也进行了改革。

（七）电子数据证据的相关规定

胡铭结合多部法律规范分析了电子数据证据在刑事证据体系中的定位与审查判断规则。[①]

1.《刑事诉讼法解释》

对于电子数据的证据种类，《刑事诉讼法》第四十八条将"视听资料"和"电子数据"合并成一种证据种类进行规定。《民事诉讼法解释》第一百一十六条第三款指出："存储在电子介质中的录音资料和影像资料，适用电子数据的规定。"《刑事诉讼法解释》第九十三条指出，电子数据的类型包括电子邮件、电子数据交换、网上聊天记录、博客、微博客、手机短信、电子签名和域名等。在电子数据的审查方面，《刑事诉讼法解释》第九十三条体现了如下保障真实性的倾向：是否是原始介质；是否有文字说明和签名；是否附有笔录、清单；是否符合技术规范；是否完整；是否真实；与案件事实有无关联；是否全面收集；等等。

2.《关于办理刑事案件收集提取和审查判断电子数据若干问题的规定》

2016 年 9 月，最高人民法院、最高人民检察院、公安部联合发布《关于办理刑事案件收集提取和审查判断电子数据若干问题的规定》。其中第一条就对电子数据作了明确界定："电子数据是案件发生过程中形成的，以数字化形式存储、处理、传输的，能够证明案件事实的数据。"这意味着以数字化形式记载的证人证言、被害人陈述，以及犯罪嫌疑人、被告人供述和辩解等传统证据，被排除出电子数据范畴。同时第一条对电子数据

---

① 胡铭：《电子数据在刑事证据体系中的定位与审查判断规则——基于网络假货犯罪案件裁判文书的分析》，载《法学研究》2019 年第 2 期。

的狭义界定作了例外规定："确有必要的，对相关证据的收集、提取、移送、审查，可以参照适用本规定。"第九条界定了广义的电子数据概念，即"当事人应当将在线电子数据上传、导入诉讼平台，或者将线下证据通过扫描、翻拍、转录等方式进行电子化处理后上传至诉讼平台进行举证，也可以运用已经导入诉讼平台的电子数据证明自己的主张"。

在取证方式上，《关于办理刑事案件收集提取和审查判断电子数据若干问题的规定》对复印件、打印件等便捷取证方式进行了规定，即第十八条规定："人民法院、人民检察院因设备等条件限制无法直接展示电子数据的，侦查机关应当随案移送打印件，或者附展示工具和展示方法说明。"在举证形式方面，《关于办理刑事案件收集提取和审查判断电子数据若干问题的规定》第二十二条第一项指出，审查电子数据的举证形式应主要围绕以下事项展开：是否移送原始存储介质；在原始存储介质无法封存、不便移动时，有无说明原因，并注明收集、提取过程及原始存储介质的存放地点或者电子数据的来源情况。但是，该规定出台以后，电子数据的举证形式仍然延续了旧有做法，并没有遵循该规定的要求。

在质证方面，《关于办理刑事案件收集提取和审查判断电子数据若干问题的规定》第二条规定："人民检察院、人民法院应当围绕真实性、合法性、关联性审查判断电子数据。"但是，该规定只是规则层面的表象，从裁判文书看，真实性一直是电子数据审查判断的重点，合法性与关联性审查虽然有所增加，但仍然是真实性审查在起作用。第二十二条至第二十八条对电子数据的真实性、完整性、网络身份与现实身份的同一性、瑕疵补正等作了详细规定，体现了对保障真实性的具体要求。例如，第二十四条对合法性审查作了四项具体规定，但内容主要是对真实性而非正当程序的保障。第一项是审查侦查人员人数及取证方法是否符合技术标准；第二项至第四项分别规定了笔录记载情况，见证和过程录像，存储介质、数据备份和录像等情况，这些内容对保障电子数据的真实性具有一定的意义。

《关于办理刑事案件收集提取和审查判断电子数据若干问题的规定》明确了电子数据的检验报告制度，第十七条第一款规定："对电子数据涉及的专门性问题难以确定的，由司法鉴定机构出具鉴定意见，或者由公安部指定的机构出具报告。对于人民检察院直接受理的案件，也可以由最高人民检察院指定的机构出具报告。"第二十六条第四款规定："对电子数据涉及的专门性问题的报告，参照适用前三款规定。"这一规定使得检验报告具有与司法鉴定和专家意见同等的作用。

3.《公安机关办理刑事案件电子数据取证规则》

《公安机关办理刑事案件电子数据取证规则》于 2019 年 1 月出台，其未对电子数据进行界定，实质上沿用了《关于办理刑事案件收集提取和审查判断电子数据若干问题的规定》的相关规定。

此外，郑旭江梳理了互联网法院电子证据问题的相关规定。[1] 电子证据在我国严格来说并非法律概念，《刑事诉讼法》第四十八条、《民事诉讼法》第六十三条和《行政诉讼法》第三十三条是电子证据规定的渊源。《民事诉讼法解释》第一百一十六条规定："电子数据是指通过电子邮件、电子数据交换、网上聊天记录、博客、微博客、手机短信、电子签名、域名等形成或存储在电子介质中的信息。"《杭州互联网法院诉讼平台审理规程》规定："当事人将证据拍照、扫描或电子证据等上传至诉讼平台。涉及实物证据，一般要求当事人在庭审前邮寄给审理法官。在庭审时，在线展示给各方当事人。"我国修订后的三大诉讼法虽然都将电子证据视为一种新的证据，但迄今并没有统一的电子证据规则，也就没有阐明电子证据的采纳标准和采信标准。

洪冬英也梳理了电子证据的相关内容。[2] 其认为，我国三大诉讼法的证据法定种类设定，将书证定义为最狭义的书证，将电子证据列为另外一类，这种种类设定不科学。证据种类的规定将证据划分成不同种类，源于某类证据具有特定的规则和特性，区别于另一类是要求各个种类不存在交叉。但是《民事诉讼法解释》第一百一十六条规定了视听资料和电子数据的内容及界限，区别在于信息载体，录音和录像资料会因存储载体发生证据类型上的变化。而其中"电子文件"的提法则更模糊了法定证据种类的

---

[1] 郑旭江：《互联网法院建设对民事诉讼制度的挑战及应对》，载《法律适用》2018 年第 3 期。

[2] 洪冬英：《司法如何面向"互联网 +"与人工智能等技术革新》，载《法学》2018 年第 11 期。

界限。根据《杭州互联网法院电子证据平台规范（试行）》关于电子证据的定义，其包括电子数据证据和其他诉讼证据的电子化。因此，明确证据形式也是互联网法院应当承担的示范功能。在证据的提供责任方面，《杭州互联网法院电子证据平台规范》和《杭州互联网法院民事诉讼电子证据司法审查细则》都在试图创制规范。

（八）区块链证据的相关规定

关于区块链技术的存证方式，杭州互联网法院在其审理的区块链存证第一案①中进行了认定。张玉洁对区块链技术的司法应用以及相关规定进行了梳理。②《最高人民法院关于互联网法院审理案件若干问题的规定》认可了杭州互联网法院的区块链存证方式，从法律实践层面描绘了区块链技术的法律价值。我国《民事诉讼法》第六十三条将"电子数据"规定为法定证据类型，但未对区块链技术的证据化应用作出制度预期。案件审理中，杭州互联网法院对区块链证据法律性质的界定主要依据《电子签名法》第四条到第八条的规定，将区块链证据定性为"数据电文"。《最高人民法院关于互联网法院审理案件若干问题的规定》第十一条第二款明确肯定了区块链的证据定位，"当事人提交的电子数据，通过电子签名、可信时间戳、哈希值校验、区块链等证据收集、固定和防篡改的技术手段或者通过电子取证存证平台认证，能够证明其真实性的，互联网法院应当确认"。这意味着关于区块链技术的个案判断经由最高人民法院的司法解释，已经上升为司法职业共同体的共识性标准。

在区块链电子证据的审查认证上，《民事诉讼法解释》第一百零四条规定："人民法院应当组织当事人围绕证据的真实性、合法性以及与待证事实的关联性进行质证，并针对证据有无证明力和证明力大小进行说明和辩论。能够反映案件真实情况、与待证事实相关联、来源和形式符合法律

---

① 杭州互联网法院（2018）浙 0192 民初 81 号。

② 张玉洁：《区块链技术的司法适用、体系难题与证据法革新》，载《东方法学》2019 年第 3 期。

规定的证据，应当作为认定案件事实的根据。"因此，区块链的审查认证至少应当接受真实性、关联性和合法性的检验。对于区块链证据的原件与复制件的问题，《最高人民法院关于民事诉讼证据的若干规定》第二十二条规定："调查人员调查收集计算机数据或者录音、录像等视听资料的，应当要求被调查人提供有关资料的原始载体。提供原始载体确有困难的，可以提供复制件。提供复制件的，调查人员应当在调查笔录中说明其来源和制作经过。"这一规定既是电子证据原件取证困难下的折中方案，同时也是以牺牲电子证据的证明力为代价的。

不过，虽然区块链证据的证明能力被杭州互联网法院和《最高人民法院关于互联网法院审理案件若干问题的规定》所认可，但是该规定并没有创造一种新型证据类型。其第十一条规定："当事人对电子数据真实性提出异议的，互联网法院应当结合质证情况，审查判断电子数据生成、收集、存储、传输过程的真实性，并着重审查以下内容：（一）电子数据生成、收集、存储、传输所依赖的计算机系统等硬件、软件环境是否安全、可靠；（二）电子数据的生成主体和时间是否明确，表现内容是否清晰、客观、准确；（三）电子数据的存储、保管介质是否明确，保管方式和手段是否妥当；（四）电子数据提取和固定的主体、工具和方式是否可靠，提取过程是否可以重现；（五）电子数据的内容是否存在增加、删除、修改及不完整等情形；（六）电子数据是否可以通过特定形式得到验证。当事人提交的电子数据，通过电子签名、可信时间戳、哈希值校验、区块链等证据收集、固定和防篡改的技术手段或者通过电子取证存证平台认证，能够证明其真实性的，互联网法院应当确认。当事人可以申请具有专门知识的人就电子数据技术问题提出意见。互联网法院可以根据当事人申请或者依职权，委托鉴定电子数据的真实性或者调取其他相关证据进行核对。"在区块链存证第一案中，杭州互联网法院按照"证据链＋国家公证"的方式认证区块链证据，这间接否认了区块链证据的独立证明力，因此张玉洁认为《最高人民法院关于互联网法院审理案件若干问题的规定》第十一条关于区块链证据的特殊规定不是一个有益的司法尝试。

《最高人民法院关于互联网法院审理案件若干问题的规定》出台以来，互联网法院在审理互联网案件时，已经确立了"线上证据交换为常态、线下证据交换为特例"的证据交换规则。由此，形成了我国证据规则的"二重化"分立，即"物质（如书证、物证、证人证言）"形态的证据规则与"虚拟"形态的证据规则。

四、互联网法院制度创新研究进展

（一）电子送达制度研究

1. 电子送达制度创新及其实践

北京互联网法院课题组等[①]在其阶段性研究成果中阐明，电子送达可以将直接送达、留置送达、委托送达、公告送达等方式进行技术性转换，生成对应的电子送达方式。实践中影响电子送达施行的核心问题有三个，即送达主体身份的校验、送达地址的收集和送达效力的判定。

关于主体身份的校验问题，目前我国电子送达系统一般依托于法院的官方网站，互联网法院则有更多创新措施。北京互联网法院创新了多种技术载体的送达方式，如与阿里巴巴、京东等公司签订平台集约送达协议，开设官方送达账号，通过淘宝旺旺、京东客服等即时通信软件进行线上送达。但是这种通过企业平台认证的方式其正当性存在争议。互联网法院还联合了三大通信运营商及主要移动终端制造商，为法院账户建立官方认证身份，并保证账号不受信息拦截。

在送达地址的收集上，北京互联网法院作了许多探索。一是向公司受送达人网站、应用软件、公众号中"联系我们"所留网上联系方式送达；二是向自然人受送达人微信、QQ 号等即时通信工具送达；三是向受送达人手机、座机送达，如发送弹屏短信。同时，北京互联网法院使用与三大运营商合作、公证和区块链等方式，对送达情况、地址活跃状态情况进行存证，促进"三个月活跃账号""受送达人收悉"等送达条件的适用。2018 年，杭州互联网法院还推出了杭州互联网法院电子送达平台，在平台

---

① 北京互联网法院课题组、张雯、颜君：《"互联网＋"背景下电子送达制度的重构——立足互联网法院电子送达的最新实践》，载《法律适用》2019 年第 23 期。

上可以实现自动检索，使用当事人的姓名和身份证号就可以查询到该当事人的所有手机号码、电子邮箱、电商平台账号乃至绑定的宽带地址等常用电子地址。系统还可以根据检索到的电子地址进行比对筛选，根据活跃度对当事人手机号进行排序，自动过滤停机、无通话记录的无效号码。

送达效力的判定问题关系到民事诉讼程序的完善以及当事人诉讼权利义务的实现。《最高人民法院关于互联网法院审理案件若干问题的规定》对《民事诉讼法》第八十七条中的电子送达规则进行了突破，将电子送达扩展适用到调解书、裁定书和判决书。电子送达根据不同的送达类型有了变革和创新。在约定送达方面，三大互联网法院都借助电商平台推广送达协议，扩展"约定送达"的适用范围。根据契约的法律效力论证，北京互联网法院课题组表示实践中一般情况下电商平台在商家入驻及消费者注册时已分别达成的送达协议等一定程度上可以推定双方对适用电子送达方式的同意。在同意送达方式上，《最高人民法院关于互联网法院审理案件若干问题的规定》表明，受送达人确认的电子地址、送达信息到达该电子地址时即为有效送达。北京互联网法院通过扩大地址确认书的适用范围推进"同意送达"规定的适用，与20家大型网络企业达成送达协议，将企业提交的地址确认书用于该企业所有在互联网法院涉诉案件的送达，逐步将此方式推广至律师事务所、大型企业等受送达主体，并在电子诉讼平台建立地址确认书数据库，与当事人信息进行对接，自动关联送达地址，实现此类案件的"一键送达"。《最高人民法院关于互联网法院审理案件若干问题的规定》还将确认收悉分为两种情形，即不可推翻的确认和可推翻的推定确认送达。对于公告送达，互联网法院诉讼平台则采用了网页飘窗、电子诉讼平台公示、微信、微博、微淘账号等方式。

2. 民事电子送达问题与新路径探索

在信息化时代，电子送达具有极大的实践意义。梁峙涛[①]认为，传统电子送达有其法律要件和局限性，包括需受送达人明示同意电子送达、需

---

① 梁峙涛：《"互联网＋"时代下民事送达新路径探索——以实名制手机支付软件为核心的电子送达方式》，载《科技与法律》2019年第2期。

配备电子传送设备、需能确认收悉的方式、需排除三种特定法律文书等。因此，他提出了以实名制手机支付软件为核心的电子送达方式新模型，即使法院审判管理软件与受送达人的实名制手机软件的后台连接，在受送达人登录实名制手机支付软件后即向其推送"弹出框"，载明所涉案件原被告名称、案号、案由，以及其他诉讼文书的名称等，并附法院官网的下载地址链接和下载密码。梁峙涛还对这一模型的构建提出了一系列配套措施。第一，与手机支付软件实名制结合，保证即刻登录软件者为受送达人本人的唯一性；第二，采用市场占有率较高的软件，保证电子送达方式的普适性；第三，立即推送与操作弹出框，保证受送达人对送达材料的"可收到性"；第四，明确材料名称和获取途径，保证受送达人对送达材料的"可知悉性"。为了给这种模式提供充分的理论支撑，梁峙涛结合"社会契约论"，从"确认收悉"的内涵与外延两方面，并且从政企结合角度进行了分析，得出这种新型送达路径的现实可行性基础。

吴逸、裴崇毅[①]以杭州互联网法院为例进行分析，认为杭州互联网法院利用其管辖范围和自身的特殊性，探索了电子送达新方式，但是在实践中也遇到了受送达人同意的取得、邮寄送达与电子送达并行导致效力冲突、电子送达为首选方式扩大了送达媒介与送达文书的范围等问题。传统电子送达需要取得受送达人的同意才可以采用，而杭州互联网法院绕开了《民事诉讼法》的主观要件。电子送达方式虽然便捷，但其未必能保障每一个当事人的诉讼权利。邮寄送达与电子送达并行的问题是由于直接通过电子送达当事人的主观要件问题未解决，以及因送达媒介的技术尚未成熟而不能确保当事人收悉两个因素造成的。但是两种送达方式并行实际上并没有使法院工作人员的工作量减少，反而还会造成送达日期难以确认的问题，以及线上线下发送的文书格式不一致问题。在近年来的司法实践中，邮寄送达已经成为法院首选的送达方式，但是法律规定只有当直接送达有困难时才能采用邮寄送达。杭州互联网法院将电子送达列为首选，但阻挡电子送达成为首选送达方式的是"受送达人同意"要件的解决，因此互联

---

① 吴逸、裴崇毅：《我国民事诉讼电子送达的法律问题研究——以杭州互联网法院诉讼规程汇编为例》，载《北京邮电大学学报（社会科学版）》2018 年第 5 期。

网法院解决这一问题是电子送达成为首选送达方式的重要突破。

（二）电子诉讼制度建设

1. 电子诉讼与互联网法院的区别

电子诉讼是与互联网法院不同层面的概念，是运用信息技术对诉讼法律关系主体之间法律交往方式的线上再造。

张兴美[①]分析了电子诉讼与互联网法院概念的区别。互联网法院秉持的是"网上案件网上审理"的二元思维方式，它不仅强调诉讼方式的非亲历化，而且要求管辖范围的互联网性。因此，互联网法院实质上是法院的专门化建设。而电子诉讼的适用不局限于涉网案件，它是法院系统普遍探索的以线下诉讼方式为参照的"一元"建设过程。这意味着电子诉讼和互联网法院只在涉网案件的诉讼方式上具有一定的共通性。除此范围之外，电子诉讼建设和互联网法院建设会产生不同的问题意识和思考方向。例如，以涉网案件为审理范围的互联网法院预示着专门法院的设置原因将由管辖地域的特殊性向管辖事由的专业性发展，这种跨行政区域的管辖特点会突破一般属地管辖规则。而电子诉讼不涉及专门性问题和跨行政区域问题，其不必然对既有的管辖规则造成挑战，也不需要特别关注管辖事由和管辖权创新问题。又如，在涉网案件以外，传统的物证和书证仍然是最主要的证据种类，其扫描、翻拍、转录后的法律效力绝不能想当然地理解为电子数据。因此，电子化证据的法律效力和亲历审查必要性的处理是制约电子诉讼应用的因素。而互联网法院主要审理的是电子数据，这种有关证据效力和审理方式的问题在互联网法院适用过程中并不凸显。综上，电子诉讼不同于互联网法院。尽管在局部范围内，互联网法院的实践经验对电子诉讼建设具有一定的促进作用，但若仅靠互联网法院审视电子诉讼，则尚不足以把握电子诉讼发展的全貌。

[①] 张兴美：《电子诉讼制度建设的观念基础与适用路径》，载《政法论坛》2019 年第 5 期。

2. 电子诉讼中当事人的权益保障问题

周斯拉[①]以杭州互联网法院为例分析了电子诉讼中当事人的权益保障问题。由于电子诉讼新型审理机制不可避免地冲击了传统民事诉讼的价值和原则，折损当事人的权益，因此应当明确程序选择权、加强程序知情权、保障隐私权和个人信息保护权、落实平等参与权。同时应借鉴域外成熟经验，建立程序选择机制、完善技术保障机制、强化监督机制、明确法律职业共同体责任、构建惩戒机制，进而迈向司法公正与效率的良性互动。

周斯拉认为，互联网法院的在线诉讼流程冲击了传统民事诉讼的价值和原则，导致权力与权益的博弈。例如在电子送达上，当事人的前置同意规则只能满足《民事诉讼法》第八十七条第一款前半部分规定，与后半部分难以契合。又如互联网法院的弹屏送达方式，虽然提高了送达效率，但其正当性也受到了质疑，模糊了权力与私益之间的界限。类似这些问题也导致司法流程再造的困境，在私益实现上，电子诉讼的运行导致许多现实方面的桎梏，如制度推广与程序选择之间的矛盾、工具理性对司法本意的消解、电子法律交往深陷隐私危机、诉讼主体之间的数字鸿沟难以逾越等。

（三）异步审判模式

秦汉[②]在探讨互联网法院的纠纷处理机制时，提到了异步审理模式在互联网法院审理中的作用。根据《涉网案件异步审理规程（试行）》规定，涉网案件异步审理是指将涉网案件各审判环节分布在互联网法院网上诉讼平台上，法官与原告、被告等诉讼参与人在规定期限内按照各自选择的时间登录平台，以非同步方式完成诉讼的审理模式。据互联网法院通报的十

---

① 周斯拉：《电子诉讼中当事人权益保障——以杭州互联网法院为例》，载《东南大学学报（哲学社会科学版）》2018 年第 S2 期。

② 秦汉：《互联网法院纠纷处理机制研究——以网络著作权纠纷为例》，载《电子知识产权》2018 年第 10 期。

大知识产权典型案例，其适用异步式裁判规则审理的第一起案件便是网络传播权纠纷"金陵十三钗"案。双方当事人在这一新型审判模式中，可通过留言的形式在平台内进行答辩，即使时空不一致、诉讼行为不同步，也依然达到了信息完全对称的效果。此外，大数据、人工智能的类案推送功能在互联网法院的纠纷处理过程中也同样发挥着一定的作用。以版权纠纷为例，在"今日头条"与百度的系列案件中，调解平台大数据分析系统及时监控到了该类案件批量化、类型化的特点，并预测出后续案件多，进而让法官和调解员及时介入，以类案分析的方法促成双方形成调解方案。与其他涉网案件类似，网络版权纠纷具有较高的专业性，但制度的创建总是落后于技术进步，互联网法院将新型审判模式寓于其中，对涉网纠纷的诉讼效率有所助益。

（四） 协商性纠纷处理机制

秦汉①提出 ODR、调解等协商性机制在互联网法院审理中的作用。虽然 ODR 将传统的电子诉讼排除在外，但是互联网法院并没有因此排除 ODR 的适用。当前，互联网法院构建了矛盾纠纷多元化解平台，在诉讼程序前设置了调解前置程序，每一个纠纷都将经历 15 天的诉前调解程序。当事人在调解成功后，可通过达成协议并撤诉的方式化解纠纷，这使每一个进入互联网法院的纠纷都有可能通过 ODR 解决。此外，当事人也可经法定程序以调解的方式结案。从案件记录的数据来看，通过互联网法院搭建的在线矛盾纠纷多元化解平台解决的纠纷中，这两种协商性司法适用比例较高。在剔除"转线下"的情形后，网络著作权案件的调解、撤诉比例高达92.25%，互联网法院所受理案件的总体调解、撤诉比例也高达 77.83%，远远超出普通案件七成左右的调解、撤诉率。虽然这些调解、撤诉的案件最终是否达到令当事人满意的结果并不确定，但是这些数据已经可以在一定程度上表明，互联网法院矛盾纠纷多元化解平台和诉讼平台适用 ODR、

---

① 秦汉：《互联网法院纠纷处理机制研究——以网络著作权纠纷为例》，载《电子知识产权》2018 年第 10 期。

调解的比例较高，协商性司法在网络环境下得以发展。

（五）管辖规则的构建

1. 地域管辖规则的构建

肖建国、庄诗岳[1]认为，涉网案件中传统的地域管辖规则面临巨大的挑战，部分确定管辖的因素被弱化，涉网案件中传统的地域管辖规则受到根本性冲击。基于网络空间与物理空间的牵连性、互联网法院定位的二元性，在否定网络自治的前提下创设互联网法院涉网案件地域管辖规则不具备可行性。在传统地域管辖规则框架内设立互联网专门法院管辖涉网案件、建立多元连接点下无顺位任意选择机制，并原则上否定当事人对互联网法院的程序选择权，是涉网案件地域管辖规则构建的最佳模式。

互联网案件本身便对传统的地域管辖规则产生了冲击，如一般地域管辖中当事人所在地查找困难、特殊地域管辖中管辖权连接点难以界定等。但是互联网法院建构之下，确定管辖的因素逐渐弱化。例如，跨地域纠纷诉讼成本分配因素的弱化，互联网法院的诉讼平台搭建对于诉讼参与人而言打破了空间的局限性，实现了从网络空间的跨国界、跨行政区到诉讼空间的跨区域。对于法院而言，庭审的线上和网上替代了派出法庭设置的必要性，模糊了法院设置的行政区划特点。互联网法院还导致了民事案件审理和执行因素的弱化。诉讼全程在网上操作，电子送达弱化了向被告送达、传唤被告参与诉讼等因素。涉互联网案件的证据、当事人的网络行为、网络游戏装备等无形标的物主要存在于网络空间，举证质证、证据保全、财产保全、行为保全、强制执行等可依托互联网进行操作。

肖建国、庄诗岳还认为，影响互联网法院地域管辖规则的因素包括网络空间与物理空间的牵连性和互联网法院目标定位的二元性。为此，应当创设独立的互联网法院地域管辖规则，在传统地域管辖规则框架内进行优化调整。关于互联网法院涉网案件地域管辖规则的构建，他们认为应当设

---

① 肖建国、庄诗岳：《论互联网法院涉网案件地域管辖规则的构建》，载《法律适用》2018年第3期。

立互联网专门法院来管辖涉网案件，同时应当重构地域性因素弱化下的地域管辖规则。

2. 案件管辖与立案审查

杨艳、张培森[①]以北京互联网法院为例分析了其案件管辖与立案审查制度设计。对案件管辖与立案审查规则的合理设定有利于互联网法院加强网络空间治理，提升中国在互联网领域的规则制定权和话语权；有利于界定互联网法院与普通法院的案件管辖职责；便利当事人行使诉讼权利。

以北京互联网法院为例，其立案审查面临一些挑战。首先是互联网管辖规则本身就具有特殊性，因此互联网法院的管辖规则给传统的立案审查带来了挑战，在互联网中人们不能像在现实世界中一样按照时间和空间进行地点确认。按照《最高人民法院关于互联网法院审理案件若干问题的规定》，北京互联网法院集中管辖北京市辖区内应当由基层人民法院受理的通过电子商务平台签订或者履行网络购物合同而产生的纠纷等 11 种案件。随后出台的《〈最高人民法院关于互联网法院审理案件若干问题的规定〉的理解与适用》，对互联网法院管辖范围作出进一步明确。立案登记制出台后，又增加了根据旧有的互联网法院管辖范围进行立案审查的难度。在当事人层面，各当事人之间诉讼能力的差异也给互联网法院的建设带来一些实践中的问题。此外，互联网法院中线上与线下相互交织的特点，同一案件中多种法律关系并存，使其管辖问题成为一大审查难题。

在北京互联网法院的管辖方式与管辖范围上，针对通过电子商务平台签订或者履行网络购物合同而产生的纠纷，签订、履行行为均在互联网上完成的网络服务合同纠纷，签订、履行行为均在互联网上完成的金融借款合同纠纷，小额借款合同纠纷，在互联网上首次发表作品的著作权或者邻接权权属纠纷，网络购物合同纠纷，互联网民事公益诉讼等不同纠纷，其立案审查也有所区别。

---

① 杨艳、张培森：《关于北京互联网法院案件管辖与立案审查的思考》，载《经贸法律评论》2019 年第 3 期。

3. 互联网法院管辖规则的问题

管辖问题是互联网法院成立后面临的疑难问题之一，刘哲玮、李晓璇[①]指出，互联网法院目前在管辖规则设置方面还存在待改进之处。第一，缺乏明确法律依据的集中管辖可能与既有管辖规则产生冲突，目前，互联网法院的设立与规则在法律层面没有获得追认和明确，在缺乏整体授权的情形下，集中管辖便成为一种尴尬的存在。第二，抽象的管辖规则可能导致对互联网法院管辖范围理解的分歧，从而造成适用困难。互联网法院集中管辖的特定类型案件并不具有或不完全具有法律规则要求的抽象性和概括性，只是围绕涉网纠纷展开，偏重事实描述的分类标准在抽象程度上明显不足，缺乏明确的法律概念，增加了解释适用的难度。第三，过于便民的受案范围可能导致互联网法院的职能难以得到充分发挥。一方面，互联网法院坚持"网上案件网上审理"，充分关注互联网时代"低成本""快审理"的司法需求，坚持司法便民，方便群众诉讼；另一方面，互联网法院被赋予的时代价值和历史使命并不局限于审判方式的网络化，设立的核心目标应当是推动实施网络强国战略，加强网络空间治理，提升我国在互联网规则制定领域的国际话语权，而不是简单的"网上案件网上审理"。

（六）智慧法院建设中的战略合作机制

李傲、王娅[②]指出，战略合作是智慧法院建设中人民法院与科技企业全新的合作模式。战略合作模式有其必要性，一是智慧法院建设长期性的需要，二是智慧法院建设互动性的需要，三是智慧法院建设稳定性的需要。战略合作目前主要包括如下三方面的内容：一是各类信息平台建设；二是借助合作企业的数据或平台，为处理司法事务提供辅助；三是运用大数据、人工智能等技术，承担部分司法审判任务。

[①] 刘哲玮、李晓璇：《互联网法院管辖规则评述》，载《经贸法律评论》2019年第5期。
[②] 李傲、王娅：《智慧法院建设中的"战略合作"问题剖判》，载《安徽大学学报（哲学社会科学版）》2019年第4期。

在事实认定层面，战略合作可以提高法院在事实认定时的精确度，依托大数据，诸多零散的事实和隐藏的关联将被挖掘出来。目前法院与企业联合开发的智能系统也逐渐推动了证据认定的变革，在证据数字化前提下，通过提取关键词可以将凌乱繁杂的证据进行排序整合，发现证据之间的逻辑关联，证据的数字化分析也有试错、纠错的功能。在法律适用层面，2017 年《最高人民法院司法责任制实施意见（试行）》明确将类案和相关联案件检索纳入司法裁判的步骤。对裁判文书进行分解式的剖析、提取影响裁判结果的各类要素等也渐成现实；智能精确匹配、自动生成判决书也会逐渐成为常态。在裁判层面，审判辅助是战略合作的"最高层级"，即通过司法人工智能增加司法裁判的科学性和可接受性。"当前的司法人工智能主要以大数据为前提和基础，依凭强大的运算能力和深度学习模型等智能技术，通过大数据信息的系统化、升级化和逻辑化，为法官所欲解决的裁判问题提供多种路径选择。"[1] 借助大数据，不仅能智能生成裁判文书，还能进行"审判模式"改革，分析与类似案件判决结果的偏离度。

五、互联网法院技术应用研究进展

（一）电子证据法律价值

随着目前数字签名、可信时间戳、区块链等新技术的不断成熟，传统证据形式也不再局限于传统载体，周祺、张照余[2]认为，推动电子数据成为法律凭证已经成为必要之举。其以互联网法院的电子数据取证实践为例，分别从法学界与档案学界角度出发，阐释了电子数据在现有的立法、取证流程以及长期保存三方面的不足，并提出了档案部门应采取打通与司法部门的电子证据传输通道、在信息全生命周期中实施数据保全、规划公正数据流转与保存责任等策略。

---

[1]　李傲、王娅：《智慧法院建设中的"战略合作"问题剖判》，载《安徽大学学报（哲学社会科学版）》2019 年第 4 期。

[2]　周祺、张照余：《关于电子文件法律证据价值可行性的研究——以互联网法院的实践为例》，载《档案与建设》2019 年第 5 期。

周祺、张照余认为，电子文件与电子数据、数据电文有着相同的内在属性。电子文件的出现，让档案学界与法学界开始重新评判"原件"标准。其分析了电子文件法律证据价值实现的必要条件。从电子文件管理的角度来看，确保电子文件的真实性与法律证据价值需要对其进行全生命周期管理，要求文件生成系统与保存系统两者无缝衔接，还需要采用一定的技术手段"固化"电子数据的内容，对其格式、软硬件环境等进行归档保存并实时持续监控。从司法的角度来看，电子证据的合法性可从如下四个方面提供：第一，原始性，即侦查过程中嫌疑人自己指认、证人辨认、逻辑推导和司法鉴定；第二，完整性，包括数据本身的完整性与载体的完整；第三，科学性，即检验电子数据的工具、方法和流程要成熟、可靠、科学、合理；第四，可再现性，即对电子证据所涉及的操作是可再现和可追踪的。因此，电子数据若要发挥其作用需要一系列保障，包括相关法律的完善、取证流程和证据平台的规范性建设以及电子数据的长期保存规划。

（二）打造智慧法院的技术进程

1. 智慧法院建设的相关文件及标准

自最高人民法院提出建设智慧法院要求后，我国法院系统在多方面进行了有益探索。谭世贵、王强对制定智慧法院建设的相关文件及标准进行了总结。[①] 2017 年 4 月 12 日，最高人民法院下发《关于加快建设智慧法院的意见》，明确了智慧法院建设的意义、目标，并提出了总体要求，同时对智慧法院建设的各项内容提出了具体的意见和要求，为智慧法院的建设作出纲领性的指导。2017 年 9 月，最高人民法院审议并原则通过《智慧法院建设评价指标体系（2017 版)》，并于 2018 年 12 月进行了修订。修订后的评价指标体系包括 7 项一级指标、21 项二级指标和 68 项三级指标，从规划引导能力、基础支撑能力、网络化应用成效、阳光化应用成效、智能

[①]　谭世贵、王强：《我国智慧法院建设的实践、问题与对策》，载《杭州师范大学学报（社会科学版)》2019 年第 6 期。

化建设成效、综合保障能力等方面综合评价人民法院智慧法院建设成效。2017 年 9 月，最高人民法院通过了《人民法院信息化标准制定工作管理办法》及 10 项人民法院信息化标准，为人民法院的信息化工作提供了更为清晰的指导。

2. 智慧法院的建立设计

智慧法院不同于互联网法院，互联网法院的建设过程是智慧法院的发展和完善过程。吴涛、陈曼分析了智慧法院设计的相关问题。[①] 建设智慧法院的过程实质上是将互联网、云计算、大数据和人工智能等现代科技引入司法的过程，是科技与司法融合的过程。我国智慧法院建设应在充分尊重司法规律的前提下，尽可能多地将现代科技应用到法院内部管理以及立案、送达、庭审、执行等外部诉讼环节。对于一些类型化案件，科技可以全流程、全方位地服务于诉讼，发挥司法辅助和工具作用，最终促进审判体系和审判能力现代化。

吴涛和陈曼提出了智慧法院制度设计的系统性建议，包括建设案件管理系统、法官管理系统、电子卷宗系统、大数据共享与挖掘等。

案件管理系统包括四大子系统。一是案件追踪系统，法官借助该系统可以自始至终对承办案件进行监督和管理，在诉讼之初就可以通过跟踪案件情况，确定案件是否存在争议、适用何种程序，并跟踪案件的审理期限；二是案件计划系统，凭借该系统，法官可对承办案件生成计划和图表，描述主要时间进度、主要事件及活动；三是视频会议系统，法官可以利用这个系统与当事人或律师商定开庭日期，进行部分诉讼程序；四是文件获取系统，法官可以通过该系统获取与所承办案件有关的各种文件，与文件获取系统相对的是文件提交系统，根据用户不同，两者可以设计在一个应用中。

法官管理系统主要进行三方面巡查。一是巡查案件，包括是否准时开庭、是否录音录像；二是巡查法官，如是否迟到早退、是否非正常离席、

---

① 吴涛、陈曼：《论智慧法院的建设：价值取向与制度设计》，载《社会科学》2019年第 5 期。

是否规范着装、是否有其他不文明行为，如有发现，系统将自动截屏、录像、生成巡查日记，实时反馈给本人、院庭领导，并自动列入法官业绩档案；三是巡查全省法院庭审实况，实现无时无刻、无死角监督。

电子卷宗系统需要解决三个问题。一是已有卷宗的转化问题，如江苏法院通过 OCR 识别技术，一键扫描，将纸质卷宗直接转化为电子卷宗，可供借鉴；二是将来卷宗的生成问题，如电子卷宗一键生成、庭审笔录语音转化，可以减轻法官和书记员的工作量；三是裁判文书的自动生成问题，注意除模板化、格式化的内容外，要为法官留足撰写空间。

大数据共享与挖掘方面也需要着重解决三个问题。一是数据的质量问题。上海法院首创裁判文书分析系统，运用实时计算、关联挖掘、分析预测等技术，可发现人工不易查出的逻辑错误、遗漏诉讼请求等问题，大大提高了裁判文书的质量。二是数据的共享问题。要拓宽司法公开的路径，打破部门、行业间的壁垒，保障数据正常流通。三是数据挖掘问题。借助分析工具，深挖数据联系，为科学研究审判态势及时提出司法建议。

3. 智慧法院的建设实践

谭世贵、王强[①]指出，为推进智慧法院建设，我国法院采取了建立统一的服务设施和业务平台、开发和利用类案指引系统、设立互联网法院、打造"阳光司法"等一系列举措。

在诉讼服务方面，全国大部分法院都建成了信息化程度较高的诉讼服务中心，有的还同时开通了诉讼服务网、12368 诉讼服务热线等。在电子案卷方面，截至 2018 年年底，全国已经有 16 个地区的法院完成电子卷宗随案生成工作，并全部实现数据化电子文件、回填案件基本信息、电子卷宗网上阅卷、电子卷宗对外公开等 11 项深度应用功能。在执行活动方面，可以利用网络技术建立信息化的执行指挥中心，进行集约化、全方位的网络查控。"执行天眼"等系统还可以通过云计算方式精准锁定失信被执行人的行动轨迹。各地法院还开发了微信小程序，可以实现网上立案、网上

---

① 谭世贵、王强：《我国智慧法院建设的实践、问题与对策》，载《杭州师范大学学报（社会科学版）》2019 年第 6 期。

缴费、网上阅卷、网上庭审等一站式诉讼服务。

开发和利用类案指引系统是为了减少同案不同判现象，目前类似系统已经覆盖民事、刑事领域，可以对海量裁判文书进行分析、挖掘，对用户输入的案情文本通过实体识别、语义联想、模式匹配、句法解析、摘要抽取等方法进行解析，并结合海量语料训练法律语言概率模型，提高解析的准确度。2018 年 1 月，中国司法大数据研究中心推出了类案智能推送系统，已经在全国高级人民法院推广使用。北京法院开发的"睿法官"系统在结案环节可以自动生成裁判文书，大幅降低法官的工作量。互联网法院的成立也是智慧法院建设的成果之一。互联网法院的先进技术手段打破了时空限制，具有网上立案、在线调解、在线审理等功能，能够提高审判质效，节省诉讼成本，减轻当事人诉累。

在打造"阳光司法"方面，最高人民法院在智慧法院建设启动之前就已经利用信息化技术建立起中国审判流程信息公开网、中国庭审公开网、中国裁判文书网、中国执行信息公开网等全国统一的四大司法公开平台。随着智慧法院建设的推进，最高人民法院还上线运行了全国企业破产重整案件信息网，全国法院减刑、假释、暂予监外执行信息网，中国司法案例网。其他法院也在此基础上建立了自己的网站、微博以及微信公众号。

（三）区块链技术的司法应用

1. 区块链存证平台的案件应用

区块链技术的证据化应用，改变了传统证据法的证据结构。张玉洁[①]认为，杭州互联网法院审理的区块链信息网络传播权纠纷案可以体现出，区块链证据的法治意义不仅限于"新兴电子证据"这一简单定位，而且是对现行证据法体系的全面革新。杭州互联网法院在一起关于信息网络传播权纠纷案中首次采用了区块链技术作为存证方式，并且该存证方式被《最高人民法院关于互联网法院审理案件若干问题的规定》所认可。该案中，

---

① 张玉洁：《区块链技术的司法适用、体系难题与证据法革新》，载《东方法学》2019 年第 3 期。

原告通过第三方网络平台保全网提供的开源程序 puppeteer 对侵权网页中的涉案文章进行抓取，获得侵权网页截图。随后，保全网通过开源文件传输工具 curl 获得侵权网页的源代码，并确认侵权网站系被告所有。之后，保全网通过浙江千麦司法鉴定中心，对取证工具 puppeteer 程序和 curl 程序的技术功能进行司法鉴定，确认该取证工具具备网页截图和源代码调取的技术能力。最后，保全网将网页截图、侵权网页源代码和调用日志等内容计算出哈希值，并上传到 FACTOM 的区块链，以保证电子数据无法更改，保证其完整性和可靠性。

作为新型电子证据，区块链证据不仅保留了传统电子证据的全部特征，而且实现了新科技对传统电子证据实践难题的重大突破。首先，区块链的分布式记账特征弥补了传统电子证据易更改的缺陷。其次，区块链作为一种高信任机制的科技产品，本身就实现了高证明力的自我背书，有效地改变了传统电子证据采信率低的现状。最后，区块链的时间戳技术与不可篡改特性，能够降低电子证据的真实性证明成本，有效替代公证机构的公证职能。由此来看，区块链技术的司法应用真正实现了电子证据的独立证据价值。但是，区块链证据对传统电子证据缺陷的弥补，无法当然性地确立区块链技术的证据属性。

史明洲[①]也指出，近期我国以互联网法院为试点，尝试将区块链存证应用于司法实践。随着科学技术的发展，许多解决电子数据司法难题的存证平台应运而生。2018 年 9 月 7 日起施行的《最高人民法院关于互联网法院审理案件若干问题的规定》首次提及了区块链，其中第十一条第二款规定"当事人提交的电子数据，通过电子签名、可信时间戳、哈希值校验、区块链等证据收集、固定和防篡改的技术手段或者通过电子取证存证平台认证，能够证明其真实性的，互联网法院应当确认"。

我国的三家互联网法院均采纳了区块链存证。杭州互联网法院设置了专门的网络诉讼平台，内设"证据平台"栏目，该证据平台又分为"司法区块链"和"第三方存证"两种。其中，司法区块链采用由公证处、司法鉴定中心、证书管理机构（CA）、法院等非营利性机构作为重要节点的联

---

① 史明洲：《区块链时代的民事司法》，载《东方法学》2019 年第 3 期。

盟链形式；第三方存证则是指在与诉讼案件无利害关系的第三方平台上存储证据，包括但不限于专业进行电子数据存储和管理的第三方公司平台上的电子数据证据。

北京互联网法院建立了天平链体系，联合工业和信息化部国家信息安全发展研究中心、信任度科技公司等国内领先的区块链行业企业共同建立了电子证据平台。在司法实践中，天平链可以存放当事人上传到电子诉讼平台的文件和证据，防止被篡改，从而保障诉讼安全，当事人对于已经存入天平链的证据资料可以进行验证，随时提取，缓解了诉讼中取证难、质证难的问题。[①]

2. 区块链取证、存证的意义

李杰[②]认为，区块链技术应用于司法取证、存证具有典型意义。首先，区块链技术应用可以促进司法联合。利用互联网技术转化思维，可以使企业、公证处、司法鉴定机构、仲裁机构等和法院进行有效的对接与互动，促进司法联合，实现共同制约和管理。其次，区块链技术应用可以增加证据的真实性和安全性。其技术架构可以保证案件所需证据的唯一性；通过一致性算法将实时维度引入电子数据中，确保电子数据的安全存储和不可篡改；基于区块链技术生成的电子数据也能保证电子证据的真实性，从而确认互联网行为的真实性和法律效力。具体应用包括使用符合加密标准的加密技术，降低数据泄露和被盗风险；通过散列算法对电子签名和数据消息进行加密，还可以比较散列值，以确定原始文件是否被篡改。最后，区块链技术可以帮助降低取证、存证的费用，实现验证程序高效以及专业化水平的提升。费用低是区块链取证、存证的一大优势，当事人只需创建注册账号就可以运用平台的先进技术，无需缴纳其他费用，非常方便。

---

① 李杰：《互联网法院的现状以及区块链存证取证研究》，载《四川职业技术学院学报》2019 年第 3 期。
② 李杰：《互联网法院的现状以及区块链存证取证研究》，载《四川职业技术学院学报》2019 年第 3 期。

3. 司法区块链的网络诉源治理逻辑研究

区块链技术可以使各类互联网主体在源头上建立合法意识，指引其依法行为。张春和、林北征[①]认为，司法区块链的网络诉源治理模式是机会主义行为与信任机制的选择，以区块链为代表的互联网数据库技术可以通过分布式计算应用，对互联网行为信息进行记录更新，并构造了技术型信任机制。区块链的发展重塑了人与人的交互方式，使各类互联网主体通过自助或自动方式记录自身行为，并在纠纷发生时成为相关证据。司法区块链驱动了信任机制的重构，建立了一种"技术背书"信任机制，通过数学方法解决信任问题，只要信任共同的算法程序就能建立互信，这就可以在信任未知或信任薄弱的环境中形成可信任的纽带。司法区块链可以释放巨大的技术优势，包括强化区块链基础建设、建立可信电子证据平台、打造司法信用共治平台等，还可以构建功能性分链机制、数据交换积分机制与"司法链机"系统。

（四）远程审判方式的应用

我国有关远程审判的实践探索在互联网法院建立后逐渐进入高潮，段厚省[②]认为，在借助信息网络技术革新审判方式的过程中，新型审判方式与传统诉讼法理之间必然会产生冲突，表现为远程审判对程序效率的价值追求与传统诉讼法理对程序公正的价值坚守之间的张力。在我国，从最高人民法院到各地方人民法院都投入大量资源开发电子法庭系统，探索司法大数据技术的应用，并构建人工智能辅助审判系统和互联网远程审判系统。设立互联网法院表明这一电子法庭建设运动达到了高潮。在审判实践中，远程审判是指诉讼程序参与者不用在特定日期聚集于一个物理意义上的法庭之中，而是分处各地，通过互联网络传递语音、文字和图像信息，来完成整个诉讼过程。

---

① 张春和、林北征：《司法区块链的网络诉源治理逻辑、困惑与进路》，载《中国应用法学》2019 年第 5 期。

② 段厚省：《远程审判的双重张力》，载《东方法学》2019 年第 4 期。

基于远程审判在技术上将程序参与人的诉讼行为保存在相应的电子设备上并可随时查阅的异步审理方式被开发出来。异步审理是针对同步审判而言的，指包括法官和当事人在内的程序参与人不必相聚一室进行诉讼活动，也可以不在同一日期进行诉讼行为。异步审理方式是在远程审判的基础上对诉讼效率的提升。通过远程异步审判，当事人以及证人等可以利用原本碎片化的时间进行诉讼活动，诉讼成本几乎可以降至最低。在不久的未来，法官也会从僵化的传统审判方式中解放出来，诉讼效率还有可能获得进一步的提高。

（五）人工智能技术的司法应用

互联网法院建设与人工智能技术密不可分，胡盈①分析了人工智能在互联网法院的应用及成效。

人工智能在互联网法院的应用体现在五个方面。第一，实现全流程线上审理，包括起诉、受理、送达、调解、证据交换、庭前准备、庭审、宣判等。第二，实现系统自动化运转，在人工智能技术的支持下，互联网法院电子诉讼平台可以根据预先设定好的程序全流程自动化运转，包括自动生成诉讼风险评估、对相似案件进行大数据分析等。第三，实现电子案卷智能生成，当事人可以在智能诉状一体机中选择案由，根据系统指引就可以得到人工智能分析下自动生成的起诉状。第四，实现电子数据的在线接入，互联网法院能够安全存储线上数据，实现同步导入，并进行加密处理。在数据导入模式下，办案人员可以在线提取涉案信息。第五，实现电子送达的广泛适用，电子送达平台依据检索到的电子地址进行筛选，自动与立案时当事人提供的地址信息进行比对。

人工智能在互联网法院应用中也取得了显著成效，包括：能够以智能化方式解决和预防纠纷；进一步打通信息壁垒，防止司法大数据空转；开拓司法改革新模式，展现司法便民新形态；显著提高司法效率；减少或预防冤假错案；预防司法腐败；等等。

---

① 胡盈：《人工智能在互联网法院中的运用及成效》，载《中国高新科技》2019 年第 15 期。

胡盈还分析了互联网法院在运用人工智能时面临的问题。例如，电子诉讼法尚未出台，目前人工智能在法律层面的规范还不明确；网络数据存在安全风险，人工智能技术赋能强，管控难，容易被不法分子滥用；高技术人才资源匮乏，互联网法院作为实现司法审判智能化的重要路径，更需要一批高技术人才，兼顾人工智能技术和法律研究。因此，应当加快制定电子诉讼法，完善法律规范；加强人工智能技术研发力度，减少数据泄露风险；与高校共建，培养人才，出台资源共享机制。

六、互联网法院案件审理研究进展

（一）微信小程序案[①]相关研究

刘文杰[②]分析了微信小程序案中避风港原则的新发展。微信小程序案中，第三方通过其开发的微信小程序"在线听阅"等向公众提供原告享有版权的作品，原告请求腾讯公司立即删除涉案小程序。法院首先将网络自动接入或自动传输服务划为基础性网络服务，其特征为：服务本身不主动参与信息的处理；服务不直接接触服务对象提供的信息；服务处理的客体是作为整体的信息载体数据或信息传输通道，而非细分到具体信息；服务收取的是技术服务费，与接入的具体信息内容没有直接关联。法院认为，基于基础性网络服务的上述特点，《信息网络传播权保护条例》第二十条实质上直接免除了自动接入或自动传输服务提供者的侵权责任，此类服务提供者不属于"通知删除"规则的适用范围。《侵权责任法》第三十六条"通知删除"规则中的网络服务提供者也不包括自动接入或传输等基础性网络服务提供者。

法院进而认为，小程序服务对小程序开发者提供的是网络架构与接入服务，同样属于基础性网络服务，其性质类似《信息网络传播权保护条

---

① 杭州互联网法院（2018）浙 0192 民初 7184 号，刀豆网络科技有限公司与长沙百赞网络科技有限公司、深圳市腾讯计算机系统有限公司侵害作品信息网络传播权纠纷案判决。

② 刘文杰：《"通知删除"规定、必要措施与网络责任避风港——微信小程序案引发的思考》，载《电子知识产权》2019 年第 4 期。

例》第二十条规定的自动接入、自动传输服务。因此，对于作为小程序服务提供者的腾讯公司不适用"通知删除"规则，且一律彻底删除第三方的小程序本非法律规定的"采取必要措施"所追求的"定位清除"效果，腾讯公司不应承担开发者小程序内容出现侵权时整体下架小程序的责任。也就是说，腾讯公司的小程序平台既没有义务接收权利人的侵权投诉，也没有义务根据投诉取消对第三方小程序开发者的接入。

为调整实践中不断出现的各种新型网络服务平台中的侵权关系，刘文杰探讨了"避风港原则"的新发展，即扩大"必要措施"的行使方式，根据微信小程序案中法院提出的网络服务提供者类别区分和义务种类差异，"必要措施"不应等同于"定位清除"措施，还应该根据服务提供者的种类不同以及侵权的严重程度不同区分不同的"必要措施"类型。

（二）互联网法院的网络著作权纠纷处理情况

网络著作权纠纷是互联网法院成立后受理数量最多的一类案件，因此秦汉①专门以网络著作权纠纷为例对互联网法院纠纷处理机制进行了研究。互联网法院诉讼平台"案件查询"栏目的收案记录显示，截至 2018 年 5 月 5 日，互联网法院共有 7115 条收案记录，其中网络著作权纠纷案件的记录有 2853 条，占比 40.1%，成为互联网法院收案数量最多的类型。正在处理的网络著作权纠纷案件记录有 1909 条，占互联网法院所有著作权纠纷案件的 66.9%，已处理的案件记录有 944 条，占互联网法院所有著作权纠纷案件的 33.1%，正在处理中的案件记录数量约为已处理的两倍。互联网著作权纠纷案件与互联网法院的所有案件中，立案中和被告无法送达的案件数量均在 10 个左右，"立案难""送达难"等传统的司法困境在互联网法院并未显著出现。正在处理的互联网著作权案件记录中，有 267 个案件处于"待分案"的状态，有 452 个案件处于"等待庭审"的状态，这两个阶段的案件占同阶段互联网法院所有案件的比例明显高于其平均水平（40.1%）。

---

① 秦汉：《互联网法院纠纷处理机制研究——以网络著作权纠纷为例》，载《电子知识产权》2018 年第 10 期。

另外，在已经处理的案件中，互联网著作权纠纷案件的原告撤诉率和调解率高于其他类型案件，已判决的案件所占比例偏低。在944个已处理的著作权纠纷案件中，有70.2%的案件为撤诉案件，并且由于未缴费而撤诉的情形较少，仅有17个，大部分撤诉案件都是原告撤诉；另有7.9%的案件为调解结案的案件，加上撤诉案件，共有八成案件以调解或撤诉的形式结案，高于当前我国民商事一审案件的撤诉率、普通知识产权案件的撤诉率。已判决的案件少于调解的案件，仅占所有已处理案件的6.6%，并且仅为互联网法院所有已判决案件的10.9%，和著作权纠纷案件占互联网法院所有纠纷案件数量40.1%相比占比较低。在北大法宝网收录的216155个著作权权属、侵权纠纷案中，有80325个通过判决书的形式结案，占比37.16%，在考虑到有一部分撤诉案件并未制作裁定书，无法在北大法宝网上呈现所导致的误差下，互联网著作权纠纷案件的6.6%也较低于其他著作权纠纷案件的判决比例。此外，互联网法院受理的网络著作权案件"转线下"的比例达到15.25%，而所有案件中"转线下"的比例则达到22.62%。

互联网法院中还有适用异步审判模式进行裁判的案件，如互联网法院通报的十大知识产权典型案例中的第一起案件"金陵十三钗"案。此外互联网法院还有部分案件直接通过ODR解决，从案件记录的数据来看，通过互联网法院搭建的在线矛盾纠纷多元化解平台解决的案件中，这两种协商性司法适用比例较高。在剔除"转线下"的情形后，网络著作权案件的调解、撤诉比例达92.25%，互联网法院所受理案件的总体调解、撤诉比例也达77.83%，远远超出普通案件七成左右的调解、撤诉率。

（三）对劳动争议解决机制的影响

卜素[①]认为，我国的劳动权保障还存在条文僵化与制度设计上的缺陷，在劳动争议解决问题上，面临劳动关系的"单一调整"规范体系与实践中"一调一裁两审"争议解决机制的不足与缺陷，其运行过程由于制度本身

---

① 卜素：《论劳动争议解决机制之完善》，载《理论探索》2019年第2期。

的缺陷以及我国当前经济发展所产生的社会分工不断深化等原因衍生出诸多待解决的矛盾与问题。

我国大数据技术的发展与互联网领域的司法实践可以为完善劳动争议解决机制提供全新的路径与方法。

卜素提出,或可构建劳动互联网法院体系。当前我国互联网法院的实践为解决劳动争议提供了一个更为切实的路径与模板。与劳动争议案件相类似,互联网法院管辖的案件在法理上也属于普通的民事纠纷,事实较为清楚,且不存在法律适用上的问题。就当前我国司法机构设置的情况而言,建立在法理意义上具有独立司法裁判权的专门劳动法院存在很大的困难。然而,这并不意味着不能建立专责于劳动争议案件审判的"功能性专门"法院,即不能将"专门"这一概念固化,而应采取更为宏观的思维扩充该概念的其他内涵。同时,还可以建立劳动信息大数据平台,作为建立劳动互联网法院的基础。尽管互联网法院的发展模式对劳动互联网法院的建立具有重要的启示意义,但是互联网法院之所以可以采取较为高效的线上审判方式,在于线上电子证据的独特性质。重要的是,建立该大数据平台,不只是为了构建劳动互联网法院,也是国家未来发展的需要。

在大数据技术的辅助下,我国劳动争议机制的短板可以得到弥补,各类涉及劳动争议问题处理的调解组织、仲裁机构以及司法机关能够有效履行各自的职责,妥善处理争议问题中所面临的困境。尽管目前条件并不成熟,但随着信息渠道的不断畅通、劳动信息逐渐数据化,劳动互联网法院的设立将不再是一个构想。

(四) 互联网法院区块链存证案件

2018 年 6 月,杭州互联网法院审理了一起以区块链方式存证的信息网络传播权纠纷案件。[1] 张玉洁[2]分析了该案中区块链技术的司法适用问题。

---

[1] 杭州互联网法院 (2018) 浙 0192 民初 81 号。
[2] 张玉洁:《区块链技术的司法适用、体系难题与证据法革新》,载《东方法学》2019 年第 3 期。

在案件审理过程中，杭州互联网法院首先从电子证据是否真实上传至网络、电子证据与本案的关系两个方面，审查了区块链存证方式的真实性和关联性，随后从侵权网页取证技术的可信度、区块链电子证据的保全以及区块链存证方式的合法性三个方面，具体审查了区块链证据的证明力和法律效用，最终确认原告提供的区块链证据的有效性，并确定侵权事实。

张玉洁认为，该案的案情审理情况并不复杂，但区块链存证方式的司法应用引发了法学界的深刻反思。首先，我国《民事诉讼法》第六十三条将"电子数据"规定为法定证据类型，但未对区块链技术的证据化应用作出制度预期。言下之意是，区块链存证能否纳入电子证据的范畴，尚有待推敲。其次，作为一项新兴技术，区块链的不可篡改性、去中心化以及去信任等特征，已经成为其区别于其他网络技术的标签。但在司法领域，区块链的证据属性究竟来自于区块链技术的载体身份还是基于区块链特性而成为一种实体证据？最后，区块链证据具有何种法律效力？该信息网络传播权纠纷案最引人注意的一个事实就是区块链基于自身的技术特征实现了自我信用背书。这是法院承认区块链证据效力的前提，也是区块链同其他电子数据的关键性差异。围绕这一客观情况，区块链证据的法律效力能否重塑电子数据的证明力，就成为区块链技术司法应用的最大疑问。

深入挖掘该案背后的证据学原理与运行逻辑，本身即是对证据法的推进。从该案的裁判文书可以发现，区块链的证据应用大致划分为三个阶段。

其一，区块链证据的技术生成。首先，华泰一媒公司通过第三方网络平台保全网对侵权网页中的涉案文章进行抓取，获得侵权网页截图。其次，保全网获得侵权网页的源代码，并确认侵权网站系道同公司所有。再次，保全网通过浙江千麦司法鉴定中心，确认取证工具具备网页截图和源代码调取的技术能力。最后，保全网将网页截图、侵权网页源代码和调用日志等内容计算出哈希值，并上传到区块链。

其二，区块链证据的司法审查。杭州互联网法院分别从区块链的法律性质、存证平台的资质审查、取证手段的可信度审查以及区块链证据的完整性审查四个方面，对涉案区块链证据的有效性进行了系统论证。

其三，区块链证据的司法认定。杭州互联网法院认为，使用区块链技术存证的确应该受到客观、公正的对待。当前的证据审查不仅要排除区块链技术的"信任"光环，还应当审慎地对待区块链技术不可篡改和不可删除的技术特征，并严格坚持证据链审查的真实性、合法性和关联性标准。

通过上述区块链证据的司法认定过程可以发现，杭州互联网法院仅将区块链证据作为证据链中的一个普通证据——技术公证与存证平台资质似乎发挥了主要证据作用——却未真正体现区块链技术的去中心化存储、去信任等特点。因此，该案仅是区块链技术的表层应用，甚至可以说是一种区块链"假象"。但必须承认的是，区块链证据同传统电子证据的异同点，终将成为未来电子证据的重要分水岭。

童丰[1]也就区块链存证第一案提出了相应的问题，包括案涉证据属于证据原件还是证据复制件，案涉证据是华泰一媒公司取证还是存证过程，区块链存证机构的诉讼地位及区块链技术的司法定位，"区块链存证＋司法鉴定"模式的成本缺陷等。由此，他提出了构建一个区块链技术司法应用的初步体系，即由公证机构承担区块链技术证据保全应用的职责，将技术优势与国家公信力相结合，同时也要将区块链技术应用流程提交人民法院备案，用"披露＋备案＋技术说明"替代司法鉴定。公证机构也要按《杭州互联网法院电子证据平台规范（试行）》的要求做好平台的数据对接工作。互联网法院在诉讼案件中涉及电子证据平台证据调取的，应明确证据调取形式，由诉讼当事人向法院申请调取。在办理涉电子证据平台案件时，应当充分做好诉讼平台上的证据展示工作，设定合理的质证流程，保障案件当事人的质证权利。

（五）跨境电子商务案件

在"一带一路"倡议背景下，跨境电子商务纠纷案件的解决需求越来越大，郑维炜、高春杰[2]对该类纠纷中 ODR 机制的应用进行了探讨。中国

---

[1] 童丰：《公证介入区块链技术司法运用体系初探——从杭州互联网法院区块链存证第一案谈起》，载《中国公证》2018 年第 9 期。

[2] 郑维炜、高春杰：《"一带一路"跨境电子商务在线争议解决机制研究———以欧盟〈消费者 ODR 条例〉的启示为中心》，载《法制与社会发展（双月刊)》2018 年第 4 期。

法院建立的在线调解平台、空中调解室、电子法院、电子商务法庭等都可以适用于"一带一路"倡议下跨境电子商务纠纷案件的在线争议解决机制建设。互联网法院的成立是一个典型。2018 年 1 月，深圳前海合作区法院"一带一路"国际商事诉调对接中心成立，也是一个运用信息化手段、互联网平台解决商事纠纷的范例。这些在线多元化解平台的运行可以成为跨境电子商务在线争议解决的重要途径，为跨境电子商务的发展提供专业的法律服务。

七、互联网法院建设挑战研究进展

（一）互联网诉讼的制度挑战

杨秀清[①]提出，互联网时代中电子商务各交易过程都以数字方式呈现，一旦涉讼，这些电子资料以书面方式打印反倒会成为证据副本，与最佳证据规则相悖。传统诉讼中塑造了许多基本原则、制度与程序规则，但是互联网技术改变了诉讼资料的承载与传递方式，使得运用电子数据处理系统处理案件的经济性和迅速性逐渐凸显出来。此外，虚拟空间中的电子决庭也在一定程度上削弱了司法仪式在保障司法公正方面的作用。

互联网技术的迅速发展与应用不仅改变了民众的生活方式、法律关系的变动方式，而且改变了公法领域的交往方式。司法体制改革涉及司法权力的多方面，互联网法院便是司法权力与网络时代的直接对话。然而，互联网法院要充分发挥其便捷、高效审判的司法效能，首先就要面临争议事实超越物理空间特性与传统民事诉讼以物理地点为连接点之间的冲突，如果"网上案件"无法进入互联网法院审判视域，也就无从谈及涉网案件诉讼规则的构建问题。因此，如何保障互联网法院民事诉讼在实现"网上案件网上审理"的基础上确保当事人诉讼权利的合理行使，是互联网法院民事诉讼正当性的关键。同时，要实现互联网法院审判的专业化，涉网案件诉讼审判还必须面临传统诉讼法律制度与程序规则的挑战。

---

① 杨秀清：《互联网法院定位之回归》，载《政法论坛》2019 年第 5 期。

互联网法院审判过程中难免会面临制度性障碍，究其理论根本是由于涉网案件跨地域性与民事诉讼管辖制度相冲突、涉网案件范围与互联网法院专业化审判职能不相匹配。无论是互联网法院集中管辖涉网案件的范围规定还是司法实践，我国现行立法关于涉网案件范围的规定都无法体现互联网法院的专业化审判职能。

樊晓磊[①]认为，互联网法院运行仍然存在不少现实难题，其中包括规范依据和体制机制问题。专门人民法院和地方人民法院在我国宪法和人民法院组织法中都有规定，两部法律中基本表述均为"军事法院等专门法院"。这种概括性规定为其他专门法院的设立提供了灵活性基础。我国专门法院的建立，共同的程序都是中央出台意见或方案，全国人民代表大会和最高人民法院作出响应。互联网法院设置的主要规范依据是 2017 年 4 月最高人民法院印发的《最高人民法院关于加快建设智慧法院的意见》和 8 月中央深化改革领导小组第三十六次会议通过的《关于设立杭州互联网法院的方案》。尽管杭州市第十三届人大常委会对院长等人选进行了任命，但是仍然缺少全国人民代表大会的审议表决程序及相关立法规范依据。同时，根据《人民法院组织法》，一级法院一般设置相应的审判庭和管理机构，包括互联网法院在内的现实的"专门法院"与所规定的"法院"存在明显差别，规范化、标准化的体制机制相对缺位。

（二）互联网法院建设对民事诉讼制度的挑战

互联网法院具有内部管理和外在服务的集成性、治理领域和司法应对的专门性以及适应时代和创设制度的变革性。郑旭江[②]认为，互联网法院在实践中主要面临诉讼管辖问题、电子送达问题和电子证据问题的挑战。互联网法院给民事诉讼制度带来的挑战首先体现在诉讼管辖问题上。互联网法院的管辖问题主要涉及特殊地域管辖和协议管辖。随着互联网经济的

---

① 樊晓磊：《设立互联网法院是国家治理现代化的重要一招》，载《中国党政干部论坛》2017 年第 9 期。

② 郑旭江：《互联网法院建设对民事诉讼制度的挑战及应对》，载《法律适用》2018 年第 3 期。

持续发展，互联网平台为解决潜在纠纷，往往会要求消费者采取签订包含管辖条款格式合同的方式确定管辖法院，但目前的协议管辖规则已经不足以应对纷繁复杂的商业实践。互联网法院给民事诉讼制度带来的挑战其次体现在电子送达上。对互联网法院来说，技术上的电子送达已经不是障碍，同意电子送达的当事人往往也不存在送达难的问题，而真正有送达难的当事人一般不同意电子送达。为解决电子送达的挑战，互联网法院对"同意"电子送达和电子送达"成功标准"的理解将是决定其送达效率和有效保护当事人知情权的关键。我国采取的是以到达主义为原则、阅读主义为例外的电子送达成功标准，因此在人员流动快速的商业社会和网络普及的网络时代，如何在规范和制度上细化"明示同意"与"概括同意"方式将是未来互联网法院亟待解决的关键问题。

在电子证据的相关问题上，我国修订后的三大诉讼法虽然都将电子证据视为一种新的证据，但并没有采取统一的电子证据规则，也没有阐明电子证据的采纳标准和采信标准。就采纳标准而言，除去电子证据主体身份和内容真伪的不确定性外，法院对其真实性的认可度也不一致；不同地区鉴定机构技术水平发展不平衡的同时，其呈证形式也不规范；电子证据的公证技术一般只能保障公证时和公证后该证据的稳定性，无法确定之前的真伪状态。在合法性方面，电子证据搜集领域缺乏相关的详细规则，并没有绝对意义上的非法证据排除制度，对以秘密方式或非法方式获取的电子证据存在"两害相权取其轻"的价值判断；电子证据搜集在缺乏专业性复合型人才的同时，人权意识和搜集技术都亟待提高。在关联性方面，只有对案件事实的证明产生实质性影响的电子证据才被允许用于司法证明，但实践中电子证据遭受的关联性挑战远超真实性、合法性和证明力。

（三）互联网法院在线审理机制的挑战

1. 在线审理机制带来的质疑

占善刚、王译[①]认为，互联网法院虽然在收案范围、起诉方式、辩论

---

① 占善刚、王译：《互联网法院在线审理机制之检讨》，载《江汉论坛》2019 年第 6 期。

场域及电子送达等方面全方位呈现出司法效率与便民价值，但囿于人工智能技术的局限，立法须明确互联网法院本质应是传统诉讼运行模式的在线化。当在线电子诉讼平台只是裁判的必要辅助时，其不能替代法官自由心证的过程。互联网法院对传统诉讼模式提出了挑战，立法应当以专门法院设置标准为依据，对互联网法院设立的正当性进行充分说理，从法定法官原则视角回应集中管辖的权力配置问题，并从证据调查的直接性原则视角进一步完善电子证据采信规则。

互联网法院设置从组织法意义上并未凸显专门法院的特质。互联网法院的现有诉讼规则在观念上对传统诉讼中当事人在场原则提出了质疑，对证据调查的直接性以及言词辩论意旨存在误读。不可否认的是，互联网法院对传统诉讼模式造成很大的冲击，如审判辅助技术引发了对电子证据采信规则的质疑，对这一审判辅助技术的改良能否成为变革传统诉讼模式的关键须进行全面论证与分析。

秦汉[①]也提出了互联网法院纠纷解决机制中的一些问题。首先是新型审判模式对司法亲历性的挑战。互联网法院的异步审理模式所采用的非同步答辩机制规定了一定时间的答辩期限，只要在答辩期限内完成相应的法庭步骤，就可以将整个法庭视为不间断进行。因此，在异步审理模式下碎片化的审理时间内，原本可"一气呵成"的法庭过程被分解成数个阶段，各阶段之间又具有较长的时间间隔，这将加重法官的心证过程和查明真相的难度。其次是强制性调解对司法效率和当事人选择权的减损。根据互联网法院的《立案须知》规定，"当事人通过本网站提起的诉讼，将首先进行 15 天的诉前调解程序。如当事人不愿意接受诉前调解，请按照传统诉讼途径到当地法院立案庭提起诉讼"。这表示那些已经无法调解、双方陷入谈判僵局的案件必须经过 15 天的等待期限才能进入庭审阶段，或者只能转线下而不能享受到互联网法院的便利条件。最后，日臻发展的信息环境对证据规则革新提出了新需求，电子证据作为一项法定证据种类，其形式、内容正在越来越复杂多变。并且，由于电子证据本身的载体危机，真实性

---

① 秦汉：《互联网法院纠纷处理机制研究——以网络著作权纠纷为例》，载《电子知识产权》2018 年第 10 期。

的判断已越来越成为困顿司法实践的核心问题，我国证据制度又没有对其证明过程、证据形态等问题上给予统一的标准，电子证据的适用并不顺利。这一问题在互联网法院审理涉网纠纷时更加明显。

叶敏、张晔①介绍了互联网法院成立之后在电子商务领域的运行机制，并提出了该审判组织形式的许多问题，如安全性风险较高、举证规则漏洞以及司法严肃性不足等。在追求效率的同时，这种审判机制很容易牺牲当事人的程序保障。

第一，容易产生对当事人程序选择权的限制。《民事诉讼法解释》第二百五十九条规定，"经当事人双方同意，可以采用视听传输技术等方式开庭"。也就是说如果一方当事人不同意，就无法进行网上审理。但是《关于互联网法院审理案件若干问题的规定》第一条则规定根据当事人申请或者案件审理需要，互联网法院可以决定在线下完成部分诉讼环节，可见两者发生了冲突。

第二，容易产生安全性风险。互联网法院虽然独立开发了在线审理系统，但是网上平台的安全风险始终不可忽视。首先各家互联网法院的平台之间是否能够形成数据互通和平台间合作，对于可能发生的恶意攻击和系统故障是否有充分的备用措施和应急预案尚不明确；其次，即使法院方能保障硬件和网络的可靠性，当事人一方的技术设备保障仍不充分，此前互联网法院实践中就曾出现过到了开庭时间被告的网络出现故障，不得已跑到网吧进行开庭，加上再次调试等因素影响，原告和法庭等了一个多小时才开庭的情况；最后是账户安全性的问题，电子账户始终存在的被盗用、误操作等风险的救济措施仍不明确。

第三，容易造成对直接言辞原则的冲击。关于当事人和证人的亲自到庭，尚可以通过身份验证、扩张解释"法庭"在数字空间的含义等方式来自圆其说，但对于直接采证，目前实践中仍存在较大漏洞。此前网上法庭试点时一些案件中当事人通过摄像头展示证据的方式就存在较大的造假空间。还有网上法庭试点法院的法官指出："除去网上留痕的证据外，法院

---

① 叶敏、张晔：《互联网法院在电子商务领域的运行机制探讨》，载《中国社会科学院研究生院学报》2018 年第 6 期。

通过视频音频的方式对其他实物证据进行认证时会面临看不清楚的问题，尤其是一些细节以及印刷字体比较小的情况，比对、核实等都存在困难。"此外，当庭展示的证据与事后向法庭提交的证据存在时空距离，期间缺乏有效监督，也难以保障其真实性。

第四，可能导致案件数量激增，从而导致司法的严肃性下降。互联网庭审在带来巨大便利的同时，也可能带来诉讼量的激增，使本来就紧张的司法资源更加难以满足需求。另外，还有学者担心在网络虚拟空间进行的庭审缺乏传统庭审的威严和神圣感，也会在一定程度上减损当事人对法庭的敬畏，在利益的驱动下，虚假陈述可能比传统庭审更多出现。

2. 互联网法院规范与传统制度间的互动问题

互联网法院的设立是中国法院系统信息化、网络化的表现之一，戴昕①认为，虽然互联网法院的建设初衷是为了应对涉网纠纷诉讼大幅增加的问题，但是当下评估互联网法院的设置实效是否符合预期还为时尚早。在互联网法院的设计思路中，正式制度提供的纠纷解决机制与平台规则和网络规范已经发挥的纠纷解决功能之间的关系问题是不应被忽视的。除行政纠纷之外，互联网法院有权管辖的几类纠纷在网络空间中自始便有规范加以调整，进入平台化时期后，社交媒体、电商和共享平台为解决用户之间、用户与平台自身之间的纠纷也开发了各类实体和程序性规则。但是，如果人们认为平台的内生 ODR 系统是高效运转的，又在法院中新建在线纠纷解决方式，其意义何在？如果互联网法院解决相关纠纷的效率确实大幅提升，甚至接近系统平台水平，那么既会鼓励当事人到法院解决纠纷，又可能减小平台投资于其内生 ODR 的动力。因此，互联网法院建设面临一个潜在风险，即互联网法院建设得越"成功"、高效，基于平台规则和网络规范的纠纷解决机制反而有可能发展停滞甚至收缩，或至少无法充分发挥最优效能。如果这一逻辑成立，在互联网法院的建设过程中，有关部门至少应当重新理解平台规则和网络规范中纠纷解决机制与正式制度之间的互动关系及其后果问题，并促进对互联网法院的制度功能进行合理设计和定位。

---

① 戴昕：《重新发现社会规范：中国网络法的经济社会学视角》，载《学术月刊》2019 年第 2 期。

3. 互联网法院取代传统法院的现实困境

涂永前、于涵[①]认为，互联网法院取代传统法院还存在程序、数据、社会可接受性方面的问题。设立互联网法院可以提升审判效率，但也不能因此牺牲程序价值。诉讼在线运营对程序的损害主要体现在两方面。第一是操作性差，各方主体在法庭之外，法官无法实际约束当事人，难以控制庭审流程；第二是部分程序面临挑战，如原有的管辖规则在互联网时代下由法定向约定转化，还可能因随意提起管辖权异议而浪费司法资源，甚至对诉讼证据规则造成冲击。数据方面，在现阶段，关于数据的产生、采集、保存、运用、管理等流程尚不完善，信息的电子化处理也面临数据安全问题，若不采取合理的措施进行管理，可能会导致数据滥用或者信息泄露。在社会可接受性方面，司法公信力需要形式威严与实质公正共同塑造，但是互联网法院司法实践中甚至还出现过被告在网吧参加庭审的状况，这种情况下司法威严难免受到影响。另外，虽然机器不会控制人类，但智能机器背后的制造者或操作者却能做到这点，这可能会使社会公众对平台的公正性产生质疑。

（四）　互联网技术应用对司法的影响

侯猛[②]分析了互联网技术应用对司法的影响。互联网技术冲击和改变了旧有的诉讼规则。例如电子送达方面，《最高人民法院关于适用〈中华人民共和国民事诉讼法〉的解释》第一百三十五条规定："电子送达可以采用传真、电子邮件、移动通信等即时收悉的特定系统作为送达媒介。"而第一百三十六条规定："受送达人同意采用电子方式送达的，应当在送达地址确认书中予以确认。"这就使得网上审判的电子送达成为问题，因为网上审判本来就无需当事人在线下填写送达地址确认书。另一问题是电

---

①　涂永前、于涵：《互联网法院：传统法院转型的一种可能性尝试》，载《互联网天地》2018 年第 4 期。

②　侯猛：《互联网技术对司法的影响——以杭州互联网法院为分析样本》，载《法律适用》2018 年第 1 期。

子送达的日期确认问题，《最高人民法院关于适用〈中华人民共和国民事诉讼法〉的解释》第一百三十五条第二款规定："民事诉讼法第八十七条第二款规定的到达受送达人特定系统的日期，为人民法院对应系统显示发送成功的日期，但受送达人证明到达其特定系统的日期与人民法院对应系统显示发送成功的日期不一致的，以受送达人证明到达其特定系统的日期为准。"但是，目前垃圾邮件或垃圾短信太多导致当事人无暇注意甚至不能判断信息的真假，从而影响电子送达的实际效果。

互联网技术应用在带来技术便利、降低成本的同时会让人们产生两方面的怀疑。第一，法院的审判信息包括当事人的证据信息是否会被阿里巴巴监控或不当操作，从而影响司法判断；第二，由于杭州互联网法院依托阿里巴巴建立诉讼平台，虽然相关信息数据目前由法院自己保存，但仍存在数据安全风险，阿里巴巴公司的竞争者会拒绝在该法院进行网上审判。因此，技术"俘虏"法院，让法院难以做到公正审判，这并非危言耸听。对此，可以尝试诉讼平台由第三方如主要是政府主导的相对中立的企事业单位接管。

樊晓磊[1]也指出，互联网法院由于技术等各种限制，提前质证和沟通打破了传统庭审的时间和内涵跨度，作为证据的数据都是在平台中产生、由平台控制的，也给谁主张谁举证、证据采信和法院取证等证据规则和法官的中立性、被动性带来了变化。很多时候，专业的鉴定机构都无法对是否存在数据造假作出鉴定，因此对是否存在数据造假作出判断对法官的技术能力要求较高。在互联网领域，互联网法院的执行需要相关金融、财产权甚至虚拟财产的管理规范与之匹配，如进入现实领域，则又将遭遇与普通法院的连接和其他共同困境。此外，网络审判的虚拟特点也破坏了诉讼参与人的司法亲历性，参与人的直接言辞原则受损。尽管互联网已经进入寻常百姓家，但是虚拟社会中的案件审判缺少公众的文化支持和信任基础，而且从网络技术应用和法律专业知识的理解两个方面来看，社会公众甚至法官、律师都缺乏相应的知识和教育，这必将成为制约互联网法院的关键要素。

---

[1] 樊晓磊：《设立互联网法院是国家治理现代化的重要一招》，载《中国党政干部论坛》2017 年第 9 期。

丁朋超[①]认为，我国互联网法院庭审存在一些问题。例如，互联网法院庭审依然遵循法庭调查与法庭辩论相分离的审理模式，使庭审时间被无端拉长；互联网法院庭审未围绕争点审理，审理散漫化问题突出；经过开庭审理后法官依然无法形成确定的心证；突袭性裁判频发；等等。这是由于互联网法院没有重视既有技术对审前程序的有效促进作用、缺乏对争点整理制度的有效运用、法官的庭审理念没有随互联网法院的出现而更新等原因造成的。因此，我国互联网法院应当摒弃旧有的庭审方式，以现代庭审理论为指引对庭审制度进行改良。

八、互联网法院发展展望研究进展

（一）互联网法院部分审判困境的破解

杨秀清[②]指出互联网法院存在涉网案件跨地域性与民事诉讼管辖制度相冲突、涉网案件范围与互联网法院专业化审判职能不相匹配的挑战，并且提出了相关的破解路径。互联网法院发展所遭遇困境的症结所在，并非互联网法院在审判中适用民事诉讼制度与规则本身的问题，而是现行民事诉讼制度与规则无法适应互联网法院的审判需求。因此，探索涉网案件诉讼规则不仅是互联网法院审判发展的需要，也是中央全面深化改革委员会决定设立互联网法院的一大要求。

欲使互联网法院走出审判困境，破解之道在于以"网上案件"超越物理空间地域的特殊性为基础回归互联网法院应有的专业性，将互联网法院定位于审判专业性案件的专门法院，而非审判特殊案件的跨行政区划法院。互联网法院并非传统法院的网络版和替代品，其设立目的应当是与传统法院并立成为具有独特功能的专门法院。这就决定了互联网法院诉讼应当明确两个基本标准：一是互联网法院管辖的案件应当是所有案件事实和

---

① 丁朋超：《我国互联网法院庭审制度的反思与发展进路》，载《政法学刊》2019 年第 4 期。

② 杨秀清：《互联网法院定位之回归》，载《政法论坛》2019 年第 5 期。

证据材料均发生在互联网上的案件；二是互联网法院的管辖由当事人选择，不受现实空间中物理地点的制约。因此，只有回归互联网法院专门法院的定位，才能使互联网法院诉讼突破现行地域管辖制度的藩篱，真正探索互联网法院专业化审判所需要的诉讼制度与程序规则。

（二）互联网法院对探索网络法治的"样本作用"

于志刚、李怀胜[1]以杭州互联网法院为例提出以互联网法院成为探索网络法治的"中国样本"。杭州互联网法院肩负着探索网络法治"中国样本"的使命，具有样本价值和样本意义。其样本价值体现在两个方面，对内它要为其他中国法院树立样本，探索互联网背景下新的司法规则、司法运行机制和审判运作流程；对外它代表中国的司法系统，作为中国法治网络的杰出代表和网络法治的创新典范，推介中国规则，为世界其他国家的法院树立样本。

作为互联网司法创新中的"头雁"，面对境内外的效仿和挑战，杭州互联网法院要保持自己的独特样本和领先身位。为提供解决管辖权冲突的中国模式，在国际背景下，中国司法机关应积极进行实践探索，积累司法经验，形成先发优势，适时提出中国规则，力争抢得输出网络法律规则的先机，防止一些发达国家利用国内法、技术霸权试图再次形成有利于其自身发展的国际法惯例和规则。因此，建立专门化的互联网法院，实际上是在防止各国形成管辖权上的"长臂管辖规则"的同时，坚定维护国家利益，贡献中国经验、智慧和规则的必要之举。

（三）互联网法院民事诉讼制度发展展望

郑旭江[2]认为，要想解决互联网法院给民事诉讼制度带来的系列问题，

---

[1] 于志刚、李怀胜：《杭州互联网法院的历史意义、司法责任与时代使命》，载《比较法研究》2018 年第 3 期。

[2] 郑旭江：《互联网法院建设对民事诉讼制度的挑战及应对》，载《法律适用》2018 年第 3 期。

可以对互联网法院制度提出如下展望：第一，完善协议管辖中的提示规定和操作流程。杭州互联网法院是全球第一家真正意义上的互联网法院，需要破解传统诉讼规则不适应涉网案件特点的难题，重塑"双层社会"中互联网场域下的司法规则和诉讼程序。第二，重构电子送达中的"同意"方式和"送达"机制。互联网法院应在已有的电子送达规则基础上重构电子送达中的"同意"方式和"送达"机制，可实施立案后手工触发送达、立案后系统自动送达和手工触发再次送达的三重程序保障。第三，引入新型技术，发展电子证据的认证规则和司法实践。目前我国电子证据领域存在立法缺位现象，应在现有基础上发展电子证据的规则体系。首先，应确立"视同原件"标准；其次，应完成电子数据的主体身份确认，可主要依赖可靠的电子签名来确认，在没有电子签名的情况下可结合案件其他证据印证主体身份；最后，应引入和推行新型技术，以保证电子证据的不可篡改性，新型技术的应用将有利于推动电子证据司法认定的发展，从而使互联网法院成为更具高效和信任的司法机关。

（四）互联网法院建设前景展望

周翠[①]认为，电子法院建设不能止步于单纯利用互联网技术的网络法院，而是应当尝试利用数据技术建成智慧法院，尤其包括引入电子督促程序、电子准备程序和电子速裁程序等内容的改革。未来我国网络法院的建构可以"2025 年全面实现专业用户与法院的电子交往"为目标，逐步推进在线法院的建设，并在电子递交、电子送达、电子公告送达、电子案卷、电子文件及其证明力、在线庭审等方面制定周密规范，以及尝试在强制执行领域引入电子执行名义登记册等。

然而，单纯利用信息技术建成在线法院并非终极目标，因为这样的法院仅能实现在虚拟世界再现诉讼的功能，不能真正减轻法官的负担。只有当法院与数据技术结合时，法官的工作才可得到一定程度的减轻。"现有的技术水平，不论是大数据技术，还是利用简单算法和强化学习的机器学

---

① 周翠：《互联网法院建设及前景展望》，载《法律适用》2018 年第 3 期。

习，还是利用卷积神经网络的深度学习，在法院领域内仅能实现'人机合作'，而无法替代法官判案，更无法承担续造法律的功能。有鉴于此，我国智慧法院当前的建设重点应当放在如下领域：借助技术手段帮助一审法院筛选不需审判的纠纷、协助一审法官梳理争点、在简单的纠纷中在现有法教义学和判例库的基础上帮助法官预测类似案件的判决内容。换言之，尝试引入电子督促程序、电子准备程序和电子速裁程序，构成了未来的改革重点。"

总之，从传统法院到智能法院的发展进程，就是从"机机联网"到"人机合作"再到"脑机交流"的过程，需要经过"从传统法院到在线法院""从在线法院到智慧法院""从智慧法院到智能法院"三个阶段。因此，我国当前的立法重点应当在于全面实现第一阶段的目标和努力促成第二阶段的目标。具体表现在："其一，设立高效低费的电子督促程序，筛选双方当事人无争议的数额明确的金钱之债，帮助债权人快速获得执行名义；其二，针对涉及持续关系的家事、劳动等纠纷，可以尝试由调解法官通过在线纠纷解决的途径解决；其三，针对事实清楚、权利义务关系明确、争议不大的金钱给付纠纷，可以尝试引入电子速裁程序，由智审软件协助生成判决；其四，针对复杂的一审民商事案件，可以尝试引入电子准备程序，也即借助自动程序对结构化的当事人陈述进行筛选整理并梳理争点，以减轻法官的审前准备工作。"

樊晓磊[①]也指出，互联网法院将带来法律服务市场的颠覆性变革。互联网法院设立的根本目的是通过提升个体的网络诉讼体验，以最小的成本实现正义。在降低成本的过程中，标准化和技术化将逐渐弱化法律人的专业化作用，带来法律产品的网络智能化，因此他认为传统法律服务市场必将被新型技术知识网络产品开发服务所取代，进而对法律人才的教育和知识结构转型提出要求。互联网法院也将创新司法审判的基本模式，其不是简单的"互联网"技术加法院的生产模式，而应当是完全崭新的流程再造，形成包括诉讼规程、庭审规范、当事人操作指南等一套新型的互联网

---

① 樊晓磊：《设立互联网法院是国家治理现代化的重要一招》，载《中国党政干部论坛》2017 年第 9 期。

审判方式。

陈增宝[①]认为，互联网法院未来应当成为大数据智能化驱动的专业性法院，为此应当进一步强化制度供给，完善法律配套，并逐步转型为专门法院；进一步突出规则引领，全面探索网络空间治理法治化；进一步打通信息壁垒，防止司法大数据空转；进一步强化科技支撑，引领智慧法院生态体系建设。

薛聪[②]对互联网法院的建设问题进行了对策研究。在法律层面，应当丰富法规，进行专门立法，如可以制定专门的互联网法院法，或者加快出台互联网法院建设相关的司法解释，还可以在民事诉讼法、行政诉讼法中加入有关互联网法院的条款，修订相应的民事诉讼、行政诉讼证据规则。行政与司法系则应当发挥协调、支持作用，中共中央党史研究室把杭州互联网法院的设立记入了十八大以来的大事记，最高人民法院和浙江省委也出台了一系列政策，在这一过程中，行政与司法系统的自身地位和工作宗旨决定其要在互联网与司法之间牵线搭桥。互联网法院本身也要提升其定位，完善规范制度。现行《诉讼平台审理规程》《原告方操作指南》《被告方操作指南》等仅构建了庭审规范的基本框架，随着互联网法院建设的深入推进，应当及时探索新的审判制度与诉讼规则。构建互联网法院的综合手段，应当进一步打造司法信息新平台，构建合作共享新格局。

（五） 智慧法院建设展望

当前中国的智慧法院建设中一大重要模式便是战略合作模式。李傲、王娅[③]指出，战略合作是人民法院与科技企业之间的合作模式，这种战略合作同 PPP 模式、政府采购以及共建智慧城市存在差异，其更具灵活性、

---

① 陈增宝：《构建网络法治时代的司法新形态——以杭州互联网法院为样本的分析》，载《中国法律评论》2018 年第 2 期。

② 薛聪：《后信息化时代的互联网法院建设问题研究》，载《黑龙江省政法管理干部学院学报》2018 年第 4 期。

③ 李傲、王娅：《智慧法院建设中的"战略合作"问题剖判》，载《安徽大学学报（哲学社会科学版）》2019 年第 4 期。

平等性和公共性。战略合作主要致力于事实认定的精确化、法律适用的智能化和司法裁判的合理化。但其也遇到一系列问题和质疑，如使个人信息权利受到侵害的可能性进一步增大，也容易导致成文法和判例法思维的混淆，且"大数据＋司法"本身的科学性也有待商榷。因此，他们提出了相应的解决方式，"一方面应建立数据风险分配机制，对法院、合作企业和普通民众分别适用'透明原则''有限原则'和'尊重原则'；另一方面则应不断优化智能司法裁判机制，通过战略合作提高数据采集、数据分析和数据结果应用的合理性"。

李傲和王娅还提出，建立数据风险分配机制就是依循平等与合理差别的理路，按照法院、企业、公民在战略合作中的受益和风险对三方主体适用不同的价值标准和行为原则。法院应当适用"透明原则"，强调公权力在运行过程中始终可见。在战略合作中，透明原则指向的是"完全可视"，可以消解合作企业之于他者在时间和范围方面的数据优势。透明原则还强化了权力主体应遵守的行为准则，避免非道德交易，但是其对数据开放的重视也会伴随数据安全、隐私保护等问题。企业应当适用"有限原则"，坚持数据共享的有限性和数据集合的有限性。个人则应当适用"尊重原则"，因为个体面对隐私权被侵犯时往往束手无策，战略合作机制会使得信息权利受损的风险被进一步放大，因此应当在信息限制和信息流动之间寻找平衡。

附　录

附录1 互联网法院期刊论文一览

序号	文章名称	作者	期刊	期次
1	从若干案例看网络发展对传统国际私法的挑战	袁 泉	法商研究（中南政法学院学报）	2002 年第 2 期
2	对确认网络管辖权的探讨	王 娟	河北法学	2006 年第 5 期
3	电子合同纠纷特别管辖权的确定	李 智	太平洋学报	2006 年第 12 期
4	互联网案件中的协议管辖规则	李 智	甘肃政法学院学报	2006 年第 3 期
5	电子审务的架构与程式——基于民事诉讼程序的研究	吴卫明 吴 俐	河北大学学报（哲学社会科学版）	2007 年第 6 期
6	传统管辖规则在网络背景下所面临的冲击与挑战	孙尚鸿	法律科学（西北政法大学学报）	2008 年第 4 期
7	《侵权责任法》"互联网专条"对网络服务提供者侵犯著作权责任的影响	刘晓海	知识产权	2011 年第 9 期
8	远程审判与司法创新的路径探讨——兼论民间法的功能和定位	陈琦华	河北法学	2013 年第 5 期
9	变与不变：信息网络传播权的动态演进与司法应对	孙海龙 赵 克	法律适用	2013 年第 11 期
10	网络法院：互联网时代的审判模式	周孜予 全 荃 常 柏	法律适用	2014 年第 6 期
11	《最高人民法院关于审理利用信息网络侵害人身权益民事纠纷案件适用法律若干问题的规定》的理解与适用	杨临萍 姚 辉 姜 强	法律适用	2014 年第 12 期
12	互联网：人民法院工作面临的机遇和挑战	孙佑海	法律适用	2014 年第 12 期
13	2014 年中国传媒法治发展报告	郑 宁	新闻记者	2015 年第 1 期
14	大数据在事实认定中作用机制分析	周 蔚	中国政法大学学报	2015 年第 6 期
15	网上法庭：电子商务小额纠纷解决的新思路——国外主要实践及中国相关制度构建	丁 颖	暨南学报（哲学社会科学版）	2015 年第 10 期

序号	文章名称	作者	期刊	期次
16	我国电子诉讼的实践发展与立法应对	侯学宾	当代法学	2016 年第 5 期
17	电子诉讼潮流与我国民事诉讼法的应对	刘 敏	当代法学	2016 年第 5 期
18	电子法院：由内部到外部的构建	王福华	当代法学	2016 年第 5 期
19	中国在线纠纷解决机制的发展现状及未来前景	龙 飞	法律适用	2016 年第 10 期
20	电子诉讼制度构建的法律基础	王福华	法学研究	2016 年第 6 期
21	2015 年中国传媒法治发展报告	郑 宁 王子豪 李玥琳	新闻记者	2016 年第 1 期
22	在线纠纷解决机制与我国矛盾纠纷多元化解机制的衔接	程 琥	法律适用	2016 年第 2 期
23	P2P 网络借贷平台的复合民事法律地位	赖丽华	法学论坛	2016 年第 3 期
24	"互联网 +"时代英国的家事审判改革及对我国的借鉴与启示	齐凯悦	四川理工学院学报（社会科学版）	2017 年第 2 期
25	在京津冀地区设立互联网法院的可行性研究	刘毓筱	厦门特区党校学报	2017 年第 5 期
26	我国互联网法院设置问题研究	方 帅	电子知识产权	2017 年第 8 期
27	设立互联网法院是国家治理现代化的重要一招	樊晓磊	中国党政干部论坛	2017 年第 9 期
28	"互联网 + 阳光司法"：智慧法院的重要维度	王小梅	中国党政干部论坛	2017 年第 10 期
29	互联网时代资讯科技的应用与司法流程再造——以浙江省法院的实践为例	陈国猛	法律适用	2017 年第 21 期
30	以平常心推动网络法院建设	吴中波	人民论坛	2017 年第 31 期
31	发展互联网法院的司法规制研究	赵秉元	法制与社会	2017 年第 31 期
32	"互联网 +"语境下之商事审判疑难问题研究	广东省广州市中级人民法院电子商务课题组	法律适用	2017 年第 1 期

序号	文章名称	作者	期刊	期次
33	2016 年度中国传媒法治发展报告	郑 宁	新闻记者	2017 年第 1 期
34	从控制角度看信息网络传播权定义的是与非	杨 勇	知识产权	2017 年第 2 期
35	我国"互联网+调解"发展困境及其路径选择	廖永安 吕宗澄	安徽大学学报（哲学社会科学版）	2017 年第 3 期
36	裁判文书网上公开保障机制研究——以 H 省三级法院为调研对象	王 阁	学习论坛	2017 年第 8 期
37	司法过程的信息化应对——互联网时代法院建设的初步研究	郭 烁	暨南学报（哲学社会科学版）	2017 年第 10 期
38	"互联网专条"存废之争与规范模式的思考	张 璇 曹丽萍	法学杂志	2017 年第 12 期
39	电子诉讼中当事人权益保障——以杭州互联网法院为例	周斯拉	东南大学学报（哲学社会科学版）	2018 年第 S2 期
40	互联网技术对司法的影响——以杭州互联网法院为分析样本	侯 猛	法律适用	2018 年第 1 期
41	构建网络法治时代的司法新形态——以杭州互联网法院为样本的分析	陈增宝	中国法律评论	2018 年第 2 期
42	杭州互联网法院的历史意义、司法责任与时代使命	于志刚 李怀胜	比较法研究	2018 年第 3 期
43	论信息技术对传统诉讼的结构性重塑——从电子诉讼的理念、价值和原则切入	陈锦波	法制与社会发展（双月刊）	2018 年第 3 期
44	互联网法院建设对民事诉讼制度的挑战及应对	郑旭江	法律适用	2018 年第 3 期
45	论互联网法院涉网案件地域管辖规则的构建	肖建国 庄诗岳	法律适用	2018 年第 3 期
46	互联网法院建设及前景展望	周 翠	法律适用	2018 年第 3 期
47	智能互联网时代的法律变革	马长山	法学研究	2018 年第 4 期
48	后信息化时代的互联网法院建设问题研究	薛 聪	黑龙江省政法管理干部学院学报	2018 年第 4 期
49	"一带一路"跨境电子商务在线争议解决机制研究——以欧盟《消费者 ODR 条例》的启示为中心	郑维炜 高春杰	法制与社会发展（双月刊）	2018 年第 4 期

序号	文章名称	作者	期刊	期次
50	互联网法院：传统法院转型的一种可能性尝试	涂永前 于 涵	互联网天地	2018 年第 4 期
51	我国民事诉讼电子送达的法律问题研究——以杭州互联网法院诉讼规程汇编为例	吴 逸 裴崇毅	北京邮电大学学报（社会科学版）	2018 年第 5 期
52	司法确认程序的显著优势与未来前景	刘加良	东方法学	2018 年第 5 期
53	为什么要设立互联网法院	熊秋红	人民论坛	2018 年第 5 期
54	互联网法院在电子商务领域的运行机制探讨	叶 敏 张 晖	中国社会科学院研究生院学报	2018 年第 6 期
55	中国民事电子诉讼年度观察报告（2017）	张兴美	当代法学	2018 年第 6 期
56	智慧司法：实现司法公正的新路径及其局限	冯 姣 胡 铭	浙江社会科学	2018 年第 6 期
57	以审判为中心的诉讼制度改革：大数据司法路径	王 燃	暨南学报（哲学社会科学版）	2018 年第 7 期
58	最高人民法院出台互联网法院审理案件规定	最高人民法院	中国信息安全	2018 年第 9 期
59	公证介入区块链技术司法运用体系初探——从杭州互联网法院区块链存证第一案谈起	童 丰	中国公证	2018 年第 9 期
60	互联网法院纠纷处理机制研究——以网络著作权纠纷为例	秦 汉	电子知识产权	2018 年第 10 期
61	司法如何面向"互联网＋"与人工智能等技术革新	洪冬英	法学	2018 年第 11 期
62	人民法院审判流程信息公开的若干问题——对《最高人民法院关于人民法院通过互联网公开审判流程信息的规定》的理解	李 亮 章 扬	法律适用	2018 年第 17 期
63	杭州互联网法院 开创中国特色的"智慧法院"新起点	刘 恩 章 湧	杭州（周刊）	2018 年第 20 期
64	探索互联网时代审判机制和诉讼规则	冯洋	杭州（周刊）	2018 年第 20 期
65	互联网时代的案件审理新规则——互联网法院案件审理问题研讨会综述	陈杭平 李 凯 周晗隽	人民法治	2018 年第 22 期

序号	文章名称	作者	期刊	期次
66	《关于互联网法院审理案件若干问题的规定》的理解与适用	胡仕浩 何　帆 李承运	人民司法（应用）	2018 年第 28 期
67	2017 年中国传媒法治发展报告	郑　宁	新闻记者	2018 年第 1 期
68	被遗忘权：传统元素、新语境与利益衡量	刘文杰	法学研究	2018 年第 2 期
69	论互联网法院面临的问题与解决思路	温大鹏	中共南昌市委党校学报	2019 年第 3 期
70	关于北京互联网法院案件管辖与立案审查的思考	杨　艳 张培森	经贸法律评论	2019 年第 3 期
71	互联网法院的现状以及区块链存证取证研究	李　杰	四川职业技术学院学报	2019 年第 3 期
72	我国互联网法院庭审制度的反思与发展进路	丁朋超	政法学刊	2019 年第 4 期
73	远程审判的双重张力	段厚省	东方法学	2019 年第 4 期
74	互联网法院管辖规则评述	刘哲玮 李晓璇	经贸法律评论	2019 年第 5 期
75	司法区块链的网络诉源治理逻辑、困惑与进路	张春和 林北征	中国应用法学	2019 年第 5 期
76	互联网法院定位之回归	杨秀清	政法论丛	2019 年第 5 期
77	电子签名证据真实性的多维检视：保真、鉴真与证明	蔡　虹 夏先华	湖南社会科学	2019 年第 5 期
78	电子诉讼制度建设的观念基础与适用路径	张兴美	政法论坛	2019 年第 5 期
79	智能技术驱动下的诉讼服务问题及其应对之策	周佑勇	东方法学	2019 年第 5 期
80	关于电子文件法律证据价值可行性的研究——以互联网法院的实践为例	周　祺 张照余	档案与建设	2019 年第 5 期
81	论智慧法院的建设：价值取向与制度设计	吴　涛 陈　曼	社会科学	2019 年第 5 期
82	人工、智能与法院大转型	程金华	上海交通大学学报（哲学社会科学版）	2019 年第 6 期
83	我国智慧法院建设的实践、问题与对策	谭世贵 王　强	杭州师范大学学报（社会科学版）	2019 年第 6 期

序号	文章名称	作者	期刊	期次
84	网贷纠纷治理的新进路：基于"互联网＋"的强制执行公证	蔡 虹 夏先华	湘潭大学学报（哲学社会科学版）	2019 年第 6 期
85	互联网法院在线审理机制之检讨	占善刚 王 译	江汉论坛	2019 年第 6 期
86	论网络信息技术与民事诉讼程序的新发展	袁 圆 柴芳墨	人民论坛·学术前沿	2019 年第 9 期
87	智能司法模式理论建构	邹军平 罗维鹏	西南民族大学学报（人文社会科学版）	2019 年第 10 期
88	E-Court 模式下简易程序刑事案件远程审判研究	郑 莉	西南民族大学学报（人文社会科学版）	2019 年第 10 期
89	以影响性诉讼案为例论网络著作权保护	自正法	中国出版	2019 年第 14 期
90	人工智能在互联网法院中的运用及成效	胡 盈	中国高新科技	2019 年第 15 期
91	"互联网＋"背景下电子送达制度的重构——立足互联网法院电子送达的最新实践	北京互联网法院课题组 张 雯 颜 君	法律适用	2019 年第 23 期
92	2018 年中国传媒法治发展报告	中国传媒大学媒体法规政策研究中心	新闻记者	2019 年第 1 期
93	电子数据在刑事证据体系中的定位与审查判断规则——基于网络假货犯罪案件裁判文书的分析	胡 铭	法学研究	2019 年第 2 期
94	"互联网＋"时代下民事送达新路径探索——以实名制手机支付软件为核心的电子送达方式	梁峙涛	科技与法律	2019 年第 2 期
95	论劳动争议解决机制之完善	卜 素	理论探索	2019 年第 2 期
96	重新发现社会规范：中国网络法的经济社会学视角	戴 昕	学术月刊	2019 年第 2 期
97	区块链技术的司法适用、体系难题与证据法革新	张玉洁	东方法学	2019 年第 3 期
98	区块链时代的民事司法	史明洲	东方法学	2019 年第 3 期

序号	文章名称	作者	期刊	期次
99	智慧法院建设中的"战略合作"问题剖判	李 傲 王 娅	安徽大学学报 （哲学社会科学版）	2019 年第 4 期
100	"通知删除"规定、必要措施与网络责任避风港——微信小程序案引发的思考	刘文杰	电子知识产权	2019 年第 4 期
101	互联网电视著作权侵权法律问题探析	张浩岩 陈妍妍	文化学刊	2019 年第 9 期
102	《反不正当竞争法》在互联网不正当竞争案件中的适用	陈 冲	河北农机	2019 年第 12 期

附录2　互联网法院研究生学位论文一览

序号	论文题目	作者	导师	学位类别	授予单位	授予时间
1	远程审判：传统与现实的碰撞	谢 欣	叶 青	硕士	华东政法大学	2009
2	远程审判初探	赵国庆	牟逍媛	硕士	华东政法大学	2010
3	我国远程审判的现状及完善	刘 杨	芒来夫	硕士	内蒙古大学	2012
4	民事远程审判方式研究	代玉兰	赵泽君	硕士	西南政法大学	2013
5	电子法庭中的证据问题研究	李 婷	段厚省	硕士	复旦大学	2014
6	电子法庭与传统民事诉讼法理的冲突与协调	滑冰清	段厚省	硕士	复旦大学	2014
7	电子商务纠纷的法院在线诉讼解决机制研究	龙秋岐	齐爱民	硕士	广西民族大学	2016
8	民事诉讼远程审判研究	李亚芳	陶建国	硕士	河北大学	2016
9	刑事案件远程审判之建构	贾荣凯	马秀娟 秦文峰	硕士	山西大学	2016
10	民事远程审判方式研究	梁莉娟	黄 宣	硕士	西南政法大学	2016
11	论小额诉讼远程审判方式的构建	叶怡航	黄俊阳	硕士	广西大学	2017
12	我国民事网络法庭的研究	杨泉辉	陈小燕	硕士	湖北大学	2017
13	信息技术在民事诉讼中的运用	王 兵	李 浩	硕士	南京师范大学	2017
14	专利案件电子诉讼研究	毛雅霖	康添雄	硕士	西南政法大学	2017
15	"互联网＋"对人民法院诉讼服务工作的影响研究	聂云辉	王 鑫	硕士	云南大学	2017

序号	论文题目	作者	导师	学位类别	授予单位	授予时间
16	民事远程审判方式研究	郁巨平	张翅	硕士	浙江工业大学	2017
17	2018 新司法体制改革形势下的"智慧法院"建设研究	肖娜	郑树峰	硕士	黑龙江大学	2018
18	电子诉讼中证据真实性的程序保障	邱丽琴	邵军	硕士	华东政法大学	2018
19	"互联网＋"时代下我国 ODR 的多元化实践与应对	李静秋	齐海滨	硕士	华中师范大学	2018
20	当前我国智慧法院建设问题研究	徐博	齐海滨	硕士	华中师范大学	2018
21	我国电子民事诉讼的不足与完善	严鹏	王彦明	硕士	吉林大学	2018
22	我国民事电子诉讼制度研究	罗惠元	霍海红	硕士	吉林大学	2018
23	我国小额诉讼的电子化程序研究	董雪	霍海红	硕士	吉林大学	2018
24	我国民事电子送达制度研究	张凯悦	霍海红	硕士	吉林大学	2018
25	论我国民事电子诉讼程序的立法构建	张日升	李丽峰	硕士	辽宁大学	2018
26	论我国民事远程审判程序的立法构建	丁浩	李丽峰	硕士	辽宁大学	2018
27	网络庭审的法理与实践问题研究	姜娟	梁剑兵	硕士	辽宁师范大学	2018
28	浙江省电子商务纠纷网上审判的实证研究	任梦迪	蒲一苇	硕士	宁波大学	2018
29	电子诉讼与传统民事诉讼的冲突与协调	曾曼琴	李峰	硕士	上海师范大学	2018
30	我国传统企业"互联网＋"转型中的法律顾问服务	沈晓庆	汪雄涛	硕士	苏州大学	2018
31	民事电子诉讼庭审程序研究	段冉	郭小冬	硕士	天津师范大学	2018
32	民事诉讼中电子数据保全问题分析	刘霜晨	张芸 毛胜利	硕士	西北师范大学	2018
33	"互联网＋"视角下速裁程序远程审判模式探究	李阳	薛颖文 程权	硕士	西南政法大学	2018
34	互联网法院实践研究	吴宇琦	廖永安	硕士	湘潭大学	2018
35	我国民事诉讼电子送达制度研究	朱明宇	王晓林	硕士	安徽大学	2019

序号	论文题目	作者	导师	学位类别	授予单位	授予时间
36	中国互联网法院研究	张一涵	罗楚湘	硕士	北京邮电大学	2019
37	我国民事诉讼电子送达问题研究	金 轩	钟铭佑	硕士	广西师范大学	2019
38	杭州互联网法院在线审理机制研究	陈 娜	卡先加	硕士	贵州民族大学	2019
39	民事远程审判制度研究	高 欣	唐茂林 张星磊	硕士	海南大学	2019
40	民事电子诉讼制度研究	路晓晓	于 锐	硕士	黑龙江大学	2019
41	我国网上立案制度研究	胡惠婷	肖 晗	硕士	湖南师范大学	2019
42	论我国民事诉讼电子送达制度的完善	史 蕾	石先钰	硕士	华中师范大学	2019
43	民商事在线争议解决机制（ODR）适用范围研究	陈圣斐	涂书田	硕士	南昌大学	2019
44	民事诉讼庭审信息化研究	国江川	高芙蓉 王学雷	硕士	内蒙古大学	2019
45	B2C 电子商务纠纷在线调解机制研究	姜英超	刘加良	硕士	山东大学	2019
46	我国电子督促程序的建构及路径	张思聪	张海燕	硕士	山东大学	2019
47	民事电子送达疑难问题研究	郝 晗	赵贵龙 刘加良	硕士	山东大学	2019
48	我国民事电子送达问题研究	雷 婉	李 峰	硕士	上海师范大学	2019
49	澳大利亚远程审理制度研究	严敏姬	李 峰	硕士	上海师范大学	2019
50	"区块链＋电子证据保全"制度研究	毛 荣	郑 妮 罗登亮	硕士	四川省社会科学院	2019
51	论互联网诉讼的监督机制	张学炜	舒瑶芝	硕士	浙江工商大学	2019
52	网络著作权侵权纠纷在线解决机制研究	周仪娟	刁胜先	硕士	重庆邮电大学	2019

附录3 互联网法院学术著作一览

序号	书名	作者	出版社	出版时间
1	远程庭审研究	周章金	吉林人民出版社	2009
2	智慧法院建设之中国实践	黄文俊 张益民	人民法院出版社	2017
3	山东智慧法院系统汇编	山东省高级人民法院	不详	2018
4	刑事电子数据证据规则研究	赵长江	法律出版社	2018
5	信息化时代庭审方式变迁的实证研究	梁坤	清华大学出版社	2018
6	电子法庭问题研究	朱峰 段厚省	上海辞书出版社	2018
7	司法体制改革与智慧法院的实践与探索	杨临萍	法律出版社	2019
8	电子证据法律问题研究	王学光	法律出版社	2019

附录4 互联网法院皮书一览

序号	作者	书名/篇名	发布出版时间	来源	备注
1	电子政务理事会	浙江先行先试电子商务网上法庭效果显著	2016 年	《中国电子政务年鉴（2015）》，社会科学文献出版社2016 年版	
2	电子政务理事会	吉林电子法院	2016 年	《中国电子政务年鉴（2015）》，社会科学文献出版社2016 年版	
3	浙江省高级人民法院	浙江法院电子商务网上法庭运行成效分析	2017 年	《中国法院信息化发展报告 No.1（2017）》，社会科学文献出版社 2017年版	

序号	作者	书名/篇名	发布出版时间	来源	备注
4	新疆维吾尔自治区高级人民法院	新疆少数民族地区法院信息化建设调研报告	2017 年	《中国法院信息化发展报告 No. 1（2017）》，社会科学文献出版社 2017 年版	"智慧法院"的建设以确保司法公正高效、提升司法公信力为目标，充分运用互联网、云计算、大数据、人工智能等技术，促进审判体系与审判能力现代化，实现人民法院高度智能化的运行与管理
5	广州法院"智慧法院"研究课题组	"互联网＋"及大数据技术应用调研报告——以广州市中级人民法院"智慧法院"实践为样本	2017 年	《中国法院信息化发展报告 No. 1（2017）》，社会科学文献出版社 2017 年版	
6	吉林省高级人民法院	电子法院迈向智慧法院的吉林实践	2017 年	《中国法院信息化发展报告 No. 1（2017）》，社会科学文献出版社 2017 年版	
7	中国社会科学院法学研究所法治指数创新工程项目组	2016 年中国法治状况与 2017 年发展趋势	2017 年	《中国法治发展报告 No. 15（2017）》，社会科学文献出版社 2017 年版	在司法领域，司法改革举措逐步落实，法院信息化建设和基本解决执行难等取得突破性进展
8	田禾、吕艳滨	司法诉讼服务：吉林电子法院分析	2017 年	《中国司法制度（2002～2016）》，社会科学文献出版社 2017 年版	

序号	作者	书名/篇名	发布出版时间	来源	备注
9	陈爱蓓	推进"智慧检务"与"智慧法院"建设	2018年	《新时代法律三论》,社会科学文献出版社2018年版	
10	什邡市人民法院	微信立案出亮点 服务群众"零距离"	2018年	《四川德阳"一核三治"探索与实践》,社会科学文献出版社2018年版	什邡市人民法院立足于"智慧法院"建设,结合"互联网+"时代背景,充分运用新媒体平台,积极开创科学高效的工作举措,以创新思维更优、更快、更好地适应司法改革的步伐,真正做到服务群众"零距离"
11	重庆市高级人民法院课题组	重庆市高级人民法院"六E"打造互联网时代电子法院	2018年	《中国法院信息化发展报告No.2(2018)》,社会科学文献出版社2018年版	
12	河南省南阳市中级人民法院课题组	南阳法院强化互联网思维 推进法院信息化建设调研报告	2018年	《中国法院信息化发展报告No.2(2018)》,社会科学文献出版社2018年版	
13	朱深远、姚海涛	浙江法院以"大立案、大服务、大调解"为载体的"互联网+司法服务"调研报告	2018年	《中国法院信息化发展报告No.2(2018)》,社会科学文献出版社2018年版	

序号	作者	书名/篇名	发布出版时间	来源	备注
14	广州法院"智慧执行"研究课题组	"智慧执行"打通实现公平正义"最后一公里"——广州法院"信息化＋大数据"双引擎助力基本解决执行难	2018 年	《中国法院信息化发展报告 No.2（2018）》，社会科学文献出版社 2018 年版	
15	中国社会科学院法学研究所法治指数创新工程项目组	中国法院信息化第三方评估报告（2017）	2018 年	《中国法院信息化发展报告 No.2（2018）》，社会科学文献出版社 2018 年版	
16	李斌、李玉军、徐朝志、陈恩恒	关于人民法院信息化建设与运用的调研报告——以织金法院信息化建设为视角	2018 年	《贵州法治发展报告（2018）》，社会科学文献出版社 2018 年版	
17	陈昌恒、穆桦桦	贵州高院智慧法院大数据助推司法责任制改革	2018 年	《中国电子政务年鉴（2017）》，社会科学文献出版社 2018 年版	
18	杭州互联网法院电子政务理事会	杭州探索智慧法院互联网司法新模式	2018 年	《中国电子政务年鉴（2017）》，社会科学文献出版社 2018 年版	
19	广州知识产权法院电子政务理事会	广州知识产权法院新时代"智慧法院"的建设探索	2018 年	《中国电子政务年鉴（2017）》，社会科学文献出版社 2018 年版	
20	吉罗洪、李响、吴娟	开放包容平台助推互联网法治共同体建设——北京互联网法院电子诉讼平台	2019 年	《中国法院信息化发展报告 No.3（2019）》，社会科学文献出版社 2019 年版	

序号	作者	书名/篇名	发布出版时间	来源	备注
21	杭州互联网法院	互联网发展"司法指数"	2019 年	杭州互联网法院网站：http：//hztl. zjcourt. cn/art/2019/3/4/art_1225222_41379737. html	
22	杭州互联网法院	电子商务案件审判白皮书	2019 年	杭州互联网法院网站：http：//hztl. zjcourt. cn/art/2019/3/19/art_1225222_41380785. html	
23	王敬波、马啸	2018 年法治政府建设相关司法解释综述	2019 年	《中国法治政府发展报告（2018）》，社会科学文献出版社 2019 年版	包括《最高人民法院关于互联网法院审理案件若干问题的规定》的主要内容和评析
24	杭州互联网法院	网络著作权司法保护报告	2019 年	杭州互联网法院网站：http：//hztl. zjcourt. cn/art/2019/4/25/art_1225222_41385127. html	通过对由云存储体系和决策中心体系形成的网络著作权大数据图谱进行分析，梳理了网络著作权案件的基本情况，并重点针对因技术的发展、应用而产生的司法实践疑难问题进行研判分析，阐明了审判实践中对相关疑难问题的处理原则和思路，并通过对经验做法的总结梳理，展现网络著作权司法保护方面的有益尝试和阶段性成果

序号	作者	书名/篇名	发布出版时间	来源	备注
25	佘贵清、孙伟	基于互联网审判的区块链应用与实践	2019 年	《中国区块链应用发展研究报告（2019）》，社会科学文献出版社 2019 年版	
26	北京互联网法院	互联网技术司法应用白皮书	2019 年	北京互联网法院网站：https：//www.bjinternetcourt.gov.cn/cac/zw/15663757 94677.html	
27	北京互联网法院	《北京互联网法院审判白皮书》	2019 年	北京互联网法院网站：https：//www.bjinternetcourt.gov.cn/cac/zw/156756 1393252.html	主要包括北京互联网法院基本情况、健全一站式多元解纷机制、搭建"双线"智慧诉讼服务体系、建立在线诉讼程序规范、输出高品质互联网审判成果、讲好中国互联网司法故事等六大部分内容，附件中简要梳理了自北京互联网法院成立以来审理的一批网络热点案件
28	中国社会科学评价研究院	《北京互联网法院评估报告》	2019 年	北京互联网法院网站：https：//www.bjinternetcourt.gov.cn/cac/zw/156860 3925144.html	

续表

序号	作者	书名/篇名	发布出版时间	来源	备注
29	最高人民法院	《中国法院的互联网司法》白皮书	2019 年	《中国法院的互联网司法》，人民法院出版社 2019 年版	我国已先后设立了杭州、北京、广州三家互联网法院。截至 2019 年 10 月 31 日，杭州、北京、广州互联网法院共受理互联网案件 118764 件，审结 88401 件，在线立案申请率为 96.8%，全流程在线审结 80819 件，在线庭审平均用时 45 分钟，案件平均审理周期约 38 天，比传统审理模式分别节约时间约 3/5 和 1/2，一审服判息诉率达 98.0%，法院通过电话、邮箱、微信、短信、公众号等在线送达文书 96857 次，审判质量、效率和效果呈现良好态势

附录5　互联网法院学术会议一览

序号	会议名称	会议时间和地点	主办（承办）单位	会议主题	备注
1	首届中国互联网纠纷解决机制高峰论坛	2016年北京	中国互联网协会调解中心和中关村社会组织联合会主办，星光互动（北京）文化传播有限公司承办		围绕多元化纠纷解决机制、建立各调解组织联动体系、诉讼和非诉讼衔接经验等议题，展开热烈的讨论
2	"杭州互联网法院"调研座谈会	2016年杭州	浙江省高级人民法院		总结近年来电子商务网上法庭试点工作经验，研究当前电子商务网上审理中遇到的突出问题，分析设立互联网法院的可行性
3	第三届世界互联网大会智慧法院暨网络法治论坛	2016年乌镇	中华人民共和国最高人民法院、国家互联网信息办公室主办	创新驱动造福人类	
4	互联网新枫桥经验论坛	2016年北京	法制日报社与阿里巴巴集团	网络时代新枫桥经验	
5	第三届"互联网＋智慧法院"论坛	2017年成都	中国应用法学研究所互联网司法研究中心和新浪网	聚焦司法改革背景下的法院互联网应用方向、智慧法院建设和人工智能的司法应用技术等前沿领域	"加快智慧法院建设的八大理念""多元化纠纷解决机制改革的目标、现实和未来""全国智慧法院建设进展评估""智慧法院的网络效应"等方向的主题演讲

序号	会议名称	会议时间和地点	主办（承办）单位	会议主题	备注
6	首届互联网法治西湖论坛	2017 年杭州	浙江省杭州市中级人民法院、浙江大学光华法学院、浙江省法学会国际经济法研究会	互联网法治	法治如何与互联网发展相融合等系列论题，"互联网诉讼""互联网法律与技术服务"等专题
7	2018 北京首届互联网影视著作权高峰论坛	2018 年北京	北京互联网法院、北京影视版权文化艺术促进会、首都互联网协会	网络影视作品的市场价值和司法保护	介绍了互联网法院的设立背景和基本情况，重点介绍了北京互联网法院互联网审判模式、全流程在线诉讼体验，以及互联网审判方式对互联网影视行业健康发展、网络影视作品著作权保护产生的推动和促进作用
8	杭州互联网法院成立一周年座谈会	2018 年杭州	杭州互联网法院		主要围绕持续推进互联网法院建设，探索互联网司法新机制，形成更多可复制、可推广的经验等议题展开
9	互联网法院案件审理问题研讨会	2018 年北京	清华大学法学院纠纷解决研究中心	互联网法院的案件管辖问题、互联网法院案件审理中的证据与流程问题、互联网法院案件审理中的诉讼规则问题	

序号	会议名称	会议时间和地点	主办（承办）单位	会议主题	备注
10	2018 互联网法律大会·国际论坛	2018 年杭州	浙江大学、浙江省人民检察院、阿里巴巴集团、蚂蚁金服集团主办，浙江大学立法研究院、浙江大学光华法学院互联网法律研究中心（"大数据＋互联网法律"创新团队）承办	共享未来	包括"互联网法院的刑事管辖研究""互联网法院的特质与发展方向""电子证据的第三方存取证"等议题
11	首届数字经济与未来法治高峰论坛	2018 年北京	中国人民大学法学院和京东集团		包括互联网审判模式现状及实践思考等议题
12	中国市场监管圆桌会议	2018 年北京	国家市场监督管理总局发展研究中心	数字经济时代的公平竞争与反垄断	聚焦"数字经济时代的公平竞争与反垄断"，包括互联网时代跨界竞争的规范与治理、如何理解数字经济时代中国竞争政策与高科技领域产业政策的关系、中国新时代新常态下的竞争中立与公平竞争审查、知识产权背景下的竞争政策等议题
13	第五期中知法官论坛	2019 年北京	《中国知识产权》杂志	司法前沿问题的探索与研究	包括"互联网审判模式下的著作权保护"等议题
14	"聚合众力"互联网法律人才培养和交流研讨会	2019 年北京	北京互联网法院		包括"如何共同建设法学教育第二课堂""如何发挥互联网法律人才培养中心作用"等议题

序号	会议名称	会议时间和地点	主办（承办）单位	会议主题	备注
15	区块链技术与数据治理高峰论坛	2019年南京	国家工业信息安全发展研究中心主办，区块链技术与数据安全工业和信息化部重点实验室承办	数字经济新引擎：科技支撑 数据赋能	北京互联网法院副院长佘贵清以《基于互联网审判模式的区块链应用探索》为主旨作了演讲，向大家详细介绍天平链的建设需求、建设方案、实际应用和未来展望等情况
16	"创新与冲突：人工智能的法律挑战与司法应对"研讨会	2019年北京	北京互联网法院		"人工智能产业战略及行业应用现状""人工智能带来的立法及司法挑战""人工智能给著作权保护带来的挑战及司法应对"
17	电子商务平台规则相关法律问题研讨会	2019年北京	北京互联网法院	电子商务平台规则相关法律问题	
18	首届数字中国建设峰会	2019年福州	国家互联网信息办公室等四部门联合主办	以信息化驱动现代化，加快建设数字中国	"杭州互联网法院探索互联网司法新模式"入选首届数字建设年度最佳实践成果
19	2019中国知识产权保护高层论坛	2019年北京	中国知识产权报社、世界知识产权组织中国办事处		在"人工智能与知识产权保护"专题论坛中，北京互联网法院张雯院长以"探索知识产权保护新规则 回应人工智能时代新课题"为题作主题发言

序号	会议名称	会议时间和地点	主办（承办）单位	会议主题	备注
20	清华大学法学院课题组与北京互联网法院民商事法官会议	2019 年北京		网络侵权与个人信息法律问题	
21	全国政法智能化建设研讨会	2019 年北京	法制日报社与北京安全防范行业协会		北京互联网法院副院长佘贵清就北京互联网法院电子诉讼平台建设情况进行了汇报
22	第 18 届中国互联网大会	2019 年北京	中国互联网协会主办	创新求变再出发，优质发展谱新篇	包括"互联网环境下著作权保护的新探索""创新互联网审判方式开创司法治理新局面""让诉讼服务触网可及"等演讲主题
23	2019 中国互联网大会——互联网创新和知识产权发展分论坛	2019 年北京	中国互联网协会、中国信息通信研究院	围绕互联网知识产权保护、竞争等关键及热点问题	北京互联网法院副院长姜颖介绍了北京互联网法院在著作权保护方面的新探索
24	杭州互联网法院成立两周年座谈会	2019 年杭州	杭州互联网法院		
25	知识产权司法保护国际研讨会	2019 年广州	广东省高级人民法院	机遇与挑战	广州互联网法院张春和院长在会上作了专题发言。结合该院审判实际，张春和院长系统提出"六个坚持、六个推动、六个构建"的工作思路，创新在线高效多元化处理机制，推动构建粤港澳大湾区网络著作权司法保护新秩序，及时、高效应对网络著作权新挑战

序号	会议名称	会议时间和地点	主办（承办）单位	会议主题	备注
26	首届互联网法治论坛	2019 年杭州	最高人民法院、中国法学会	网络社会治理的法治化	"互联网司法与依法治网""电子商务平台的自治与法治""网络不正当竞争与网络侵权""网络黑灰产的法律规制"等议题
27	2019 年 AIP-PI 伦敦世界知识产权大会	2019 年伦敦	国际保护知识产权协会		姜颖副院长以北京互联网法院著作权保护的司法实践为主题，从在线诉讼模式构建、天平链建设及应用、互联网审判规则树立三个方面分享了北京互联网法院成立一周年来在探索互联网新型审理机制与知识产权网络空间治理上的经验与成果
28	中国法学会民事诉讼法学研究会 2019 年年会	2019 年南昌	中国法学会民事诉讼法学研究会	民事司法智能化、信息化、公益诉讼	

序号	会议名称	会议时间和地点	主办（承办）单位	会议主题	备注
29	全面依法治国论坛暨实证法学研究年会（2019）	2019 年郑州	中国社会科学院法学研究所、河南省社会科学院		杭州、北京、广州三家互联网法院院长首次集体回应学界的提问，问题包括互联网法院成立以来审判执行工作的趋势、网络空间矛盾纠纷的特点、互联网司法新机制新模式新形式与传统司法模式的差异、互联网法院遴选法官的标准与要求、互联网法院信息化建设方面的探索、跨部门数据共享、电子数据采集、电子证据在线存证等新技术在应用过程中存在的问题、互联网法院与互联网公司的关系、互联网法院在规范引导网络行为、提高规则治理能力方面的探索以及三家互联网法院各自的发展模式和特色
30	中国法学会网络与信息法学研究会	2019 年深圳	中国法学会网络与信息法学研究会主办，暨南大学、腾讯公司承办	中国特色网络信息法治建设——数字经济发展与安全	北京互联网法院姜颖副院长在年会分论坛"数字经济发展的司法保障"中就侵权案件中网络服务提供者主观过错的认定作主题发言

序号	会议名称	会议时间和地点	主办（承办）单位	会议主题	备注
31	第四届前海法智论坛	2019 年深圳	深圳市中级人民法院、深圳市法学会、深圳市司法局和深圳市前海深港现代服务业合作区管理局	国际商事调解：国际经验与中国实践	
32	第十六届北京论坛	2019 年北京	北京大学、北京市教育委员会、韩国高等教育财团联合主办	文明的和谐与共同繁荣——变化世界与人的未来	张雯院长以"以互联网技术推动司法治理新发展——北京互联网法院的审判实践和探索"为题，介绍了北京互联网法院通过互联网技术推动司法治理新发展的心得体会
33	"互联网司法治理研究中心"成立仪式暨互联网司法与国家治理现代化高峰论坛	2019 年北京	北京互联网法院与北京师范大学互联网发展研究院		"互联网司法与现代化国家治理""区块链应用对互联网司法治理的作用和影响"
34	第六届北京－华沙大学生论坛	2019 年北京	中国政法大学法学院和波兰华沙大学共同主办	"科技、法律和商业"	北京互联网法院法官受邀参加第六届北京－华沙大学生论坛开幕式
35	广东省法学会网络法与电子商务法学会 2019 年年会	2019 年广州	广东省法学会网络与电子商务法学研究会	跨境电商与数字经济的法律问题	广州互联网法院党组成员、副院长田绘受邀参加并发表"电子商务实践的司法回眸与治理期待"主旨演讲
36	世界互联网法治论坛	2019 年乌镇	中华人民共和国最高人民法院	法治方式推动构建网络空间命运共同体	对"网络空间的法治治理模式""互联网法院的探索与实践"等六个议题展开讨论

序号	会议名称	会议时间和地点	主办（承办）单位	会议主题	备注
37	互联网法院的司法实践	2019 年西安	西北政法大学法学院		杭州互联网法院全方位打造互联网空间治理的法治样本规则体系以及科学技术在互联网司法中的应用
38	2019 广东省信用论坛	2019 年广州	广东省信用协会	数字信用社会	包括以广州互联网法院"司法信用报告制度"为讨论核心的"探索司法信用治理新模式"议题
39	第八届京法论坛	2019 年北京	《法庭内外》杂志社主办，互联网司法治理研究中心承办	"粉丝文化"与青少年网络言论失范相关问题	包括"青少年网络素养培育中的司法能动性""新媒体语境下青少年网络素养问题及应对""互联网时代的青少年发展：社会、教育、文化的多维视角"等议题

附录6　互联网法院研究项目一览

附录6.1　国家社会科学基金研究课题互联网法院项目一览

序号	项目批准号	项目类别	项目名称	项目负责人	工作单位	年份
1	16AFX013	重点项目	电子诉讼立法研究	贺　荣	最高人民法院	2016
2	18BFX068	一般项目	我国民事电子诉讼的现状与法理研究	李　涛	南京工业大学	2018

续表

序号	项目批准号	项目类别	项目名称	项目负责人	工作单位	年份
3	19CFX008	青年项目	智慧法院建设实效性评估研究	韩玉亭	南京师范大学	2019
4	19BFX028	一般项目	智慧法院建设的技术路径与实践策略研究	李 鑫	四川大学	2019

说明：本附录信息来源于全国哲学社会科学规划办公室网站（http：//www.npopss – cn.gov.cn/）。

附录6.2 最高人民法院司法研究重大课题互联网法院项目一览

序号	题目	中标课题组	年份
1	建设智慧型法院问题研究	中标单位及主持人：上海市第一中级人民法院 陈立斌 指导单位：最高人民法院信息中心	2016
2	网上审判方式与审理机制研究	课题组一：浙江省高级人民法院 李占国 课题组二：广东省广州市中级人民法院 王勇 课题组三：北京互联网法院 张雯	2018
3	共享经营模式下的侵权责任问题研究	课题组一：北京市第一中级人民法院 孙国鸣 课题组二：辽宁大学 李岩 课题组三：中央财经大学 李邦友 中央财经大学 杜颖 北京市通州区人民法院 陈立如 北京互联网法院 姜颖	2018
4	深化多元化纠纷解决机制改革研究	课题组一：广东省深圳市中级人民法院院长 万国营 河南省新乡市中级人民法院院长 袁荷刚 课题组二：北京市通州区人民法院院长 陈立如 北京市丰台区人民法院院长 祖鹏 司法部司法研究所研究员 洪英	2019

序号	题目	中标课题组	年份
5	大数据、区块链、人工智能在司法审判领域的融合应用问题研究	课题组一：天津大学法学院院长、教授 孙佑海 天津市高级人民法院副院长 蔡志萍 课题组二：河南省驻马店市中级人民法院院长　张社军 中国人民公安大学侦查与反恐怖学院教研室主任、教授　刘涛 北京理工大学国际法研究所所长、教授　杨成铭 课题组三：广西壮族自治区桂林市中级人民法院院长　陈敏 广西壮族自治区高级人民法院研究室主任　陈影 广西师范大学法学院院长、教授 陈宗波 课题组四：腾讯集团法务副总裁　江波 北京大学法学院副院长、教授 郭雳	2019
6	深化人民法院诉讼服务改革研究	课题组一：天津市高级人民法院院长　李静 课题组二：北京市高级人民法院副院长 蔡慧永 福建省泉州市中级人民法院副院长　韩天明 华侨大学法学院院长、教授 许少波	2019

说明：本附录信息来源于中华人民共和国最高人民法院网站（https：//courtapp. china-court. org/）。

附录6.3　最高人民检察院检察理论研究课题互联网法院项目一览

序号	项目名称	项目批准号	项目类型	负责人	工作单位	年份
1	互联网法院诉讼活动的检察监督问题研究	GJ2019D38	自筹经费	蒋晋	广东省广州市海珠区人民检察院	2019

说明：本附录信息来源于中华人民共和国最高人民检察院网（https：//www. spp. gov. cn/）。

附录6.4　教育部人文社会科学研究互联网法院项目一览

序号	项目名称	项目批准号	项目类型	负责人	工作单位	年份
1	电子法庭的全球兴起与中国前景	12YJA820095	规划基金项目	张　峰	上海外国语大学	2012
2	民事诉讼视听传输技术作证研究	14YJA820013	规划基金项目	李　峰	浙江工业大学	2014
3	"互联网+"时代电子取证法律适应性关键问题研究	18YJA820035	规划基金项目	朱节中	南京信息工程大学	2018

说明：本附录信息来源于中华人民共和国教育部社会科学司网站（http：//www.moe.gov.cn/s78/A13/）。

附录6.5　司法部国家法治与法学理论研究互联网法院项目一览

序号	课题名称	课题批准号	课题类型	负责人	工作单位	年份
1	网上争议解决机制研究	12SFB2031	一般课题	郑世保	郑州轻工业学院	2012
2	侦查机关调取非内容性电子数据规制研究	18SFB2030	一般课题	吴常青	天津商业大学	2018
3	民事纠纷解决新形势下的无庭审判研究	19SFB3021	中青年课题	欧元捷	中国政法大学	2019

附录6.6 中国法学会研究课题互联网法院项目一览

序号	课题名称	课题批准号	课题类型	负责人	工作单位	年份
1	电子商务交易网上争议解决体系构建研究	CLS（2012）D206	自选课题	薛 源	对外经济贸易大学	2012
2	网络直播庭审问题研究	CLS（2014）Y08	青年项目	张 悦	辽宁大学	2014
3	"互联网＋"时代的电子取证问题研究	CLS（2016）C39	一般课题	朱节中	南京信息工程大学	2016
4	刑事案件电子证据规则实证研究	CLS（2017）D131	自选课题	侯东亮	河南财经政法大学刑事司法学院	2017
5	互联网法院建构逻辑的实证研究	CLS（2017）Y21	青年调研项目	自正法	重庆大学法学院	2017
6	民事电子证据规则研究	CLS（2018）C23	一般课题	刘哲玮	北京大学法学院	2018
7	网上审判方式与审判机制研究	CLS（2018）D03	自选课题	邓 恒	北方工业大学文法学院	2018
8	智慧法院人工智能的法律规制研究	CLS（2018）D117	自选课题	方旭辉	南昌大学法学院	2018

说明：本附录信息来源：中国法学会部级课题网站（https：//www.chinalaw.org.cn/portal/list/index/id/20.html）。

后　记

本书是"中国新技术法治发展报告系列"的第三本，主要关注中国互联网法院的制度建设、司法实践和理论研究，希望通过综述性的研究报告向读者展示中国互联网法院的前世今生。

前世：为了清晰展现我国互联网法院的建设历程，以及学术界对互联网法院建设研究的理论起点，本书系统总结了互联网法院建设的规范依据、制度依据，包括中央深化改革领导小组的方案、全国人大常委会的决定、最高人民法院的规定等。本书还总结了学术界从 21 世纪初就开始进行的在线纠纷解决、在线法庭、司法信息公开等系列研究成果，这些研究成果为我国互联网法院的建设起到了铺垫作用，提供了框架模板。

今生：当前，在互联网法院的实践层面已经形成了相关规则体系，并进行了纠纷解决平台、证据平台、执行系统、法院内部系统等建设，采用了包括区块链、大数据、人工智能、云计算在内的诸多新技术。可以说当下的互联网法院建设具备了"血肉"与"筋骨"，互联网法院也已经在这些强大的"外挂"支持下审理并公布了许多具有典型意义的案例。在学术研究层面，我国学者对互联网法院的研究还集中在其历史意义、作用、特征、制度创新、技术应用、案例分析、建设挑战与发展展望等方面，亟待深入拓展。

通过阅读本书，读者可以迅速、全面地掌握我国互联网法院研究的学术动向、热点与研究空白之处。

本书的撰写分工如下：

郑飞，北京交通大学法学院副教授，负责第一篇第一部分互联网法院立法进展综述和第二部分互联网法院制度建设综述的撰写，以及全书的最后统校。

杨默涵，中国政法大学刑事司法学院网络法学专业硕士研究生，负责第一篇第三部分互联网法院技术应用与规范综述和第四部分互联网法院司法实践综述，以及第二篇互联网法院学术研究进展的撰写，并负责全书的第一次统校。

刘廿一，北京交通大学法学院本科生，负责附录资料的搜集和整理、全书的第二次校对和英文书名的翻译。

最后必须要说明的是，编写本书，是想尽最大努力向读者展示中国互联网法院法治发展的全景图（不含港澳台），但因时间仓促，难免有错漏。欢迎各位专家批评指正，我们将在下一次报告的撰写中予以改进。

郑飞

2020 年 3 月 14 日于四道口寓所